PÉDAGOGIE HISTORIQUE

Tout exemplaire de cet ouvrage non revêtu de ma griffe, sera réputé contrefait.

DU MÊME AUTEUR

Ouvrages adoptés pour les bibliothèques scolaires et pédagogiques, ou honorés d'une souscription du ministère de l'instruction publique.

LEÇONS DE CHOSES ET LECTURES. In-12. 8e édition.

LITTÉRATURE, HISTOIRE, MORALE. EXERCICES DE RÉCITATION ET DE COMPOSITION FRANÇAISE. In-12. 3e édition.

L'ÉCOLE PRIMAIRE, ESSAI DE PÉDAGOGIE ÉLÉMENTAIRE. In-12. 4e édition.

LA PÉDAGOGIE FÉMININE. In-12. 2e édition.

HISTOIRE DE L'ÉDUCATION DES FEMMES EN FRANCE. 2 vol. in-12.
Ouvrage couronné par l'Académie française.

TRAITÉ DE L'ÉDUCATION DES FILLES, de Fénelon, publié avec une introduction et des notes. In-12.

PÉDAGOGIE A L'USAGE DE L'ENSEIGNEMENT PRIMAIRE. IN-12. 5e édition.

PROJET D'ORGANISATION PÉDAGOGIQUE DES ÉCOLES PRIMAIRES DU JURA. In-4. 1869.

ORGANISATION PÉDAGOGIQUE DES ÉCOLES PRIMAIRES DU DOUBS. In-8. 1870-1872.

ORGANISATION PÉDAGOGIQUE DES ÉCOLES PRIMAIRES DE MEURTHE-ET-MOSELLE. In-8. 1874.

ORGANISATION PÉDAGOGIQUE DES ÉCOLES DU PUY-DE-DÔME. In-8. 1878.

L'INSTRUCTION PRIMAIRE DANS LE DÉPARTEMENT DU PUY-DE-DÔME. In-8. 1878 et 1879.

L'OBLIGATION DE L'ENSEIGNEMENT PRIMAIRE. In-12. 1879. (Extrait de la *Revue pédagogique.*)

Mme GUIZOT ET SES DOCTRINES D'ÉDUCATION. In-8, 1887. (Extrait des Mémoires de la Société des sciences morales de Seine-et-Oise.)

Coulommiers. — Imp. P. BRODARD et GALLOIS.

PÉDAGOGIE HISTORIQUE

D'APRÈS

LES PRINCIPAUX PÉDAGOGUES, PHILOSOPHES
ET MORALISTES

PAR

PAUL ROUSSELOT

Ancien Professeur agrégé de philosophie, Inspecteur honoraire d'Académie
Lauréat de l'Académie française

« On dispute encore sur l'art d'élever les hommes comme sur l'art de les gouverner. »
(KANT.)

PARIS
LIBRAIRIE CH. DELAGRAVE
15, RUE SOUFFLOT, 15

1891

PRÉFACE

I

La psychologie pédagogique se fait tous les jours, comme la pédagogie elle-même. Telle qu'elle ressort aujourd'hui tant des ouvrages spéciaux qu'elle a suscités depuis quelques années, que des observations utiles à recueillir chez les philosophes et les pédagogues de toute époque et de toute école, en général chez les écrivains à quelque degré moralistes, elle offre déjà une mine abondante ; oserai-je ajouter, presque assez abondante, si l'on veut s'en servir ?

L'idée première du présent volume est dans ces lignes, empruntées à l'Introduction de notre nouvelle *Pédagogie*. En étudiant les programmes revisés du 10 janvier 1889, je me demandais si le cours de pédagogie des écoles normales d'instituteurs et d'institutrices, très justement intitulé « Application des notions de psychologie à l'éducation », ne se trouverait pas sinon tout fait — ce qu'à Dieu ne plaise ! — du moins indiqué et préparé dans les livres presque innombrables non seulement des pédagogues de profession, mais des philosophes et des moralistes qui, de toute éternité, ont écrit sur l'homme, sur le monde et sur la vie ; en d'autres termes, s'il n'y aurait pas, à la suite et comme complément de la pédagogie didactique, une « pédagogie historique », qui fournirait non une suite régulière de leçons toutes rédigées, mais une suite régulière de documents sur l'objet de chaque leçon.

Aller à la recherche de ces documents, c'est entreprendre une exploration féconde en instructives découvertes, en agréables surprises, mais aussi en difficultés qui tiennent moins encore à la longueur de la route qu'à sa nature. En supposant que les textes soient tous et toujours à la portée de chacun, au moment même où il en a besoin, encore faut-il faire un choix parmi les richesses qu'ils présentent, ne recueillir que celles du meilleur aloi et du meilleur usage.

Le professeur y réussira sans nul doute ; il peut se passer d'une aide qui, pour commode qu'elle lui soit peut-être, ne lui est pas nécessaire. En est-il de même pour l'élève ? Nous ne le pensons pas. Il perdrait le temps en investigations laborieuses et d'un résultat parfois douteux, surtout lorsqu'il s'agit d'ouvrages dont l'objet n'est pas directement pédagogique et qui n'en contiennent pas moins des parties pédagogiquement importantes. S'il était sans cesse obligé de remonter lui-même jusqu'aux sources, il est clair qu'il serait privé des secours que doivent lui fournir, pour ses études, les philosophes d'abord, beaucoup de moralistes, même des auteurs classiques, littérateurs ou grammairiens. On ne lui imposera jamais, par exemple, de lire les six volumes de la *Logique* de Crousaz, ni la *Grammaire latine* de Burnouf, pour trouver dans le premier deux pages parfaites sur la méthode socratique, et dans le second une demi-page excellente sur la méthode grammaticale. On ne lui imposera pas non plus de lire les œuvres de Th. Reid, de Dugald Stewart, pour s'approprier ce qu'ils ont serré çà et là d'observations fines ou profondes sur la psychologie enfantine, sur la portée de l'éducation; et pas davantage le gros livre de M. Preyer sur l'*Ame de l'enfant*, pour y apprendre, au milieu de 550 pages et plus, un petit nombre de faits intéressants sur le développement psychique du petit enfant.

C'est là précisément ce que nous lui apportons, non pour le dispenser d'un labeur personnel, mais au contraire pour lui en procurer l'occasion et la matière.

L'enseignement de la pédagogie est d'un genre tout spécial. Il ne suffit pas que l'élève possède, comme on dit, son cours, et sache répondre lorsqu'il est interrogé; il faut qu'il sache le mettre en pratique. Il ne suffit pas qu'il ait suivi, compris, retenu les leçons du professeur; il faut qu'il les ait reprises pour son compte, avec ses propres moyens; il faut, comme le veut Montaigne, qu'il les ait « transformées en lui, pour en faire un ouvrage tout sien ». Je n'imagine rien de plus utile pour lui que de refaire en quelque sorte chaque leçon à l'aide de matériaux extraits d'auteurs ayant autorité, de comparer, de peser les opinons, et d'établir ainsi la sienne en connaissance de cause.

Le cours de pédagogie n'est pas tout l'enseignement de la pédagogie. Il y a des questions à traiter à part : nos extraits offriront non seulement des textes nombreux, mais des sujets et souvent même des modèles de dissertations et de développements.

Enfin il y a une autre espèce de profit à suivre historiquement, selon l'ordre des temps, la marche des doctrines et des procédés, dans les principales questions d'éducation et d'enseignement. Rien n'est plus propre à faire comprendre les rapports qui unissent la science de l'éducation et la science de l'homme, la pédagogie, la psychologie et la morale, l'art d'élever la jeunesse et celui de gouverner les peuples, « les deux choses, disait Kant, les plus difficiles de toutes ». D'autre part, rien ne montre mieux que nous n'avons pas tout inventé, et qu'il y avait bien avant nous quelques idées justes. On reconnaît dans Aristote, dans Cicéron, sans forcer leur langage le moins du monde, la théorie de l'éducation progressive. Dès le temps de Platon, on agitait la question des méthodes attrayantes. La Renaissance a connu les leçons de choses, l'enseignement par l'aspect, l'instruction morale. L'instruction civique était donnée, où? à Saint-Cyr, par Mme de Maintenon. Nicole et Bossuet n'entendaient pas moins bien que nous l'enseignement de la géographie.

Pourquoi donc avons-nous encore tant à faire aujourd'hui? C'est que, d'une part, autre chose est d'apercevoir des idées, si je puis dire, à la volée, autre chose de les suivre dans leurs conséquences, de leur donner une portée méthodique; et que, d'autre part, elles ont beau être justes : tant qu'elles n'ont pu descendre dans un milieu apte à les recevoir, et passer dans la pratique universelle, elles demeurent comme lettres mortes. Elles ne meurent pas cependant, elles s'accumulent, et finissent par former un riche ensemble de ressources où, le moment venu, l'on n'a plus qu'à puiser.

Ces ressources, nous les avons; mettons-les en œuvre. Je ne sais si je m'abuse, mais il me semble que nous serions légèrement enclins à ne pas assez apprécier le présent et à trop espérer de l'avenir. Il y a surtout dans l'air ambiant comme un mirage de psychologie enfantine, sur l'apparition de laquelle on compte pour édifier enfin une pédagogie rationnelle, comme si nous devions en avoir le dernier mot demain ou après-demain. Le plus sûr, croyons-nous, est de travailler sur les données que nous possédons actuellement, comme si nous devions nous en tenir là, de quelque temps encore : c'est le meilleur chemin pour aller au progrès. D'un autre côté, ne raffinons pas trop, craignons les subtilités pédagogiques. Mme de Sévigné, qui n'aimait pas les subtilités dévotes, demandait qu'on lui « épaissît un peu la religion ». Il ne faudrait pas avoir à désirer qu'on nous « épaissît un peu la pédagogie ». Nos anciens, avec leur solide bon sens, nous seront en cela de bon exemple, et ce ne sera pas le moindre service que rendra la « Pédagogie historique ».

Aussi bien cette contribution demandée à l'histoire de la pédagogie par la pédagogie théorique n'a-t-elle rien d'arbitraire ni d'artificiel. Elle est dans la nature des choses, car elle repose sur un rapport nécessaire.

En général, une science et l'histoire de cette science sont plus que distinctes, elles sont indépendantes l'une de l'autre. On peut être mathématicien sans savoir que l'application de l'algèbre à la géométrie n'existait pas avant Viète et Descartes, ni le calcul de l'infini avant Leibniz; et l'on peut le savoir sans être mathématicien. Tout au contraire, et par un privilège dont elle partage l'honneur et les charges avec la philosophie, sa mère, la pédagogie est inséparable de sa propre histoire : l'histoire de l'éducation fait partie intégrante de la science de l'éducation, comme l'histoire de la philosophie fait partie intégrante de la philosophie.

Ayant des deux côtés le même objet et le même domaine, des deux côtés elles se complètent en se contrôlant. L'étude historique ne nous dispense pas d'avoir une doctrine; mais agissant à la fois comme un stimulant et comme un guide, elle nous aide à nous en faire une, et nous fournit des termes de comparaison pour éprouver celle que nous nous sommes faite. Dans l'ordre intellectuel pas plus que dans l'ordre physique, il n'y a de génération spontanée; le progrès lui-même suppose la tradition, car il a un point de départ, et ce point de départ est nécessairement dans le passé. « La vérité, disait Leibniz, est plus répandue qu'on ne pense, mais elle est souvent affaiblie et mutilée. En en faisant remarquer les traces chez les anciens, on tirerait l'or de la boue, le diamant de la mine, la lumière des ténèbres, et ce serait *perennis quædam philosophia.* » Ce serait, traduirons-nous, comme une pédagogie perpétuelle.

II

Je ne puis guère me dispenser de présenter au lecteur quelques-uns au moins des personnages qui vont tenir devant lui ce qu'on pourrait appeler, s'il ne fallait pas craindre l'abus des comparaisons, une sorte de « congrès pédagogique », congrès modèle où la parole sera silencieuse, où nul orateur ne se permettra de la garder trop longtemps, où la discussion sera toujours mesurée, où chaque point sera traité à son tour. En tout cas, on peut appliquer ici le mot de Descartes sur la lecture des bons livres : que c'est « comme une conversation avec les plus honnêtes gens, et même une conversation étudiée en laquelle ils ne nous découvrent que les meilleures de leurs pensées ».

L'antiquité y sera représentée par les fondateurs de la philosophie grecque, qui sont aussi les fondateurs de la philosophie pédagogique : Socrate, parlant par la bouche de Xénophon et de Platon, Platon parlant en son propre nom, l'universel Aristote; plus tard, Cicéron, disciple des

Grecs, et dont on doit regretter qu'il n'ait fait qu'effleurer incidemment un si beau sujet; le stoïcien Sénèque, le stoïcien Marc-Aurèle, le moraliste Plutarque; enfin un vrai professeur, Quintilien, le Rollin de la pédagogie gréco-latine.

Avec le christianisme paraissent saint Jérôme, que quelques pages sur l'éducation d'une petite fille suffisent à recommander; Gerson, aussi habile et plus tendre que Fénelon. Avec la Renaissance, Érasme et Vivès, qui ne sont pas des professeurs publics, mais des éducateurs privés, familiarisés, surtout le premier, avec toutes les questions de cet ordre; Ramus, l'un des premiers « lecteurs royaux » au Collège de France; des moralistes, Rabelais, Montaigne, Charron. La Réforme, qui tient de si près à la Renaissance, en fait d'éducation et de liberté de penser, figure avec Luther et Marnix de Sainte-Aldegonde, l'un des héros de la révolution des Pays-Bas au XVIe siècle.

La Renaissance n'a pas édifié la science pédagogique, mais elle a touché à tout dans son vaste domaine, elle n'a rien dédaigné : n'est-il pas remarquable que des hommes tels qu'Érasme, Vivès, n'aient pas cru s'abaisser en donnant des préceptes sur l'art d'apprendre à lire et à écrire? Sur tout, la Renaissance a répandu à profusion des vues originales, sensées, fécondes, que le XVIIe siècle a commencé à mettre en œuvre, singulièrement aidé par la rénovation philosophique due à Bacon en Angleterre et à Descartes en France. Bacon a introduit dans la science et dans la philosophie la méthode expérimentale, c'est-à-dire la méthode de libre observation; Descartes, la méthode sans épithète, c'est-à-dire les règles qui conviennent à toute espèce de recherche dans toute espèce de science, avec eur instrument qui est la raison et leur critérium qui est l'évidence. Et comme le développement pédagogique a ses racines profondes dans le développement philosophique, l'éducation devait se trouver dès lors engagée dans des voies nouvelles, où elle a marché avec plus ou moins de difficulté, mais dont nul effort n'a pu et ne pourra jamais la faire sortir.

A dater de ce moment, l'on peut discerner, en différents pays, la naissance d'écoles dont la tradition ne sera plus interrompue.

En Allemagne, Coménius, contemporain et ami de Bacon, imbu des principes de sa méthode, est « le premier évangéliste de la pédagogie moderne », comme l'appelle Michelet, avec un peu d'entraînement et d'oubli de ce qu'avait tenté la Renaissance française. En attendant que ses idées prennent décidément possession du monde pédagogique, la théorie de l'éducation s'impose peu à peu à la pensée des philosophes comme Leibniz, des littérateurs moralistes comme Lessing, jusqu'à ce que Kant en trace le premier une esquisse incomplète et mal ordonnée, malgré tout philosophique. L'élan une fois donné, toute une littérature surgit, dont Jean-Paul Richter, Fichte, Hegel, Niemeyer, Denzel, sont parmi cent autres les représentants à la fin du XVIIIe siècle et au commencement du nôtre. Ils précèdent ou accompagnent les tentatives pratiques de Pestalozzi dans la Suisse allemande, et celles du P. Girard dans la Suisse française.

Le XVIIe siècle anglais n'a guère produit qu'un pédagogue de valeur, mais de grande valeur : c'est Locke, digne d'être compté parmi les antécédents de Rousseau. Le XVIIIe a vu naître l'école écossaise, une lignée de philosophes qui ont illustré les universités d'Écosse. C'est, on peut le dire, la première école philosophique qui ait, dans les temps modernes, envisagé l'éducation dans ses rapports avec la psychologie et la morale, posé les bases psychologiques de la pédagogie, appliqué à la pédagogie la méthode d'observation psychologique, pressenti la puissance et le rôle de la psychologie objective, sans laquelle la psychologie de l'enfant serait impossible. Il y a dans Th. Reid, dans Dugald Stewart, dans leur disciple Élisabeth Hamilton, des pages à méditer.

Les philosophes anglais contemporains, M. Herbert Spencer, M. Alexandre Bain ont apporté à la science de l'éducation une contribution des plus importantes; le premier, par des généralisations dont la hardiesse et l'éclat compromettent quelquefois la justesse; le second, par une étude détaillée, presque minutieuse, des solutions pratiques, dérivées de principes d'une haute portée.

L'Amérique n'a pas de philosophes, elle n'a que des moralistes pratiques et des pédagogues; mais sous quelque qualification qu'ils soient classés, un Channing, un Horace Mann tiennent leur place partout.

Venons à la France. Elle est déjà riche au XVIIe siècle. Le cartésianisme a pénétré plus ou moins profondément les maîtres de Port-Royal, Arnauld, Nicole, Guyot, Coustel; ceux de l'Oratoire, Malebranche, le P. Lami; même les précepteurs de princes, Fleury, Bossuet, Fénelon, et l'auteur des *Caractères*. Mme de Maintenon applique à Saint-Cyr les préceptes du *Traité de l'éducation des filles*.

La tradition de Port-Royal se continue à l'époque suivante avec Rollin, mais à l'arrière-plan. Le siècle de Rousseau, de Condillac et de l'Encyclopédie regarde d'un autre côté. La question de l'éducation devient un intérêt social; elle passionne les politiques autant que les philosophes, et c'est là le trait d'union entre des doctrines fort dissemblables à d'autres égards, celles de Jean-Jacques, d'Helvétius, de La Chalotais, de Condorcet. La pédagogie de la Révolution se résume finalement dans le double dogme de la puissance illimitée de l'éducation, et de l'omnipotence absolue de l'État en cette matière.

Au début du XIXe siècle, la philosophie française fait retour au spiritualisme avec Maine de Biran, qui étudie plusieurs questions de pédagogie non plus seulement à la lumière des principes de Condillac, dont il a reconnu l'insuffisance, mais avec une psychologie personnelle et indépendante. D'autres esprits diversement distingués touchent, de plus ou moins près et avec plus ou moins de suite, à des sujets de même nature : de Gérando, Joubert, Mme de Staël, Mme de Rémusat, Mme Necker de Saussure, M. et Mme Guizot, d'autres encore, qui nous conduisent à l'époque contemporaine, et dont on verra plus loin l'énumération.

Si maintenant on cherche, pour conclure, à dégager le caractère distinctif de la pédagogie dans chacun des pays auxquels elle doit ses plus sérieux progrès, ne pourrait-on pas dire que l'Allemagne, riche d'ailleurs en éléments, en matériaux de la science, a imprimé à la philosophie pédagogique une haute allure idéaliste ; mais que, sur le terrain des faits, elle semble avoir donné jusqu'à présent plus à l'instruction qu'à l'éducation, et, dans l'éducation, plus à une certaine discipline extérieure qu'à la culture de la libre personnalité ? Au contraire, la race anglo-saxonne ne fait pas abus de la métaphysique ; résolument utilitaire, elle met, depuis Locke, l'instruction après l'éducation, et, dans l'éducation, au premier rang la culture de la volonté et le développement du caractère.

La pédagogie française n'est ni idéaliste ni positiviste,

elle est spiritualiste; je veux dire qu'elle tient compte à la fois de l'esprit et du corps, de la réalité et de l'idéal, de la liberté et de l'autorité, dans la mesure des vraies conditions de la nature et de la vie. Je l'ai dit ailleurs, et je le répète, parce que c'est une vérité bonne à redire, elle a essentiellement les caractères de la pédagogie moderne. Ses premières origines remontent au temps où la langue française devenait la langue diplomatique de l'Europe, où François Ier la substituait au latin pour la rédaction des actes publics, où Ramus essayait d'en faire la langue de l'enseignement; en plein XVIe siècle, quand s'élaborait la vigoureuse et féconde préparation de la société moderne, quand la pensée se sécularisait et que l'éducation commençait de se séculariser comme la pensée. Chercher la règle de l'éducation physique, intellectuelle et morale dans les inspirations du bon sens et dans la connaissance de notre double nature, au lieu de la demander à la prétendue vertu de systèmes artificiels; construire pièce par pièce la méthode au fur et à mesure des besoins de l'enfant et l'ajuster à sa taille, au lieu d'introduire l'enfant comme par force dans le cadre arbitraire d'une méthode préétablie; aider l'écolier à se développer avec une liberté disciplinée dans son milieu naturel, le monde vivant de la réalité, au lieu de l'enfermer dans le monde abstrait des livres, des mots et des formules; lui apprendre à penser pour lui apprendre à vivre, faire de lui un homme et de l'homme un citoyen; réaliser, en un mot, le précepte du poète ancien, *mens sana in corpore sano* : ce sont là des vérités acquises, sur lesquelles on vit aujourd'hui, et dont on rapporte l'honneur aux maîtres de la pédagogie moderne. Le mérite de ceux-ci, et il suffit à leur gloire, est d'avoir les premiers appliqué méthodiquement et dans la sphère de l'école primaire ces vérités que notre siècle a rajeunies, mais qu'il n'a pas découvertes; que l'esprit français, fidèle à sa mission d'initiateur, avait mises dans le monde depuis Rabelais et Montaigne. Quoi qu'il en soit, c'est là un fonds commun, enrichi chaque jour par le labeur de tous et auquel tous peuvent emprunter sans crainte de l'appauvrir; la vérité est comme la charité, elle se prodigue sans s'épuiser.

PAUL ROUSSELOT.

Juillet 1890.

LISTE ALPHABÉTIQUE DES AUTEURS

A

ARNAULD (Agnès), 1594-1671, religieuse de Port-Royal. *Les Constitutions du monastère de Port-Royal* (rédigées en 1636), 1 vol. in-12, 1721.

ARNAULD (Antoine), 1612-1694, théologien et philosophe. *La Logique de Port-Royal*, 1662.

ARISTOTE, 384-322 av. J.-C., philosophe grec. *La morale à Nicomaque. La politique.* (Œuvres complètes traduites par M. Barthélemy St-Hilaire.)

B

BACON (François), 1560-1626, philosophe anglais. *De la dignité et des accroissements des sciences,* 1623. *Essais de morale et de politique*, 1625.

BAIN (M. Alexandre), philosophe anglais. *La science de l'éducation*, trad. franç., 1 vol. in-8°, 1879 (t. XXXI de la Bibliothèque scientifique internationale, F. Alcan).

BERSOT (Ernest), 1816-1882, professeur et moraliste français. *Etudes et pensées*, 1 vol. in-12, 1882. Hachette.

BODIN (Jean), 1530 ou 1550-1596, jurisconsulte et publiciste français. *Discours au Sénat et au peuple de Toulouse, sur l'éducation publique de la jeunesse*, 1557.

BOSSUET (Jacques-Bénigne), 1627-1704. *Traité de la connaissance de Dieu et de soi-même. Lettre sur l'instruction du Dauphin*, 1679. *Discours sur l'histoire universelle.*

BRACHET (M. Auguste). *Nouvelle grammaire fondée sur l'histoire de la langue*, 1 vol. in-12, 1874. Hachette.

BUISSON (M. F.). *Rapport sur l'instruction primaire à l'Exposition universelle de Vienne*, 1873. *Rapport sur l'instruction primaire à l'Exposition universelle de Philadelphie*, 1876.

BURNOUF (Louis), 1775-1844, professeur et grammairien français. *Méthode pour étudier la langue latine*, 1840.

BUTET DE LA SARTHE, 1769-1825, grammairien français. *Cours théorique d'instruction élémentaire*, 1818.

C

CABANIS (Pierre-Jean-Georges), 1757-1808, médecin et physiologiste français. *Rapports du physique et du moral de l'homme* (1882), 1 vol. in-18, 1843. Charpentier.

CAMPAN (Mme), 1752-1822. *De l'éducation*, 3 vol. in-12, 1828. Ladvocat.

CARO (Émile), 1826-1887, philosophe français. *Mélanges et portraits*, 2 vol. in-12, 1888. Hachette.

CARPENTIER, professeur et grammairien de la fin du XVIIIe siècle. *Nouveau plan d'éducation pour former des hommes instruits et des citoyens utiles*, 1775.

CHANNING (William), 1780-1842, pasteur américain. *Œuvres sociales*, traduites par Laboulaye, 2 vol. in-12, 1854.

CHARRON (Pierre), 1541-1603, moraliste français. *Traité de la sagesse*, 1600.

CHATEAUBRIAND (François DE), 1768-1848. *Mémoires d'outre-tombe*, 1849-1850.

CICÉRON, 107-43, orateur et philosophe latin. *Des vrais biens et des vrais maux. Des lois.*

COCHIN (J.-D.-M.), 1789-1841, fondateur de la première salle d'asile modèle à Paris. *Manuel des salles d'asile*, 1829, 3e édition avec appendice, 1 vol. in-8°, 1845. Hachette.

COMÉNIUS (Jean-Amos), 1592-1671, pédagogue, évêque morave. *La porte des langues ouverte*, 1631. *La grande didactique*, 1632 (écrite à cette date, restée manuscrite, retrouvée seulement en 1841 dans les archives de Lissa, et publiée pour la première fois en langue tchèque en 1849). *Nouvelle méthode des langues*, 1648. (Pour ces deux derniers ouvrages, je me suis servi de l'article *Coménius* dans le *Dictionnaire de pédagogie*; pour le premier, de l'édition de Lyon 1644, avec la préface de Coménius datée de 1631.)

CONDORCET, 1743-1794. *Cinq mémoires sur l'instruction publique. Rapport et projet de décret sur l'organisation générale de l'instruction publique*, 1791-1792. (Dans le tome VII des œuvres de Condorcet, publiées par A. Condorcet O'Connor et M. F. Arago, 12 vol. in-8°. Didot, 1847.)

COURNOT, 1801-1877, philosophe et savant français. *Des institutions d'instruction publique en France*, 1 vol. in-8°, 1864. Hachette.

CROUSAZ (J.-P. DE), 1663-1750, pasteur et professeur à Lausanne. *La logique ou système de réflexions qui peuvent contribuer à la netteté et à l'étendue de nos connaissances*, 6 vol. in-12. Amsterdam, 1725.

D

DAMIRON (Jean-Philippe), 1794-1862, philosophe français. *Discours et allocutions adressés à des enfants d'ouvriers et à leurs familles.*

DARWIN (Charles), 1809-1882, philosophe et savant anglais. *L'expression des émotions chez l'homme et chez les animaux* (1872). Trad. fr., Pozzi et Benoît, 1 vol. in-8°, 1877. Reinwald. *Vie et correspondance de Ch. Darwin, publiées par son fils* (1887). Trad. de Varigny, 2 vol. in-8°, 1889. Reinwald.

DELAUNAY (Pierre), maître de pension à Paris au XVIIIe siècle. *Méthode pour apprendre à lire le latin et le français*, 1741.

DENZEL, 1773-1838, pédagogue et théologien allemand. *Introduction à la science de l'éducation et de l'enseignement pour les instituteurs primaires*, 1820.

DESCARTES (René), 1596-1650. *Discours de la méthode*, 1637. *Règles pour la direction de l'esprit.*

DIDEROT (Denis), 1713-1784, philosophe français. *Essai sur le mérite et la vertu* (Œuvres, édit. Naigeon, t. I).

DUMARSAIS (César Chesneau), 1676-1756, grammairien et philosophe français. *Encyclopédie* du XVIIIe siècle, article *Éducation*.

DUPANLOUP, 1802-1878, évêque d'Orléans. *De l'éducation*, 3 vol. 1851. Douniol. *De la haute éducation intellectuelle*, 3 vol., 2e édit., 1870. Douniol. *La femme studieuse*, 1 vol. in-16, 3e édit. 1875. Douniol.

DUPONT DE NEMOURS (Pierre-Samuel), 1739-1817, économiste. *Vues sur l'éducation nationale par un cultivateur*, 1794.

E

EDGEWORTH (Maria), 1770-1849, éducatrice anglaise. *Essais d'éducation pratique*, 1798. Trad. Pictet, 2 vol. in-8°, 1801.

EGGER (Emile), 1813-1881, littérateur et philologue français. *Observations et réflexions sur le développement de l'intelligence et du langage chez les enfants*, broch. in-8°, 1879. A. Picard.

ÉRASME (Didier), 1467-1536, humaniste et pédagogue. *De l'institution du mariage chrétien*, édition princeps, sans division de chapitres ni pagination, in-16. Bâle, 1526. *De la bonne prononciation du grec et du latin*, 1528. *De l'éducation précoce et libérale des enfants*, 1529. *De la civilité des mœurs puériles*, 1530. *Correspondance*. (Œuvres complètes, Bâle, 1540, t. I et III.)

F

FAGUET (M. Émile). *Discours prononcé à la distribution des prix du concours général*, 1889.

FÉNELON, 1651-1715. *Traité de l'éducation des filles*, 1687. Edit. P. Rousselot, 1 vol. in-12, 1883. Delagrave. *Lettre sur les occupations de l'Académie française*, 1714. Edit. Despois, 1 vol. in-12. Delagrave.

FERRY (M. Jules). *Discours au Sénat*, séance du 10 juin 1882.

FICHTE (Jean-Gottlieb), 1762-1814, philosophe allemand. *Discours à la nation allemande*, 1807-1808. (Consulter dans le *Dictionnaire de pédagogie* l'article *Fichte*, par M. Guillaume, qui a traduit pour la première fois en français plusieurs passages de ces discours.)

FLEURY (l'abbé Claude), 1640-1723. *Traité du choix et de la méthode des études*, 1686.

FONSSAGRIVES (le D^r). *L'éducation physique des filles*, 1 vol. in-12, 1868. Delagrave. *L'éducation physique des garçons*, 1 vol. in-12, 1870. Delagrave.

FOUILLÉE (M. Émile). *Les transformations de l'idée morale* (Revue des Deux Mondes du 15 juin 1889).

FRITZ (Théodore), professeur et pédagogue français. *Esquisse d'un système complet d'instruction et d'éducation et de leur histoire*, 3 vol. in-8°. Strasbourg, 1841-1843.

G

GENLIS (Mme de), 1746-1830. *Adèle et Théodore, ou Lettres sur l'éducation*, 3 vol. in-8°, Paris, 1782. *Plan d'éducation physique*, inédit, publié pour la première fois par le journal *le Temps*, avril 1889.

GÉRANDO (Marie-Joseph DE), 1772-1842, un des fondateurs de la Société pour l'instruction élémentaire. *Du perfectionnement moral de soi-même*, 2 vol. in-8°, Paris, 1824. *Cours normal des instituteurs*, 1 vol. in-12, Paris, 1832.

GERSON (Jean), 1363-1429, théologien, chancelier de l'université de Paris. *Qu'il faut conduire les petits enfants au Christ* (Œuvres complètes, 2 vol. in-f°, Paris, 1606, 3e partie).

GIRARD (le P.), 1765-1850, pédagogue de la Suisse française. *De l'enseignement régulier de la langue maternelle*, 1844. 6e édit. in-12, 1880. Delagrave.

GRÉARD (M. Octave). *L'Instruction primaire à Paris en 1875.*

GUIZOT (Pauline de Meulan, Mme), 1773-1827. *L'éducation domestique ou lettres de famille sur l'éducation*, 1826, 6e édit., 2 vol. in-18, 1881. Didier. *Conseils de morale*, 2 vol. in-8°, 1828.

GUIZOT (François), 1787-1874. *Méditations et études morales*, 1851. Nouvelle édition, 1 vol. in-18, 1872. Didier. *Mémoires pour servir à l'histoire de mon temps*, in-8°, 1860. Michel Lévy. *Circulaires et instructions ministérielles.*

GUYOT, littérateur et professeur du XVIIe siècle. *Billets que Cicéron a écrits tant à ses amis communs, qu'à Attique, son ami particulier, avec une méthode en forme de préface pour conduire un écolier dans les lettres humaines*, 1668.

H

HAMILTON (Élisabeth), 1758-1816, éducatrice anglaise. *Lettres sur les principes élémentaires d'éducation*, 1801. Trad. française de L.-C. Chéron, 2 vol. in-8°, Paris, 1804.

HAMILTON (William), 1788-1856, philosophe écossais. *Fragments de philosophie*, trad. franç. de L. Peisse, 1 vol. in-8°, 1840. Ladrange.

HELVÉTIUS (Claude-Adrien), 1715-1771, philosophe du XVIIIe siècle. *De l'esprit*, 3 vol. in-18, La Haye, 1759. *De l'homme, de ses facultés intellectuelles et de son éducation*, 1772. (Œuvres d'Helvétius, 5 vol. in-8°, Paris, an II, t. III, IV et V.)

I

INSTRUCTIONS MINISTÉRIELLES : sur l'application de la loi de 1833, sur le programme d'instruction morale, 1880.

J

JÉRÔME (Saint), 331-420. *Lettre à Læta sur l'éducation de sa fille.* (Œuvres complètes, 4 vol. in-f°, Paris, 1533, t. I, f° 19-21.)

JOUBERT (Joseph), 1754-1824, littérateur et moraliste français. *Œuvres de Joubert*, publiées par M. de Raynal, 2 vol. in-12, 2e édit., 1880. Didier.

JOUFFROY (Théodore), 1796-1842, philosophe français. *Préface de la traduction des œuvres de Reid*, 1838. *Discours prononcé à la distribution des prix du collège Charlemagne*, 1840.

JUVÉNAL, né vers 42 ap. J.-C., sous le règne d'Adrien. Poète satirique latin. *Satire X.*

K

KANT (Emmanuel), 1724-1804, philosophe allemand. *De la pédagogique*, 1803. Trad. franç. V. Tissot, 1854. Ladrange.

L

LA BRUYÈRE (Jean DE), 1646-1696. *Les caractères*, 1688.

LA CHABEAUSSIÈRE (Aug.-Étienne-Xavier Poisson DE), 1752-1820, auteur dramatique. *Catéchisme républicain, ou principes de philosophie, de morale et de politique républicaines, à l'usage des écoles primaires*, Paris, in-8°, 16 p., an III.

LA CHALOTAIS (Louis-René DE CARADEUC DE), 1701-1785, procureur général au parlement de Rennes. *Essai d'éducation nationale, ou Plan des études pour la jeunesse*, 1763.

LA FONTAINE (Jean DE), 1621-1695. *Préface du 1er recueil de fables*, 1668.

LAMI (le P. Bernard), 1645-1716, oratorien, professeur. *Entretiens sur les sciences*, 1683.

LA SALLE (Jean-Baptiste DE), 1651-1719, fondateur des Frères des écoles chrétiennes. *La conduite des écoles*, 1700.

LEGOUVÉ (M. Ernest). *Soixante ans de souvenirs*, in-8°, 1889. *Nos filles et nos fils*, in-12, Hetzel.

LEIBNIZ (Godefroy-Guillaume), 1646-1716, philosophe allemand. *Nouvelle méthode pour apprendre et pour enseigner le droit*, 1667.

LE PELETIER (Louis-Michel, marquis de St-Fargeau), 1760-1793, conventionnel. *Plan d'éducation nationale*, présenté aux Jacobins par son frère Félix Le Peletier, lu à la Convention par Robespierre, le 13 juillet 1793, in-8°, Paris, 1793.

LESSING (Gotthold-Ephraïm), 1729-1781, littérateur allemand. *L'éducation de l'humanité*, 1780. 1re trad. franç. de Rodrigues, in-8°, Paris, 1832.

LHOMOND (Charles-François), 1727-1794, grammairien et professeur français. *Éléments de grammaire française*, 1780.

LOCKE (John), 1632-1704, philosophe anglais. *Quelques pensées sur l'éducation*, 1693, 9e édit., Londres, 1732.

LUCIEN, satirique, moraliste grec du IIe siècle. Le Dialogue d'*Anacharsis*.

LUTHER (Martin), 1484-1546. *Lettre aux seigneurs et aux magistrats allemands*, 1524.

M

MAINE DE BIRAN (Marie-François-Pierre-Gonthier), 1766-1824, philosophe français. *De l'influence de l'habitude sur la faculté de penser*, 1803. (T. I de ses *Œuvres philosophique*, publiées par V. Cousin, 1841.) *Essai sur les fondements de la psychologie*. (T. I et II de ses *Œuvres inédites*, publiées par E. Naville, 1859.)

MAINTENON (Mme DE), 1635-1719. *Lettres et entretiens sur l'éducation des filles*, 2 vol. in-18. *Conseils aux demoiselles qui entrent dans le monde*, 2 vol. in-18 (publiés par Th. Lavallée, 1855 et 1857. Charpentier).

MALEBRANCHE (Nicolas), 1637-1715, oratorien, philosophe français. *Recherche de la vérité*, 1674.

MANN (Horace), 1796-1859, pédagogue américain. A consulter : *Horace Mann, son œuvre, ses écrits*, par M. J. Gaufrès, fascicule 39 des *Mémoires et documents scolaires*, publiés par le Musée pédagogique, 1 vol. in-8°, 1888. Delagrave et Hachette.

MARC-AURÈLE, 121-180, empereur romain, philosophe stoïcien. *Pensées*.

MARNIX DE STE-ALDEGONDE (Philippe DE), 1538-1598, l'un des héros de la révolution des Pays-Bas. *Méthode d'élever la jeunesse*; traduite en français et publiée pour la première fois dans ses Œuvres complètes par Lacroix, 1 vol. in-8°, Bruxelles, 1860.

MATTER (Jacques), 1791-1864, pédagogue et philosophe français. *Le Visiteur des écoles*, 1831. *Nouveau manuel des écoles primaires*, 1836.

MICHELET (Jules), 1798-1874, historien français. *Nos fils*, in-12, 1870, Lacroix. *Ma Jeunesse*, in-12, 1884. Calmann Lévy.

MILL (James), 1773-1836, historien et économiste anglais. *Encyclopédie britannique*, article *Éducation*.

MILL (John Stuart), 1806-1873, philosophe et économiste anglais. *Mes Mémoires*, trad. Cazelles, 1 vol. in-8°, 1878. Alcan.

MILTON (John), 1608-1674, poète anglais. *Traité sur l'éducation*, lettre à Maître Samuel Hertlib, 1644.

MIRABEAU (Gabriel-Riquetti, comte DE), 1749-1791. *Travail sur l'instruction publique*, publié par Cabanis, 1791.

MONTAIGNE (Michel, seigneur de), 1580-1588. *Essais*; les deux premiers livres en 1580, augmentés du troisième en 1588.

MORELLY, philosophe du XVIIIe siècle. *Essai sur l'esprit humain, ou principes naturels de l'éducation*, in-12, 1743.

N

NECKER DE SAUSSURE (Mme), 1766-1841. *L'éducation progressive ou Étude du cours de la vie*, 1828-1838, 3e édition, 2 vol. in-12, 1856. Garnier.

NICOLE (Pierre), 1625-1695, moraliste et théologien janséniste. *Logique de Port-Royal*, discours préliminaire, 1662 et 1664. *Traité de l'éducation d'un prince,* dans le 2e volume des : *Essais de morale contenus en divers traités sur plusieurs devoirs importants*, publiés à partir de 1671.

NIEMEYER (Hermann-Auguste), 1754-1827, pédagogue allemand. *Principes de l'éducation et de l'enseignement*, 1796, 9e édit., 3 vol. 1827.

P

PAPE-CARPANTIER (Mme), 1815-1878. *Manuel des maîtres*, 2e édit., 1 vol. in-18, 1876. Hachette.

PASCAL (Blaise), 1623-1651. *Pensees*, 1670. Edit. Havet, 1852.

PASCAL (Jacqueline), 1625-1661. Sr Euphémie, religieuse de Port-Royal. *Règlement pour les enfants*, avec la date du 15 avril 1657. Imprimé à la suite des *Constitutions de P.-R.*, 1 vol. in-12, 1721.

PEREZ (M. J.-S.). *Les trois premières années de l'enfant*, 1 vol. in-12, 1878. Alcan.

PESTALOZZI (Jean-Henri), 1745-1827, pédagogue de la Suisse allemande. *Comment Gertrude instruit ses enfants*, 1801. Trad. franç. de Darin, 1 vol. in-12, 1884. Delagrave.

PIBRAC (Guy DU FAUR DE), 1529-1584, magistrat et poète moraliste. *Cinquante quatrains contenant préceptes et enseignements utiles pour la vie de l'homme, composez à l'imitation de Phocylide, Epicharme et autres poètes grecs*, 1574. (Dans les éditions suivantes, le nombre des quatrains a été porté jusqu'à 126.)

PLATON, philosophe grec, 430 ou 427-387 av. J.-C. *Les lois. La république, Timée, Gorgias, Philèbe* (Œuvres complètes, trad. V. Cousin).

PLUTARQUE, né vers 50, mort 138 ou 140, moraliste grec. *De l'éducation des enfants. Vie de Périclès.*

POMPÉE (P. P.), pédagogue français. *Études sur la vie et les travaux pédagogiques de Pestalozzi*, in-12, 1878. Delagrave.

PREYER (M. William), professeur à l'université d'Iéna. *L'âme de l'enfant*, 1881. Trad. franç. de Varigny, 1 vol. in-8°, 1887. Alcan.

Q

QUINTILIEN, 42-120, professeur de rhétorique à Rome. *De l'éducation de l'orateur.*

R

RABELAIS (François), 1483-1553. *La vie de Gargantua et de Pantagruel*, 1553.

RAMUS (Pierre La Ramée), 1502-1572, philosophe français. *De la dialectique.*

RAVAISSON (M.). *Dictionnaire de pédagogie*, art. *Art.*

REID (Thomas), 1710-1796, philosophe écossais. *Recherches sur l'esprit humain*, 1763. *Essais sur les facultés intellectuelles de l'homme*, 1786. *Essais sur les facultés actives de l'homme*, 1789. (Œuvres complètes, trad. Th. Jouffroy, 6 vol. in-8°. Paris, 1829-1836.)

RÉMUSAT (Mme DE), 1780-1821. *Essai sur l'éducation des femmes*, 1 vol. in-8°, Paris, 1824. *Correspondance de Mme de Rémusat*, 3 vol. in-8°, 1884. Calmann Lévy.

RICHTER (Jean-Paul), 1763-1825, littérateur et moraliste allemand. *Levana, ou De l'éducation*, 1807.

ROLLIN (Charles), 1661-1741, pédagogue, recteur de l'Université de Paris. *Traité des Études*, 1726.

ROUSSEAU (Jean-Jacques), 1712-1778. *Émile, ou de l'Éducation*, 1762.

ROUSSELOT (Joseph-François-Xavier), professeur et philosophe français. *Discours prononcé à la distribution des prix du collège de Troyes*, 1844.

S

SAINT-SIMON (Claude-Louis, comte DE), économiste et réformateur français. *Quelques idées soumises à l'assemblée générale de la Société pour l'instruction élémentaire*, 1816.

SAND (George), 1804-1876, romancier français. *Mauprat.*

SÉNÈQUE, 2 ou 3-65 ap. J.-C., moraliste latin. *Lettres à Lucilius. De la colère.*

SÉVIGNÉ (Mme DE), 1626-1696. *Lettres.*

SIMON (M. Jules). *Le Devoir*, 1 vol. in-8°. Hachette.

SPENCER (M. Herbert), philosophe anglais. *De l'éducation physique, intellectuelle et morale.* Trad. fr. 1 vol. in-8°, 1878. Alcan.

STAEL (Mme DE), 1766-1817. *De l'Allemagne*, 1810.

STEWART (Dugald), 1753-1828, philosophe écossais. *Éléments de la philosophie de l'esprit humain*, 1792. Trad. fr. Prévost, Genève, 1808.

T

TAINE (M. Hippolyte). *De l'intelligence*, in-8°, 1870. Hachette. *Notes sur l'Angleterre*, in-12, 1872, Hachette. *Histoire de la littérature anglaise*, in-8°, 1864, Hachette.

TALLEYRAND (Charles-Maurice DE), 1754-1838. *Rapport sur l'Instruction publique fait au nom du comité de Constitution à l'Assemblée nationale*, 1791.

V

VARET (Jean-Baptiste), prêtre janséniste, m. 1676. *De l'éducation chrétienne des enfants*, 1666.

VAUVENARGUES (Luc de Clapiers, marquis DE), 1715-1747, moraliste français. *Introduction à la connaissance de l'esprit humain*, 1746.

VIVÈS (Louis), 1492-1540, évêque de Valence, humaniste et pédagogue de la Renaissance. *Traité des Études* ou *De la communication de la science*, en cinq livres, 1531. *Les Dialogues de Jean Loys Vivès traduits du latin en français, pour l'exercice des deux langues, par Benjamin Jamyn*, 1 vol. in-16. Paris, 1584.

VOLTAIRE (François-Marie AROUET DE), 1694-1778. *Correspondance.*

WILLM (Joseph), 1792-1853, inspecteur de l'Académie de Strasbourg. *Essai sur l'éducation du peuple, sur les moyens d'améliorer les écoles primaires et le sort des instituteurs*, 1843.

X

XÉNOPHON, vers 445-395 av. J.-C., historien et philosophe grec. *Les Entretiens mémorables de Socrate.*

Z

Zend-Avesta, livre sacré des Perses, attribué à Zoroastre. Trad. franç. d'Anquetil-Duperron.

PÉDAGOGIE HISTORIQUE

INTRODUCTION

L'ÉDUCATION ET LA SCIENCE DE L'ÉDUCATION

I. *L'importance de l'éducation.* — Le fait de l'éducation est un fait naturel, spontané. Depuis que l'humanité existe, les parents ont senti la nécessité d'élever leurs enfants d'une manière telle quelle; depuis que les sociétés humaines ont essayé de s'organiser, les législateurs et les sages ont compris l'importance sociale de l'éducation. C'est d'abord un sentiment instinctif, plus tard une idée réfléchie et raisonnée, dont on peut suivre la filiation et la marche depuis les origines les plus lointaines jusqu'à nos jours.

II. *Jusqu'où s'étend la puissance de l'éducation.* — L'importance de l'éducation est si manifestement considérable, que beaucoup d'esprits, et, dans le nombre, des esprits éminents, ont été entraînés à l'exagérer et à croire qu'elle peut tout. Sa portée est grande, sans doute, mais elle n'est pas illimitée. L'erreur opposée est de croire qu'elle ne peut rien et que la nature fait tout.

III. *L'éducation et l'instruction.* — L'instruction est si étroitement liée à l'éducation générale qu'on est souvent porté à l'identifier complètement avec elle. Elle en est une partie, même un instrument indispensable; elle ne la constitue pas tout entière.

IV. *L'instruction et la moralisation.* — Comme on exagère la portée de l'éducation, on exagère aussi la portée de l'instruction. Beaucoup de ses partisans estiment qu'elle suffit pour moraliser les hommes et assurer la félicité universelle. Ses adversaires l'accusent au contraire de nuire aux progrès de la moralisation. Double erreur, résultant d'une idée inexacte de l'objet de la science, d'une part, et de l'objet de la morale, de l'autre. L'éducation doit viser à les atteindre tous les deux, parallèlement et simultanément.

V. *L'objet de l'éducation; définitions.* — Les définitions de l'éducation sont, pour ainsi dire, innombrables. Toutes peuvent cependant être ramenées à un petit nombre de chefs, selon le point de vue sous lequel leurs auteurs ont particulièrement envisagé l'éducation. — Les uns, les plus nombreux, se préoccupent surtout de la collectivité; les autres, de la personne; chez les premiers, domine l'idée de l'état; chez les seconds, celle de l'individu. — Le but de l'éducation est pour les uns le bonheur, pour les autres la perfection, au moins relative : de là, l'éducation utilitaire et l'éducation libérale, ayant chacune leurs partisans, à toutes les époques. — Selon les temps et les milieux, l'éducation du corps est en honneur ou omise. — Quel que soit le but, le moyen est le même pour tous : le développement des facultés de la nature humaine. D'où la nécessité d'étudier la nature humaine (psychologie et morale).

VI. *La nature et l'éducation.* — L'éducation est l'œuvre commune de la nature et de l'art. L'esprit humain n'est pas une table rase, il apporte en naissant des aptitudes, des facultés qui se manifestent et se développent spontanément, suivant un certain ordre; ce développement doit être aidé par l'éducateur. D'où le caractère essentiel de l'éducation, qui est d'être progressive et conforme à la nature.

VII. *La nécessité d'une science de l'éducation.* — Si la nature est un guide infaillible, pourquoi ne pas s'en rapporter uniquement à elle? Elle ne suffit pas. A l'éducation naturelle doit se joindre l'éducation raisonnée, laquelle suppose et exige une science spéciale.

VIII. *Les bases psychologiques de la science de l'éducation.* — La science de l'éducation a pour base la science de l'homme, car l'éducation est en raison de la nature et de la destinée de l'homme.

Extraits de : **Xénophon, Platon, Aristote, Cicéron, Sénèque, Juvénal, Quintilien, Plutarque, Lucien, Marc-Aurèle;**

Gerson, Erasme, Vivès, Bodin, Luther, Rabelais, Montaigne;

Bacon, Coménius, Milton, Descartes, l'abbé Fleury, Locke, Leibniz;

Rollin, Rousseau, Dumarsais, Morelly, La Chalotais, Helvétius, Mirabeau, Talleyrand, Condorcet, Le Pelletier de Saint-Fargeau, Kant, Reid, Dugald Stewart;

Fichte, Jean-Paul Richter, Pestalozzi, Niemeyer, Denzel, le P. Girard, Saint-Simon, W. Hamilton, de Gérando, Mme Guizot, Mme Necker de Saussure, Guizot, Jouffroy, Wilm, Fritz, James Mill, John Stuart Mill, Channing, Dupanloup, Cournot, Bersot, Egger, Mme Pape-Carpantier, Perez, Bain, Preyer, Herbert Spencer.

I. — L'importance de l'éducation.

On ne saurait nier que l'éducation des enfants ne doive être un des objets principaux des soins du législateur. Partout où l'éducation a été négligée, l'État en a reçu une atteinte funeste. C'est que les lois doivent toujours être en rapport avec le principe de la Constitution, et que les mœurs particulières de chaque cité assurent le maintien de l'État, de même qu'elles en ont seules déterminé la forme première.

(Aristote, *Politique*, liv. V, ch. i, § 1.)

Ayant cherché, dans de longues et profondes méditations, comment je pourrais encore rendre service au plus grand nombre, afin de ne passer aucun temps de ma vie sans être utile à l'État, je n'ai trouvé nulle occupation préférable à celle d'ouvrir à mes concitoyens le chemin d'une instruction libérale... Quoi de meilleur en effet et de plus important que d'instruire et d'élever la jeunesse?

(Cicéron, *De la divination*, liv. II, 1, 2.)

C'est une œuvre excellente de bien élever les enfants et d'aider les parents dans cette tâche. — Conduire les âmes, élever les enfants, c'est l'art des arts.

(Gerson, *Qu'il faut amener les petits enfants au Christ*, 2e partie, p. 382, 385.)

A la vérité, je n'y entends sinon cela que la plus grande difficulté et importance de l'humaine science semble estre en cet endroit où il se traite de la nourriture et institution des enfants.

(Montaigne, *Essais*, liv. I, ch. xxv.)

S'il peut être apporté quelque remède à la corruption du genre humain, ce ne sera que par une sage et prévoyante éducation de la jeunesse.

(Coménius, *Grande Didactique*, Dédicace aux magistrats.)

Quand je réfléchis aux moyens d'assurer le bien public, je trouve que le genre humain serait certainement amélioré par l'amélioration de l'éducation de la jeunesse.

(Leibniz, *Nouvelle méthode pour apprendre et enseigner le droit*, t. VI. Œuvres complètes.)

Le bien public, l'honneur de la nation demandent... une éducation civile qui prépare chaque génération naissante à remplir avec succès les différentes professions de l'État.

Laissez l'homme sans culture, ignorant, et par conséquent insensible sur ses devoirs, il deviendra timide, superstitieux, peut-être cruel. Si on ne lui enseigne pas le bien, il se préoccupera nécessairement du mal; l'esprit et le cœur ne peuvent rester vides.

Nier la force de l'éducation, c'est nier contre l'expérience la force des habitudes.

(La Chalotais, *Essai d'éducation nationale*, Réflexions préliminaires.)

C'est d'une bonne éducation publique seulement que vous devez attendre ce complément de régénération qui fondera le bonheur du peuple sur ses vertus, et ses vertus sur ses lumières.

(Mirabeau, *Travail sur l'Instruction publique*, 1er discours.)

L'éducation convertit l'animalité en humanité. Un animal est déjà tout ce qu'il doit être par son instinct; une raison étrangère a déjà tout prévu pour lui. Mais l'homme est destiné à faire usage de sa propre raison ; il n'a pas d'instinct et doit se faire à lui-même un plan de conduite. Mais comme il n'est pas en état de le faire en venant au monde, d'autres sont obligés de remplir pour lui cette tâche.

Le genre humain doit insensiblement faire sortir de lui-même tous les talents, toutes les dispositions naturelles de l'humanité. Une génération élève l'autre.

L'homme ne peut être homme que par l'éducation, il n'est que ce qu'elle le fait être... Si quelque jour un être d'une espèce supérieure se mêlait de notre éducation, on verrait alors ce que l'homme peut devenir.

Peut-être que l'éducation s'améliorera progressivement, et que chaque génération successive fera un pas de plus dans le perfectionnement de l'humanité, car le grand secret de la perfection de la nature humaine tient à l'éducation.

L'éducation est donc le plus grand et le plus difficile problème qui puisse être donné à résoudre à l'homme, car l'intelligence de la solution dépend de l'éducation et l'éducation dépend à son tour de cette intelligence.

Des inventions humaines, les deux plus difficiles sont celles de l'art d'élever les hommes et de les gouverner ; et cependant on dispute encore sur l'idée de l'une et de l'autre.

(KANT, *De la pédagogique*, § 1, 2, 5.)

Malgré les innombrables erreurs qu'on peut commettre dans l'éducation, la plus vicieuse de toutes est encore préférable à l'absence de toute éducation. Je suis persuadé que si Rousseau avait eu un fils, et qu'on lui eût donné le choix de le faire élever parmi les Français, les Italiens, les Chinois ou les Esquimaux, il n'eût pas donné la préférence à ces derniers.

(TH. REID, *Recherches sur l'entendement humain*, ch. VI, sect. XXIV.)

Il n'est pas facile de déterminer le degré de perfection auquel la nature intellectuelle et morale de l'homme peut atteindre. Les effets d'une éducation donnée dès les premières années de la vie, longtemps continuée et systématique, se font sentir chez les enfants qu'on dresse, en vue du gain, à des exercices de force ou d'agilité. Et ces exemples justifient peut-être les espérances du philosophe relativement à l'amélioration de l'espèce.

(Dugald Stewart, *Éléments de la philosophie de l'esprit humain, Introduction*, part. II, § 1.)

Si la vie était ce qu'elle pourrait être par l'effet d'une bonne éducation et d'une bonne direction, il vaudrait la peine de vivre.

(James Mill, cité par son fils St. Mill, *Mes Mémoires*.)

Les sentiments et les devoirs de famille ont aujourd'hui un grand empire. Je dis les sentiments et les devoirs, non l'esprit de famille tel qu'il existait dans notre ancienne société. Les liens politiques et légaux de la famille se sont affaiblis; les liens naturels et moraux sont devenus très forts; jamais les parents n'ont vécu si affectueusement et si intimement avec leurs enfants, jamais ils n'ont été si préoccupés de leur éducation et de leur avenir. Bien que très mêlée d'erreur et de mal, la forte secousse que Rousseau et son école ont imprimée aux âmes et aux mœurs n'a pas été vaine, et il en reste de salutaires traces... A considérer notre société en général et dans ces millions d'existences qui ne font pas de bruit, mais qui sont la France, les affections et les vertus domestiques y dominent et font plus que jamais, de l'éducation des enfants, l'objet de la vive et constante sollicitude des parents.

Une idée se joint à ces sentiments et leur prête un nouvel empire, l'idée que le mérite personnel est aujourd'hui la première force comme la première condition du succès dans la vie, et que rien n'en dispense;... la conviction que l'homme vaut surtout par lui-même, et que de sa valeur personnelle dépend essentiellement sa destinée. En dépit de tout ce qu'il y a dans nos mœurs de mollesse et d'impatience, c'est là aujourd'hui, dans la société française, un sentiment général et profond qui agit puissamment au sein des familles et donne aux parents, pour l'éducation de leurs enfants, plus de bon sens et de prévoyance qu'ils n'en auraient sans les rudes avertissements de l'expérience contemporaine.

(Guizot, *Mémoires pour servir à l'histoire de mon temps*, t. III, ch. xv.)

II. — Jusqu'où s'étend la puissance de l'éducation [1].

Tout dépend des premières semences; si elles ont été bien jetées, on peut se promettre qu'un jour elles porteront les plus beaux fruits, qu'il s'agisse de plantes ou d'animaux féroces ou apprivoisés, ou d'hommes. L'homme est déjà naturellement doux, il est vrai; mais lorsqu'à un heureux naturel il joint une éducation excellente, il est le plus doux des animaux, le plus approchant de la divinité; au lieu que, s'il n'a reçu qu'une éducation défectueuse ou mauvaise, il devient le plus farouche des animaux que produit la terre. C'est pourquoi le législateur doit faire de l'institution des enfants le premier et le plus sérieux de ses soins.

(Platon, *Lois*, liv. VI.)

Je crois pouvoir assurer que, de cent personnes, il y en a quatre-vingt-dix qui sont ce qu'elles sont, bonnes ou mauvaises, utiles ou nuisibles à la société, par l'éducation qu'elles ont reçue. C'est de là que vient la grande différence entre les hommes.

(Locke, *Pensées sur l'éducation*. Début.)

La différence entre les esprits est l'effet de l'éducation.
L'éducation nous fait ce que nous sommes.
L'homme est vraiment le produit de son éducation.
L'éducation peut tout.

(Helvétius, *De l'Esprit; De l'homme et de son éducation.*)

L'éducation doit pouvoir former des élèves pour la vie réelle, d'une manière sûre et infaillible, d'après des règles précises.

(Fichte, *Discours à la nation allemande*, 3e Discours.)

Je me suis convaincu de la nécessité d'opérer (par l'éducation) une entière régénération, et, si je peux m'exprimer ainsi, de créer un nouveau peuple.

(Michel Le Pelletier de Saint-Fargeau, *Plan d'éducation nationale.*)

1. Voir la discussion de cette question dans notre *Pédagogie*, 5e édition, p. 10-21.

Le caractère et l'esprit se modifient constamment, voilà ce qui rend toujours l'éducation possible; non seulement elle est possible, mais elle existe, il y en a une qui est sans cesse en activité : savoir si nous pouvons la diriger est la seule question douteuse. A la vérité, le développement du caractère ne dépend sûrement ni de la volonté des instituteurs dans l'enfance, ni de celle de l'élève lui-même dans un âge plus avancé; mais s'ensuit-il de là que ces volontés n'aient aucun pouvoir? Ne dispose-t-on de rien, quand on ne dispose pas de tout? Plusieurs causes agissent à notre insu et malgré nous, je l'avoue; mais il est des influences régulières et bienfaisantes dont l'emploi est à notre disposition. C'est parce qu'il y a dans tous les temps une éducation accidentelle qu'il faut en balancer les effets par une éducation préméditée.

(Mme Necker de Saussure, *l'Éducation progressive*, Introduction.)

Il a pu arriver qu'aux premiers âges des sociétés humaines, de vigoureux génies eussent assez d'ascendant pour imposer à des sociétés naissantes, en fait d'éducation publique comme à d'autres égards, leurs institutions, leurs règles, leurs formules, de manière à pétrir en quelque sorte les générations futures, et à leur imposer pour des siècles le cachet qu'il leur plaisait, ou plutôt le type dont la vive intuition leur était donnée par la puissance suprême qui se les associait ainsi dans son œuvre de création. Mais ces temps sont bien loin. Le souvenir s'en conservait encore quand les philosophes grecs songeaient à se poser eux-mêmes en législateurs, comme s'ils avaient pu, par leurs systèmes d'éducation publique, imposer aussi leurs idées, et imiter dans des temps d'examen et de doute la puissance de ces législateurs ou de ces sages des temps primitifs. De là une tendance à s'exagérer l'influence du législateur sur la société par le moyen de l'éducation; tendance qui perce dans tous les monuments littéraires de l'antiquité classique, et qui s'est reproduite chez les philosophes, chez les écrivains modernes, nourris de l'antiquité classique, au point de fournir une sorte de lieu commun oratoire dans ces discours d'apparat que ramènent chaque année nos habitudes scolaires. La vérité est cependant que, dans l'état des nations modernes, il n'est donné à personne de pétrir ou de repétrir la société, pas plus en dictant des règlements d'éducation publique qu'en promulguant des constitutions politiques. L'idée contraire a été la grande erreur des novateurs du XVIIIe siècle, erreur dont nous avons peine à revenir. Nous voyons pourtant que le cachet des diverses professions, des diverses classes, des diverses nationalités, s'oblitère de plus en plus, nonobstant la diversité des règlements d'éducation et des constitutions politiques : et tandis que les populations se ressemblent davantage à un instant donné, malgré les distances qui les séparent et la disparité des institutions qui les régissent, on les voit toutes changer d'une manière bien sensible, dans un temps beaucoup plus court que celui qu'exigeraient des modifications dues à l'action lente des règlements et des institutions. Il en faut conclure que la principale influence modificatrice du milieu social ne peut plus tenir maintenant à des institutions de la nature de celles sur lesquelles le législateur exerce un pouvoir discrétionnaire, et notamment que les institutions d'éducation publique sont principalement déterminées par l'état de l'opinion et des mœurs, non l'état de l'opinion et des mœurs par la lente action des institutions d'éducation publique.

(COURNOT, *Des institutions d'instruction publique en France*, 1re partie, ch. I.)

On se fait des illusions, ce me semble, sur l'influence de l'enseignement : il peut beaucoup, mais il ne peut pas tout ce qu'on imagine. Sans doute si on était libre de créer un monde isolé où l'enfant ne reçût de tous côtés que la même impulsion, et si, en sortant de ce petit monde pour entrer dans le grand, il ne trouvait rien qui ne confirmât cette impulsion première, il lui faudrait une bien forte originalité pour échapper à l'action de cette constante empreinte, pour inventer de son propre fonds un autre univers; mais il n'en est pas ainsi : qui dit enseignement public ne dit pas seulement enseignement des élèves par des maîtres, il dit enseignement des élèves par des élèves, enseignement mutuel; une école un peu ouverte est un monde en raccourci. Le plus puissant des maîtres est le monde.

On exagère aussi quand on croit que, si on tient l'éducation, on est maître absolu des âmes et qu'on donne à une nation la forme qu'on veut. L'éducation peut assurément beaucoup; elle ne peut rien contre la nature et contre le temps... Il n'y a pas une éducation, il y en a plusieurs, qui se succèdent et se continuent; la vie trouve sa route à travers les systèmes qui prétendent l'immobiliser. D'où il suit que la seule éducation solide est celle qui ne craint pas le grand air, et qui, contente de donner aux jeunes gens quelques principes inébranlables, s'applique à former des esprits justes et ouverts.

(Bersot, *Études et Pensées*, p. 369.)

III. — L'éducation et l'instruction [1].

L'intelligence étant le grand instrument à l'aide duquel les hommes arrivent au but de leurs désirs, elle attire leur attention plus que toute autre faculté. Lorsque nous parlons aux hommes de s'améliorer, la première pensée qui se présente à eux, c'est qu'ils doivent cultiver leur intelligence, acquérir des connaissances et du talent. Par éducation, les hommes entendent presque exclusivement l'éducation intellectuelle. C'est pour elle qu'on institue des écoles et des collèges, et c'est à elle qu'on sacrifie l'enseignement moral et religieux de la jeunesse. Certes je respecte l'intelligence autant que personne; mais ne la plaçons jamais au-dessus du principe moral. Elle est entièrement unie avec lui. C'est sur le principe moral qu'est basée la culture de l'esprit, et l'élever est son but suprême. Quiconque désire que son intelligence grandisse et soit toujours saine et vigoureuse, doit commencer par l'éducation morale. L'étude et la lecture ne suffisent pas pour perfectionner la raison. Une chose est nécessaire par-dessus toutes les autres, c'est le désintéressement, qui est l'âme même de la vertu.

(Channing, *De l'éducation de soi-même*. Œuvres sociales, t. I, p. 14.)

Quand il s'agit de l'homme et de la société, il y a, non pas identité, mais liaison intime entre l'idée d'*éducation* et celle d'*instruction*, entre les institutions d'instruction publique et celles d'éducation publique... Rien de plus facile que d'en donner la raison.

1. Comparer *Pédagogie*, p. 21-26.

1° Soit que l'on assigne aux facultés intellectuelles de l'homme le premier rang ou seulement le second, il est bien clair que pour rendre tout ce qu'elles peuvent rendre, elles ont besoin, plus encore que ses autres facultés, d'être perfectionnées par l'éducation. Or, quel pourrait être le moyen de cultiver et de façonner l'esprit qui ne fût pas en même temps un moyen de l'instruire? Cultivera-t-on la mémoire autrement qu'en faisant apprendre des morceaux qui méritent d'être retenus et qui composent un fonds d'instruction? Exercera-t-on la pénétration de l'élève et formera-t-on son style sans lui apprendre la langue des grands écrivains auxquels on emprunte des textes et des modèles? Développera-t-on sa raison par l'étude des sciences sans lui rendre plus ou moins les sciences familières? Donc la véritable instruction, l'instruction méthodiquement donnée et reçue, et l'éducation intellectuelle ne sont qu'une seule et même chose; quoique, dans la prodigieuse variété de choses qui peuvent être matière d'instruction utile, il y ait lieu de distinguer et de choisir de préférence, pour en faire l'objet de l'instruction pédagogique, de l'instruction dogmatique et régulière, celles qui se prêtent mieux que d'autres au but pratique de l'éducation des facultés intellectuelles.

2° S'il y a des matières d'enseignement, comme la grammaire, la géométrie, la chimie, qui ne parlent qu'à l'intelligence de l'homme et n'ont d'utilité pratique que par le parti que son intelligence en sait tirer, il y en a d'autres, comme la littérature, l'histoire, la philosophie, la jurisprudence, qui n'intéressent pas moins ses facultés morales : de sorte qu'en ce qui les concerne, l'éducation des facultés morales concourt nécessairement avec celles des facultés intellectuelles.

3° La discipline scolaire pour la généralité des élèves, et, pour ceux qui ne peuvent recevoir l'instruction sans quitter leur famille, la discipline du pensionnat paraissent être jusqu'ici les seuls moyens pratiques de réduire en art et d'appliquer à la conduite d'une nombreuse réunion de jeunes gens les observations des moralistes, des psychologues, des physiologistes sur la nature morale et physique de l'homme. Elles ne tiennent lieu, bien entendu, ni des influences religieuses, ni des exemples domestiques, ni des épreuves de la vie réelle : mais on n'imagine guère d'autres moyens d'éducation publique, sans s'aventurer dans le champ des utopies.

Cela veut-il dire que toute instruction élève, que toute instruction moralise et qu'il n'y a qu'à répandre l'instruction, qu'à multiplier les écoles, pour faire avancer de tout point l'éducation d'un peuple? Hélas! non! Mais comme l'instruction est elle-même un bien, malgré les abus qu'on en peut faire, comme il est facile de concevoir et même relativement facile de réaliser des progrès en ce sens, il est tout simple que les efforts des sociétés se tournent plutôt de ce côté.

(COURNOT, *Des institutions d'instruction publique en France*, 1re partie, ch. I.)

IV. — L'instruction et la moralisation.

Socrate ne séparait pas la science de la bonne conduite... Il pensait que, sans un esprit juste et sain, tous les grands talents ne font que donner aux hommes plus de moyens de faire le mal.

(XÉNOPHON, *Entretiens de Socrate*, III, 13; IV, 9.)

La science progresse, la vertu recule.

(SÉNÈQUE, *Lettres à Lucilius*, 95.)

A telle entreprise (l'éducation) parfaire et consommer, il te peut assez soubvenir comment je n'ay rien espargné : mais ainsi t'y ay je secouru comme si je n'eusse aultre thresor en ce monde que de te veoir une foys en ma vie absolu et parfaict, tant en vertus, honnesteté, et preudhommie, comme en tout sçavoir libéral et honneste.

Parquoy, mon filz, je t'admoneste que employes ta jeunesse a bien proufficter en estude et en vertus.

Sapience n'entre poinct en âme malivole, et science sans conscience n'est que ruyne de l'âme.

(RABELAIS, liv. II, ch. VIII, *Lettre de Pantagruel à son fils Gargantua.*)

A quoy faire la science, si l'entendement n'y est?... Il ne fault pas attacher le sçavoir à l'âme, il l'y fault incorporer; il ne l'en fault pas arrouser, il l'en fault teindre; et s'il ne la change et meliore son estat imparfaict, certainement il vault beaucoup mieulx le laisser là : c'est un dangereux glaive et qui empesche et offense son maistre, s'il est en main foible, et qui n'en sçache l'usage : *ut fuerit melius non didicisse...*

C'est une bonne drogue que la science; mais nulle drogue n'est assez bonne pour se preserver sans alteration ni corruption, selon le vice du vase qui l'estuye. Tel a la veue claire, qui ne l'a pas droicte.

(MONTAIGNE, *Essais*, liv. I, ch. XXIV.)

Le gain de nostre estude, c'est en estre devenu meilleur et plus sage. (MONTAIGNE, *ibid.*, ch. XXV.)

Si l'instruction n'avait pour but que de former l'homme aux belles-lettres et aux sciences; si elle se bornait à le rendre habile, éloquent, propre aux affaires, et si, en cultivant l'esprit, elle négligeait de régler le cœur, elle ne répondrait pas à tout ce qu'on a droit d'en attendre, et ne nous conduirait pas à une des principales fins pour lesquelles nous sommes nés. Pour peu qu'on examine la nature de l'homme, ses inclinations, sa fin, il est aisé de reconnaître qu'il n'est pas fait pour lui seul, mais pour la société. La Providence l'a destiné à y remplir quelque emploi. Il est membre d'un corps dont il doit procurer les avantages; et, comme dans un grand concert de musique, il se doit mettre en état de bien soutenir sa partie, pour rendre l'harmonie parfaite.

Or, c'est la vertu seule qui met les hommes en état de bien remplir les postes publics. Ce sont les bonnes qualités du cœur qui donnent le prix aux autres, et qui, en faisant le vrai mérite de l'homme, le rendent aussi un instrument propre à procurer le bonheur de la société.

Voilà ce que se proposent les bons maîtres dans l'éducation de la jeunesse. Ils estiment peu les sciences, si elles ne conduisent à la vertu. Ils comptent pour rien la plus vaste érudition, si elle est sans probité. Ils préfèrent l'honnête homme à l'homme savant; et en instruisant les jeunes gens,... ils songent moins à les rendre habiles qu'à les rendre vertueux, bons fils, bons pères, bons maîtres, bons amis, bons citoyens.

(ROLLIN, *Traité des Études,* Discours préliminaire.)

Plus les hommes sont disposés par éducation à raisonner juste, à saisir les vérités qu'on leur présente, à rejeter les erreurs dont on veut les rendre victimes, plus aussi une nation qui verrait ainsi les lumières s'accroître de plus en plus et se répandre sur un plus grand nombre d'individus, doit espérer d'obtenir et de conserver de bonnes lois, une administration sage et une constitution vraiment libre.

(CONDORCET, *Sur l'Instruction publique*, 1er mémoire.)

En général, la portion pauvre de la société a moins des vices que des habitudes grossières et funestes à ceux qui les contractent. Une des premières causes de ces habitudes vient du besoin d'échapper à l'ennui dans les moments de repos, et de ne pouvoir y échapper que par des sensations, et non par des idées. De là vient, chez presque tous les peuples, l'usage immodéré de boissons ou de drogues enivrantes, remplacé, chez d'autres, par le jeu ou par les habitudes énervantes d'une fausse volupté. A peine trouvera-t-on une seule nation sédentaire chez laquelle il ne règne pas une coutume, plus ou moins mauvaise, née de ce besoin de sensations répétées.

Si, au contraire, une instruction suffisante permet au peuple d'opposer la curiosité à l'ennui, ces habitudes doivent naturellement disparaître, et avec elles l'abrutissement ou la grossièreté qui en sont la suite.

Ainsi, l'instruction est encore, sous ce point de vue, la sauvegarde la plus sûre des mœurs du peuple.

(CONDORCET, *Rapport à l'Assemblée nationale*.)

Jusqu'à quand voudra-t-on confondre l'usage avec l'abus, le jour avec la nuit? Nous savons que bien des hommes, des enfants même, emploient mal les connaissances et la facilité qu'ils ont acquises; dira-t-on pour cela qu'il faut empêcher tout développement des facultés intellectuelles? A ce compte, il faudrait ravager la terre, dépouiller et mutiler l'homme; car il abuse de tout, même des choses les plus saintes. Prévenir l'abus et le corriger, s'il est possible, où il se présente, voilà la sagesse et voilà notre devoir.

Que l'on ne s'y trompe pas, ce n'est pas du tout la culture de l'esprit qui rend les enfants raisonneurs, suffisants, insubordonnés, turbulents. La source féconde de ces mauvaises qualités est dans le cœur, que la culture de l'esprit ne gâte pas, mais qu'elle seule, si elle est ce que dit son nom, peut ou empêcher, ou contenir, ou détruire. Cultiver l'esprit, ce n'est pas développer les facultés sans but, sans mesure et sans règle. Pour les cultiver, il faut d'abord choisir des sujets convenables, qui excitent dans l'enfant tout ce que le Créateur a mis de beau, de noble, de divin et d'immortel dans l'homme.

Par la culture d'un champ, nous entendons la meilleure manière de lui faire porter ce qu'il peut produire de mieux dans le genre que nous désirons. Pour cela, il faut deux choses, un bon labour et de bonnes graines. Telle est l'image de la culture intellectuelle, et l'origine de son nom d'emprunt; mais on n'a pas toujours soin de rattacher au mot sa signification. Trop souvent il n'emporte que l'idée d'un développement quelconque des facultés, sans raison comme sans objet déterminé. Et c'est pourtant cet objet qui doit être en première ligne, et auquel il s'agit de subordonner tous les exercices propres à développer convenablement toutes les facultés, et à les mettre dans une heureuse harmonie entre elles.

(Le P. Girard, *De l'enseignement régulier de la langue maternelle*, liv. III, ch. iv.)

Populariser la science : c'est-à-dire, chercher à atteindre, d'une manière générale, le degré de lumière et de force intellectuelle dont les hommes ont besoin pour mener une vie sage et indépendante. Mon but, assurément, n'est pas de donner l'instruction pour l'instruction elle-même, et d'en faire un jouet trompeur entre les mains du pauvre qui demande du pain; je voudrais, au contraire, lui enseigner les premiers éléments de la vérité et de la sagesse, et le délivrer ainsi du danger d'être le misérable jouet de sa propre ignorance et de l'habileté des autres.

(Pestalozzi, *Comment Gertrude instruit ses enfants*, Lettre I.)

V. — L'objet de l'éducation; définitions.

Accomplir les trois bonnes choses : bonne pensée, bonne parole, bonne action.

Avoir une âme forte et pure dans un corps vigoureux et pur.

(Zend-Avesta, liv. II, III.)

Obéir aux lois de Dieu, faire le bien de l'homme, cultiver en soi la force morale.

(LES DRUIDES.)

L'éducation n'est autre chose que l'art d'attirer et de conduire les enfants vers ce que la loi dit être la droite raison, et ce qui a été déclaré tel par les vieillards les plus sages et les plus expérimentés.

(PLATON, *Les lois*, liv. I, p. 89.)

La bonne éducation est celle qui peut donner au corps et à l'âme toute la beauté et toute la perfection dont ils sont capables.

(PLATON, *ibid.*, liv. VII, p. 2.)

Ne laissons pas à ce que nous appelons éducation une signification vague. Souvent par forme de louange ou de mépris, nous disons de certaines gens qu'ils ont de l'éducation ou qu'ils n'en ont pas, alors même qu'ils en ont reçu une très bonne dans le trafic, dans le commerce de mer, et en d'autres professions semblables. C'est qu'apparemment ce n'est pas là ce que nous appelons éducation, et que pour nous l'éducation proprement dite est celle qui a pour but de nous former à la vertu dès notre enfance et qui nous inspire le désir ardent d'être des citoyens accomplis, instruits à commander et à obéir selon la justice. C'est celle-là qui mérite seule le nom d'éducation. Quant à celle qui, dirigée vers les richesses, la vigueur du corps, et quelque talent que ce soit où la sagesse et la justice n'entrent pour rien, c'est une éducation basse et servile.

(PLATON, *ibid.*, liv. I, p. 52.)

Il faut, dès la première enfance, qu'on nous mène de manière à ce que nous placions nos joies et nos douleurs dans les choses où il convient de les placer; et c'est en cela que consiste la bonne éducation.

(ARISTOTE, *Morale à Nicomaque*, liv. II, ch. III, § 3.)

Pour l'homme, ce qui lui est le plus propre, c'est la vie de l'entendement, puisque l'entendement est vraiment tout l'homme... L'homme peut vivre ainsi, non pas en tant qu'il est homme, mais en tant qu'il y a en lui quelque chose de divin... Si l'entendement est quelque chose de divin par rapport au reste de l'homme, la vie propre de l'entendement est une vie divine par rapport à la vie ordinaire de l'humanité. Il ne faut donc pas croire ceux qui conseillent à l'homme de ne songer qu'à des choses humaines, et à l'être mortel de ne songer qu'à des choses mortelles comme lui.

(ARISTOTE, *ibid.*, liv. X, ch. VII, § 8, 9.)

On ne sait s'il faut ne diriger l'éducation que vers les choses d'utilité réelle, ou bien en faire une école de vertu; ou si elle doit aussi comprendre des objets de pur agrément.

La nature nous demande non pas seulement un louable emploi de notre activité, mais aussi un noble emploi de nos loisirs.

L'on doit reconnaître qu'il existe certaines choses qu'il faut enseigner aux enfants, non point comme choses utiles ou nécessaires, mais comme choses dignes d'occuper un homme libre, comme choses qui sont belles... La préoccupation exclusive des idées d'utilité ne convient ni aux âmes nobles, ni aux hommes libres.

(ARISTOTE, *Politique*, liv. V, ch. I, § 4; II, § 3; III, § 1, 2.)

Conduire les enfants à la vertu.

Une éducation solide et honnête est le seul moyen de les conduire à la vertu, et par la vertu au bonheur.

(PLUTARQUE, *De l'éducation des enfants.*)

L'art par lequel l'enfant est amené à la condition d'homme. L'œuvre de l'éducation est de former l'homme.

(CICÉRON, *Des vrais biens et des vrais maux*, liv. IV, ch. XIV.)

Instruire la jeunesse et former les âmes à la vertu.

(SÉNÈQUE, *De la tranquillité de l'âme*, III.)

Avoir une âme saine dans un corps sain.

(JUVÉNAL, *Satires*, X, v, 356.)

Ce que nous avons en vue par-dessus tout, c'est de former des citoyens à l'âme vertueuse et au corps robuste.

(LUCIEN, *Anacharsis*, XX.)

Savoir diriger et contenir tous les mouvements de son âme, de manière à ne faire que les actions propres à un être raisonnable, tel est le but de l'éducation et des instructions qu'on nous donne.

(MARC-AURÈLE, *Pensées*, ch. XVI, 1.)

Former les jeunes gens, dès le principe, aux lettres et à la vertu.

(Érasme.)

Les études ont pour but de rendre l'enfant plus sage et partant meilleur.

(L. Vivès, *De la communication de la science.*)

L'éducation consiste dans l'instruction et les mœurs.

(Bodin, *Discours sur l'éducation publique.*)

Nous cherchons de former, non un grammairien ou logicien, mais un gentilhomme.

Ce n'est pas une âme, ce n'est pas un corps qu'on dresse; c'est un homme.

(Montaigne, *Essais*, liv. I, ch. xxv.)

L'éducation doit rendre l'homme capable d'exercer convenablement sa vocation, la femme de diriger son ménage et d'élever convenablement ses enfants... Elle doit nous rendre capables de contribuer à l'amélioration du monde, en lui apportant notre tribut de forces et de connaissances.

(Luther, *Lettre aux seigneurs et magistrats allemands.*)

La seule éducation que l'on puisse considérer comme complète et généreuse, est celle qui met un homme en état de s'acquitter avec justice, avec habileté et avec une vraie grandeur d'âme, de tous les offices privés ou publics, soit de la guerre, soit de la paix.

(Milton, *Traité d'éducation.*)

Les habitudes contractées dès l'âge le plus tendre sont sans contredit les plus fortes. C'est ce que nous appelons l'éducation, qui n'est au fond qu'une habitude contractée de bonne heure.

(Bacon, *Essais de morale et de politique*, xxviii. De l'habitude et de l'éducation.)

Notre but est une éducation générale : l'enseignement à tous les hommes de toutes les choses humaines. L'école populaire doit initier tous les enfants des deux sexes, de dix à douze ou treize ans, aux connaissances dont l'usage s'étend à toute la vie.

(Coménius, *Grande Didactique.*)

Votre éducation doit être l'apprentissage de votre vie; vous devez y apprendre à devenir honnête homme, et habile homme dans la profession que vous embrasserez : appliquez-vous uniquement à ce qui peut vous rendre tel, et consolez-vous de l'ignorance de tout ce que l'on peut se passer de connaître, et ne pas laisser que d'être heureux.

(L'ABBÉ FLEURY, *Traité du choix et de la méthode des études*, ch. XVI.)

La méthode qui, dans les différentes conditions des hommes, serait la plus facile, la plus courte, et la plus propre à en faire des gens vertueux, utiles à la société et habiles chacun dans leur profession.

(LOCKE, *Pensées sur l'éducation*, Épître dédicatoire.)

L'éducation, à proprement parler, est l'art de manier et de façonner les esprits.

(ROLLIN, *Traité des études*, 6e partie, art. 2.)

La première de toutes les utilités, qui est l'art de former des hommes.

Dans l'ordre naturel, les hommes étant tous égaux, leur vocation commune est l'état d'homme; et quiconque est bien élevé pour celui-là ne peut mal remplir ceux qui s'y rapportent. Qu'on destine mon élève à l'épée, à l'Église, au barreau, peu m'importe. Avant la vocation des parents, la nature l'appelle à la vie humaine. Vivre est le métier que je veux lui apprendre.

(ROUSSEAU, *Émile*, liv. I.)

Si l'humanité est susceptible d'un certain point de perfection, c'est par l'instruction qu'elle peut y arriver.

L'objet du législateur doit être de procurer aux esprits le plus haut degré de justesse et de capacité qu'il est possible, aux caractères le plus haut degré de bonté et d'élévation, aux corps le plus haut degré de force et de santé.

(LA CHALOTAIS, *Essai d'éducation nationale*, Préliminaires, p. 6.)

Le soin que l'on prend de nourrir, d'élever et d'instruire les enfants; aussi l'éducation a pour objet : 1° la santé et la bonne conformation du corps; 2° ce qui regarde la droiture et l'instruction de l'esprit; 3° les mœurs, c'est-à-dire la conduite de la vie, et les qualités sociales.

(*Encyclopédie* du XVIIIe siècle, art. *Éducation*, de Dumarsais.)

L'art de former des hommes.

L'art de l'éducation n'est autre chose que la connaissance des moyens propres à former des corps plus robustes et plus forts, des esprits plus éclairés et des âmes plus vertueuses.

(HELVÉTIUS, *De l'esprit*, Discours IV, ch. XVII.)

Les préceptes de l'éducation seront incertains et vagues, tant qu'on ne les rapportera point à un but unique. Quel peut être ce but? le plus grand avantage public, c'est-à-dire le plus grand plaisir et le plus grand bonheur du plus grand nombre de citoyens.

(HELVÉTIUS, *De l'homme et de son éducation*, sect. I, ch. X.)

Elle est l'art plus ou moins perfectionné de mettre les hommes en toute valeur, tant pour eux que pour leurs semblables... Elle doit les rendre meilleurs, plus heureux, plus utiles.

(TALLEYRAND, *Rapport à l'Assemblée nationale.*)

Cultiver dans chaque génération les facultés physiques, intellectuelles et morales, et par là contribuer à ce perfectionnement général et graduel de l'espèce humaine, dernier but vers lequel toute institution sociale doit être dirigée.

(CONDORCET, *Rapport à l'Assemblée nationale.*)

La perfection de la nature humaine dépend de l'éducation. L'éducation doit développer proportionnellement et régulièrement toutes les dispositions de la nature humaine, et conduire ainsi tout le genre humain à sa destinée.

(KANT, *De la pédagogique*, § 5.)

La mission de l'éducation est de nous perfectionner, en nous développant exclusivement dans le sens du procédé par lequel notre espèce s'élève d'intuitions confuses à des conceptions nettes.

(PESTALOZZI, *Comment Gertrude instruit ses enfants*, Lettre IV.)

L'éducation doit mettre au jour l'idéal de l'individu.

(J.-P. RICHTER, *Doctrine de l'éducation.*)

L'éducation est tout à la fois l'art et la science de guider la jeunesse et de la mettre en état, à l'aide de l'instruction, par la puissance de l'émulation et des bons exemples, d'atteindre le triple but qu'assigne à l'homme sa destination religieuse, sociale et nationale.

(NIEMEYER, *Principes de l'éducation et de l'enseign ment*, t. I.)

L'éducation est le développement harmonique des facultés physiques, intellectuelles et morales.

(DENZEL, *Introduction à la science de l'éducation et de l'enseignement pour les instituteurs primaires.*)

L'éducation doit premièrement cultiver toutes les facultés variées dont nous sommes doués, tant celles qui se rapportent à la spéculation que celles qui tendent à la pratique, et faire en sorte qu'elles acquièrent le plus haut degré de perfection dont elles sont susceptibles. Secondement, veiller sur les impressions que l'âme reçoit dans les premières années de la vie et sur les associations d'idées qu'elle forme à cette époque, afin de la mettre à l'abri des erreurs auxquelles elle est le plus exposée, et de l'accoutumer, autant qu'il est possible, à juger sainement des objets dont elle est frappée.

(DUGALD STEWART, *Éléments de la philosophie de l'esprit humain*, Introd., 2e partie, § 1 [1].)

L'ensemble des efforts employés pour approprier chaque génération nouvelle à l'ordre social auquel elle est appelée par la marche de l'humanité.

(SAINT-SIMON, *Quelques idées soumises à la Société pour l'instruction élémentaire.*)

La vie de l'homme n'est en réalité qu'une grande éducation, dont le perfectionnement est le but.

Le vrai perfectionnement est celui qui se trouve en rapport avec la situation et la destinée de chacun, et par conséquent il est pour la généralité des hommes celui qui convient aux situations les plus ordinaires : il consiste en un ensemble harmonieux et complet des facultés intellectuelles et morales, soit

1. Élisabeth Hamilton reproduit et adopte cette manière de voir dans ses *Lettres sur l'éducation.*

entre elles, soit avec les circonstances dans lesquelles chacun est placé. Le perfectionnement de soi-même, loin d'être une prérogative exclusivement réservée à quelques-uns, est une carrière ouverte à tous.

(De Gérando, *Du perfectionnement moral*, liv. I, ch. i.)

Dans toute condition, et quelle que soit la destination particulière des individus sur lesquels elle opère, l'éducation a pour but, tout en les rendant propres à l'état auquel ils se destinent, et en tenant compte de leur individualité, de les développer de plus en plus comme hommes et comme citoyens, comme membres à la fois de la société civile et de cette cité divine qui s'étend sur tous les peuples, qui embrasse tous les temps et va au delà des temps.

(J. Wilm, *Essai sur l'éducation du peuple*.)

Le véritable but de l'éducation est de faire de l'homme tout ce qu'il peut devenir.

(Mme Guizot, *Conseils de morale*, De l'éducation, v.)

Elever un enfant, c'est le mettre en état de remplir un jour le mieux possible la destination de sa vie.

Donner à l'élève la volonté et les moyens de parvenir à la perfection dont il sera un jour susceptible.

(Mme Necker de Saussure, *L'éducation progressive*, liv. I, ch. i.)

Le véritable but de l'éducation est de tendre à la perfection, sans avoir toutefois la prétention de jamais y atteindre.

(Th. Fritz, *Esquisse d'un système complet d'instruction et d'éducation*, Introd., ch. ii.)

Un corps sain, un esprit droit, une volonté vertueuse, c'est là ce qu'une bonne éducation se propose de former : ce but est invariable, universel; dans tous les états, dans tous les systèmes, les parents y tendent pour leurs enfants, parce qu'à tout âge, dans toutes les conditions, l'homme a besoin de santé, de raison et de vertu; le riche et le pauvre, le puissant et le faible, le paysan, le bourgeois et le soldat sont également dans l'impossibilité de s'en passer ou de s'en dispenser; il en faut dans une vie pleine de loisirs comme dans la vie la plus laborieuse, pour obéir comme pour commander, dans les professions civiles comme au milieu des camps; et quelle que soit la carrière à laquelle un père destine ses fils, il s'efforcera de leur donner ces trois qualités, source et appui de toutes les autres...

Le grand but de l'éducation est d'apprendre à l'homme à s'élever lui-même, lorsque d'autres auront cessé de l'élever.

(GUIZOT, *Méditations et études morales*, Conseils d'un père sur l'éducation, I, IV.)

Former le cœur, éclairer l'esprit, tel est le double but de l'éducation.

(JOUFFROY, Traduction des *Œuvres de Reid*, Préface.)

L'éducation consiste essentiellement dans le développement des facultés humaines.

(DUPANLOUP, *De l'éducation*, liv. I, ch. II.)

L'éducation a pour but de seconder l'enfant dans son développement naturel, de le soutenir dans ses intermittences, de le diriger au milieu des dangers qui l'entourent; de lui interpréter au besoin des enseignements que la nature et le monde lui donnent à l'improviste; car l'homme saurait bien peu de choses, s'il en était réduit à son expérience personnelle.

(MME PAPE-CARPANTIER, *Manuel des maîtres*, 1re partie, ch. I, 3.)

Le développement graduel et harmonieux des diverses facultés dans leur subordination relative.

(WILLIAM HAMILTON, *Fragments de philosophie*, De l'étude des mathématiques, p. 306.)

Faire, autant que possible, de l'individu un instrument de bonheur d'abord pour lui-même, ensuite pour ses semblables.

(JAMES MILL, *Encyclopédie britannique.*)

L'éducation comprend tout ce que nous faisons pour nous-mêmes et tout ce que les autres font pour nous dans le but de nous rapprocher de la perfection de notre nature. Dans son acception la plus large, elle comprend même les effets indirects produits sur le caractère et sur les facultés de l'homme par des choses dont le but direct est tout différent : par les lois, les formes de gouvernement, les arts industriels, les différentes formes de la vie sociale, et même encore par des faits physiques indépendants de la volonté de l'homme, tels que le climat, le sol et la position locale.

L'éducation est la culture que chaque génération donne à celle qui doit lui succéder, pour la rendre capable de conserver les résultats des progrès qui ont été faits, et, s'il se peut, de les porter plus loin.

(John Stuart Mill.)

Comment doit-on vivre? Pour nous, c'est la question essentielle. Elle ne se pose pas seulement dans le sens matériel, mais encore dans le sens le plus large du mot... Comment vivre d'une vie complète? Voilà ce qu'il nous est par-dessus tout nécessaire de savoir, et ce que l'éducation doit nous apprendre. Le but de l'éducation est de nous préparer à vivre de la vie complète.

(M. Herbert Spencer, *De l'éducation intellectuelle, morale et physique*, ch. i.)

Ce qui constitue exclusivement l'éducation, ce sont les moyens de constituer les facultés acquises des êtres humains. Evidemment, il s'agit pour le maître de communiquer ce qu'il sait; mais l'éducation s'étend aux facultés non intellectuelles de l'être moral, aux activités et aux émotions, toujours sous l'empire des mêmes forces.

(M. Bain, *La science de l'éducation*, liv. I, ch. i.)

Le soin que tout homme se doit à lui-même pour développer et perfectionner sa nature.

Perfectionner l'homme, c'est le *libéraliser*, agrandir sa pensée, ses sentiments et sa volonté. Étroitesse d'intelligence et de cœur, telle est la dégradation dont toute éducation tend à sauver les hommes.

Je ne considère pas l'homme comme une machine, mais comme un être doué de liberté et d'intelligence, et je n'estime en fait d'éducation que celle qui fait ressortir ces deux facultés et leur donne une impulsion et une expansion perpétuelles. Je sais bien que cette idée est loin d'être universelle. L'opinion commune est que la masse du peuple n'a pas besoin d'autre éducation que de celle qui prépare aux différents métiers; et bien que cette erreur disparaisse, elle est loin d'être généralement condamnée. Mais le fondement de l'éducation de l'homme est dans sa nature et non dans sa profession. Nos facultés doivent être développées à cause de leur propre dignité, et non pas en vue seulement de leur application extérieure. L'homme doit être instruit parce qu'il est homme, et non point parce qu'il doit faire des souliers, des clous ou des épingles. Un métier n'est pas évidemment la fin de son être, car l'esprit ne s'y enferme pas tout entier. Un métier n'épuise point la force de la pensée. L'homme a des facultés que ce labeur ne met pas en jeu, des besoins profonds qu'il ne satisfait pas.

Vous me dites qu'une éducation libérale est nécessaire aux hommes appelés à remplir de hautes fonctions, mais non pas à ceux qui sont condamnés à un labeur vulgaire. Je réponds que le nom d'homme est un nom plus grand que celui de président ou de roi. La vérité et la bonté sont également précieuses, dans quelque sphère qu'on les trouve. D'ailleurs il n'est pas de condition où la vertu n'ait sa place aussi bien que le développement de toutes nos facultés. L'ouvrier n'est pas seulement un ouvrier. Des liens étroits, pleins de tendresse et de responsabilité, l'unissent à Dieu et à ses semblables. Il est fils, mari, père, ami et chrétien. Il appartient à une famille, à une patrie, à une Église, à une race, et cet homme, on ne l'élèverait que pour un métier? N'a-t-il donc pas été envoyé dans le monde pour accomplir une grande œuvre? Élever parfaitement un enfant demande plus de profondeur de pensée, plus de sagesse peut-être que le gouvernement d'un État; par cette simple raison que les intérêts et les besoins politiques sont plus saisissables, plus grossiers, plus sensibles que le développement de la pensée et du sentiment, ou que les lois subtiles de l'âme, qui toutes doivent être étudiées et comprises avant que l'éducation soit achevée; et cependant Dieu a chargé également tous les hommes de cette œuvre, la plus grande qui soit sur la terre. Avons-nous besoin d'une preuve plus claire pour voir qu'une éducation plus relevée qu'on ne l'a encore pensé est nécessaire à notre race entière?

(Channing, *De l'éducation personnelle*, Œuvres sociales, t. I, p. 23-25.)

VI. — La nature et l'éducation.

Tous les hommes, s'ils sont bien interrogés, trouvent tout d'eux-mêmes; ce qu'ils ne feraient jamais, s'ils ne possédaient déjà une certaine science et de véritables lumières [1].

(PLATON, *Philèbe*, 73.)

Trois choses peuvent rendre bon et vertueux : la nature, l'habitude et la raison... Il faut que la nature accorde certaines qualités d'âme et de corps. De plus, les dons de la nature ne suffisent pas; les qualités naturelles se modifient suivant les mœurs, et elles en peuvent recevoir une double influence qui les pervertit ou les améliore. Presque tous les animaux ne sont soumis qu'à l'empire de la nature; quelques espèces en petit nombre sont encore soumises à l'empire des habitudes; l'homme est le seul qui joigne la raison aux mœurs et à l'habitude. Il faut que ces trois choses concordent entre elles.

L'éducation agit par les habitudes et les leçons des maîtres.

La nature est le principe de tout... Il faut suivre la marche de la nature, l'art et l'éducation achèvent ce qu'elle a commencé.

(ARISTOTE, *Politique*, liv. IV, ch. XII, § 6, 7; XV, § 11.)

Si la naissance du corps précède celle de l'âme, la formation de la partie irrationnelle est antérieure à celle de la partie raisonnable. Il est facile de s'en convaincre : la colère, la volonté, le désir, se manifestent chez les enfants aussitôt après leur naissance; le raisonnement, l'intelligence ne se montrent, dans l'ordre naturel des choses, que beaucoup plus tard. Il faut donc nécessairement s'occuper du corps avant de penser à l'âme, et après le corps il faut songer à l'instinct; bien qu'en définitive l'on ait toujours en vue l'intelligence quand on forme l'instinct, et l'âme quand on forme le corps.

Ce n'est pas assez d'élever les jeunes gens, il faut qu'ils s'exercent eux-mêmes et s'accoutument, étant devenus hommes, à pratiquer ce qu'on leur aura enseigné.

(ARISTOTE, *Morale*, liv. X, ch. IX.)

1. Excessif. Il faut dire : des facultés en germe.

Trois choses concourent à l'éducation : la nature, l'instruction et l'habitude. La nature jette dans le cœur des enfants les premières semences de la vertu; l'instruction, c'est-à-dire les préceptes qu'on leur donne, les développe; l'exercice les rend familiers, et la perfection résulte de ces trois causes réunies. La nature sans l'instruction est un guide incertain; l'éducation sans la nature est faible et impuissante. Il faut en agriculture un bon sol, un habile cultivateur, et des semences bien choisies. En éducation, la nature est le sol, le maître est le cultivateur, et les préceptes sont les semences. Heureux celui à qui les dieux, dans leur bonté, ont départi tous ces avantages! Ne croyons pas cependant que ceux qui sont moins heureusement nés ne puissent, par une éducation soutenue, réparer avantageusement le défaut de la nature. Ce serait se tromper étrangement. Si le meilleur naturel se corrompt, faute de culture, l'éducation réforme aussi ce que le naturel a de vicieux.

(PLUTARQUE, *De l'éducation des enfants.*)

L'éducation ne fait pas l'homme, elle le reçoit de la nature à l'état d'ébauche; son rôle est de l'achever, de le perfectionner, comme le sculpteur donne le dernier fini à la statue dégrossie par un autre, les yeux fixés sur le modèle fourni par la nature. Or, qu'est-ce que l'homme, tel qu'il sort de la nature? Et qu'est-ce que l'éducation doit en faire? N'a-t-elle à achever en lui que le mouvement de l'esprit, ou n'a-t-elle à s'occuper que du corps? Mais pourquoi ne pas voir l'homme dans son entier? Un système qui s'attache exclusivement à un côté des choses et néglige le reste, est nécessairement tronqué. Un système complet embrasse à la fois le soin du corps et celui de l'âme... Autrement, on ne tient pas un compte suffisant de la marche progressive de la nature. Lorsque la tige a poussé en épi, la nature ne s'occupe plus de la tige; mais elle n'agit pas ainsi à l'égard de l'homme, lorsqu'elle l'a amené au point de développement qui est l'exercice de la raison. Elle ne perd jamais de vue ce qu'elle lui a une fois donné : ajoutant la raison aux sens, elle n'abandonne pas les sens.

Le corps croît par degrés, il en est de même de l'esprit. Par les sens, il entre en communication avec les objets extérieurs et en acquiert la notion; ils lui suffisent ou à peu près pour cela. Mais il n'acquiert pas d'emblée la connaissance de ce qu'il y a en lui de plus noble et de meilleur. La nature lui a donné une raison assez haute pour s'élever à toutes les vertus; elle a imprimé en lui, sans creuser, de légères idées des vérités les plus grandes, comme un premier aperçu; elle s'est bornée à ébaucher les vertus, rien de plus. A nous, à l'éducation, il appartient de continuer, d'achever ce qu'elle a commencé, jusqu'à ce que nous ayons atteint le but, lequel n'est pas limité par le monde des sens et du corps : il le dépasse d'autant que la perfection de l'esprit est au-dessus de la matière; l'intervalle qui les sépare, on peut à peine le mesurer. Aussi, toute notre estime, toute notre admiration, tous nos soins se rapporteront toujours à la vertu, et à ce qui est conforme à la vertu et que nous appelons le beau moral.

(Cicéron, *Des vrais biens et des vrais maux*, liv. IV, 13, 14; V, 21.)

L'éducation est impuissante, si la nature ne lui vient en aide. Un traité sur ces matières serait aussi inutile à un sujet sans dispositions naturelles, qu'un traité sur l'agriculture est inapplicable à un sol stérile.

L'homme est naturellement apte à exercer son intelligence. Les esprits stupides et rebelles à l'instruction ne sont pas plus dans l'ordre de la nature que ne le sont les monstres : le nombre en est très restreint. La preuve en est qu'on voit briller souvent chez les enfants des espérances qui s'évanouissent avec l'âge : donc c'est l'éducation qui leur a manqué, non la nature.

(Quintilien, *Éducation de l'orateur*, liv. I, Introd. et chap. I.)

Nous ne saurions faiblir à suivre nature; le souverain précepte est de se conformer à elle.

(Montaigne, *Essais*.)

Pour former le caractère humain, nous ne pouvons pas procéder comme le sculpteur qui fait une statue, et qui travaille tantôt le visage, tantôt les membres, tantôt les plis de la draperie; nous devons agir, et nous le pouvons, comme la nature dans la formation d'une fleur ou d'une autre de ses productions; elle produit à la fois tout l'ensemble de l'être et les germes de toutes ses parties.

En effet, l'homme, interprète et ministre de la nature, ne conçoit et ne réalise ses conceptions qu'en proportion de ce qu'il sait découvrir dans l'ordre de la nature, soit par l'observation, soit par la réflexion; et si l'on peut vaincre la nature, ce n'est qu'en lui obéissant.

(Bacon, *La restauration des sciences*, Introduction.)

Le bon sens est la chose du monde la mieux partagée, car chacun pense en être si bien pourvu, que ceux même qui sont les plus difficiles à contenter en toute autre chose n'ont point coutume d'en désirer plus qu'ils en ont. En quoi il n'est pas vraisemblable que tous se trompent; mais plutôt cela témoigne que la puissance de bien juger et distinguer le vrai d'avec le faux, qui est proprement ce qu'on nomme le bon sens ou la raison, est naturellement égale en tous les hommes.

(Descartes, *Discours de la méthode*, 1re partie.)

Laisser faire la nature ou la suivre.

(Rousseau, *Émile*, liv. I.)

L'éducation ne doit point avoir d'autre règle, ni suivre d'autre méthode que celle de la nature même.

Elle doit aider et accélérer ses mouvements, et non pas les forcer.

Tous les moyens dont elle se sert doivent être pris et de notre propre fonds et de la nature des objets que l'on fait agir sur nos organes.

(Morelly, *Essai sur l'esprit humain ou principes naturels de l'éducation*, ch. iv.)

Toutes les facultés humaines ont leur enfance et leur maturité.

Elles se développent dans un ordre régulier déterminé par le Créateur. Ce développement peut être précipité ou retardé, favorisé ou perverti par l'éducation, l'instruction, l'exemple, la pratique et le genre de société au milieu duquel il s'opère. L'action de toutes ces causes peut lui être utile ou funeste, comme celle du sol et de la culture au développement de la plante.

Mais quelle que soit leur puissance, elles ne sauraient exciter en nous de nouvelles facultés; nous n'en aurons jamais d'autres que celles que Dieu nous a données. Ainsi les facultés qui se retrouvent dans tous les hommes, quelle que soit l'éducation qu'ils aient reçue et les effets bons ou mauvais qu'elle ait produits, ces facultés viennent de Dieu, l'action des causes secondaires n'est pour rien dans leur existence.

(TH. REID, *Essais sur les facultés de l'esprit humain*, Essai III, 3e partie, ch. VIII.)

Il y a l'analogie la plus frappante entre le développement du corps et celui des différentes facultés de l'esprit. L'un et l'autre sont l'ouvrage de la nature, mais l'un et l'autre peuvent être accélérés ou retardés par l'éducation.

(TH. REID, *ibid.*, Essai V, ch. I.)

Frappés de l'influence de l'éducation, ils (les philosophes du XVIIIe siècle) ont oublié que l'influence même de l'éducation atteste, dans celui qui en est susceptible, la présence de certaines facultés primitives, communes à toute l'espèce dont il fait partie.

(DUGALD STEWART, *Éléments de la philosophie de l'esprit humain*, Introduction, 2e partie, § 1.)

Homme, c'est en toi-même, c'est dans le sentiment intérieur de ta force que réside l'instrument de la nature pour ton développement.

(PESTALOZZI, *Soirée d'un ermite.*)

Les hommes ne savent pas ce que Dieu fait pour eux; ils n'attribuent aucune importance à l'influence incommensurable de la nature sur notre éducation. Ils font grand bruit, au contraire, de toutes les mesquineries qu'ils ajoutent, assez sottement et assez maladroitement, à cette action puissante, comme si leur habileté faisait tout pour l'espèce humaine et la nature rien...

L'homme ne devient homme que par l'éducation; mais ce guide que nous possédons, que nous nous donnons à nous-mêmes, doit à son tour, quoi qu'il fasse et quelque loin qu'il nous conduise, s'attacher fermement à suivre la marche simple de la nature. L'éducation, en effet, quelle que soit toujours l'importance de son œuvre, quelque hardiesse qu'elle apporte à nous dépouiller de la condition et même des prérogatives de l'animalité, n'en est pas moins incapable d'ajouter un atome à l'essence du procédé par lequel notre espèce s'élève d'intuitions confuses à des conceptions nettes. Elle remplit absolument sa mission, qui est de nous perfectionner, quand elle se borne à nous développer exclusivement dans cette direction ; et chaque fois qu'elle essaye de nous entraîner dans une autre voie, elle nous ramène en arrière et nous rejette d'autant dans une condition qui n'est pas celle de l'humanité et d'où l'auteur de notre organisation l'a chargée de nous retirer. La manière d'être de la nature, d'où procède la forme de développement qui convient à notre espèce, est immuable et éternelle ; et appliquée à l'éducation, elle en est, elle doit en être la base éternelle et immuable. C'est pourquoi, aux yeux de tout observateur non superficiel, l'éducation apparaît, à son plus haut degré de splendeur, comme un grand édifice qui s'est élevé par l'addition insensible et successive de petites parties, sur un roc massif et indestructible, et qui repose inébranlable sur ce roc aussi longtemps qu'il y demeure entièrement lié, mais croule tout d'un coup, s'émiette et se réduit au néant des particules dont il était formé, dès que le lien qui l'unissait au rocher vient à se rompre sur une longueur seulement de quelques lignes. Quelle que soit l'immensité des résultats, directs ou indirects, produits par l'éducation, prenez en détail et un à un les perfectionnements qu'elle apporte à l'évolution naturelle ou plutôt qu'elle édifie sur cette base : ils sont petits et imperceptibles... Aussi toute la puissance de l'éducation repose-t-elle sur la conformité de son action et de ses effets avec les effets essentiels de la nature elle-même ; ses procédés et ceux de la nature ne sont qu'une seule et même chose.

(Pestalozzi, *Comment Gertrude instruit ses enfants*, Lettres I, IV.)

C'est une loi de notre âme immortelle qui l'oblige au perfectionnement.

Rigoureuse et impérative dans le domaine de la moralité, une telle loi régit également toutes les facultés de l'âme. L'esprit s'élève vers la vérité, l'imagination vers la beauté, comme la conscience vers la vertu la plus pure. Une même impulsion est imprimée à tout notre être. Comment aurions-nous été privés de cet instinct si sûr, privilège des créatures inférieures, si, pour nous dédommager de nos erreurs constantes, le ciel ne nous eût doués d'un élan irrésistible vers le perfectionnement? Le besoin, le pressentiment du mieux sont ici-bas l'instinct de l'homme. Il examine, il retouche, il corrige sans cesse et ses œuvres, et les instruments de son travail, et les méthodes de son intelligence. Un espoir qui ne se réalise jamais n'est pourtant pas tout à fait déçu; il arrive à l'amélioration quand la perfection lui échappe; désirer plus qu'il ne peut est son sort.

Tel est le mouvement dont l'éducation doit s'emparer dès l'origine. L'exciter, l'entretenir, le régler est sa tâche la plus sacrée, et comme le plus haut degré de bonheur chez un être raisonnable ne peut se rencontrer que sur la route de sa véritable destination, les instituteurs se trouveront avoir d'autant mieux soigné les intérêts du bonheur même, qu'ils auront fait prévaloir chez l'élève le noble instinct du perfectionnement.

(Mme Necker de Saussure. *De l'éducation progressive*, liv. I, ch. i.)

L'éducation est fondée sur notre nature. Il y a dans l'âme humaine deux facultés qui rendent l'éducation possible : c'est la faculté que possède l'âme de s'étudier elle-même et la faculté qu'elle a de se former elle-même. Nous avons d'abord la faculté de ramener notre esprit sur lui-même; de rappeler ses opérations passées, d'observer ses opérations présentes; d'apprécier ses capacités et ses susceptibilités diverses, ce qu'il peut faire et ce qu'il peut supporter, de connaître la mesure de ses plaisirs, de ses peines, et c'est ainsi que nous apprenons d'une manière générale quelle est notre nature et notre destination. C'est une remarque à faire que nous pouvons distinguer non seulement ce que nous sommes, mais encore ce que nous pouvons devenir, voir en nous le germe et l'espérance d'un développement sans bornes, viser au delà de ce qui nous atteint, tendre à la perfection comme à la fin de notre être.

Mais nous avons encore une plus noble faculté, celle d'agir sur nous-mêmes, de nous conduire, de nous former. C'est une qualité aussi effrayante que glorieuse, car c'est sur elle qu'est basée la responsabilité. Nous avons non seulement le pouvoir de suivre nos facultés, mais de les diriger, de leur donner l'impulsion; non seulement d'observer nos passions, mais de les contrôler; non seulement de voir grandir nos facultés, mais encore d'en aider le développement.

(CHANNING, *Œuvres sociales*, t. I, p. 8-9.)

Le grand principe qui domine tout, c'est que l'éducation doit suivre la nature et l'aider, jamais la contraindre violemment ni la forcer.

(DUPANLOUP, *De l'éducation*, t. I, liv. I, IV.)

Tous les êtres doués de vie doivent les caractères et les aptitudes qui les distinguent individuellement, d'abord à leur constitution native, puis aux influences qu'ils ont reçues des milieux et des agents extérieurs, surtout dès le jeune âge et à l'époque de leur développement. C'est ce qu'on énonce en disant qu'ils tiennent leurs qualités en partie de la nature, en partie de l'éducation; et alors ce mot *éducation* est pris dans l'acception la plus large qu'il puisse comporter. Le mot est bien fait : il exprime bien que toutes les qualités acquises existent en germe ou en puissance dans les qualités natives ou innées; mais ce germe pourrait rester stérile, cette puissance pourrait demeurer inerte, si les influences extérieures, si l'éducation ne venaient développer le germe, stimuler, exciter les forces latentes et en tirer (*educere*) tout ce qu'elles contiennent virtuellement... L'éducation agit sur un être qui vit et se développe, de manière sans doute que l'art ait une grande part dans le résultat obtenu, mais de manière aussi que la principale part revienne toujours à la constitution native du sujet et aux lois de son développement organique. Je sème de l'orge dans un champ et du froment dans un autre : assurément le mode de culture, les circonstances atmosphériques, la richesse ou la pauvreté du sol, l'abondance et la qualité des engrais pourront modifier beaucoup les résultats obtenus, non pas au point cependant de prévaloir sur la cause de distinction originelle, à savoir que j'ai semé ici de l'orge et là du froment.

(COURNOT, *Des institutions d'instruction publique*, 1re partie, ch. I, III.)

Coopérer à l'œuvre de la nature, l'étendre, la rectifier quand elle dévie, telle est la tâche de l'éducation... A tous les degrés de l'éducation, il faut observer et respecter la nature.

(Mme Pape-Carpantier, *Manuel des maîtres*, 1re partie, ch. I, 3, 4.)

Il n'est pas douteux que les facultés essentielles de l'homme ne soient innées, puisque les appareils et les centres nerveux qui s'y rapportent sont déjà organisés au moment de la naissance... Quelque doive être le mode de leur développement, le germe de toutes les facultés humaines est donc dans le petit enfant... La différence entre les facultés du jeune enfant et celles de l'adulte est plutôt quantitative que qualitative.

(M. B. Perez, *Les trois premières années de l'enfant*, Conclusion.)

Quand nous appelons l'enfant un *petit homme*, nous disons vrai; la vie est complète dès ce premier âge; ni l'adolescence ni la maturité n'apporteront rien d'essentiel à son être moral; elles n'introduiront dans sa raison aucun principe nouveau, dans son intelligence aucune faculté nouvelle. L'âge ne fera que développer les forces préexistantes de son âme.

L'âme, toujours l'âme! A travers ces études sur les développements de l'être humain, c'est le mot que nous pouvons le moins éviter; c'est l'idée qui s'impose à nous comme dernière et seule explication des mystères de notre nature.

(Egger, *Observations et réflexions sur le développement de l'intelligence et du langage chez les enfants*, fin.)

Les fonctions psychiques fondamentales qui se manifestent pour la première fois après la naissance, ne se constituent pas à nouveau, après la naissance. Si elles n'existaient pas antérieurement à celle-ci, on ne pourrait découvrir quand et d'où elles viennent...

L'âme du nouveau-né ne ressemble donc pas à la *table rase* [1] sur laquelle les sens font la première impression, de telle sorte que la partie psychique de notre vie se constituerait à ses dépens, par suite de transformations multiples : sur la table sont inscrits, antérieurement à la naissance déjà, en beaucoup

1. Sur la doctrine pédagogique de la table rase, voir l'Introduction de notre *Pédagogie*, 5e édition.

de caractères illisibles, parfois inconnaissables et invisibles, les traces des inscriptions faites par les impressions sensitives depuis un nombre incalculable de générations... Mais plus l'on observe l'enfant, plus l'on arrive à déchiffrer aisément les inscriptions, d'abord illisibles, qu'il apporte avec lui au monde.

(M. W. Preyer, *L'âme de l'enfant*, trad. de Varigny, préface de la 1re édition.)

VII. — La nécessité d'une science de l'éducation.

Ce n'est pas chose facile, je l'avoue, de bien élever les enfants, mais personne ne vient au monde pour soi tout seul, ni pour ne rien faire. Vous avez voulu être père, il faut que vous soyez un bon père.

L'homme ne peut se passer d'éducation. Moins un être est susceptible d'éducation, plus l'instinct y supplée. Les abeilles n'ont pas besoin d'apprendre à former leurs cellules, à recueillir le suc des fleurs, à faire le miel; les fourmis, à amasser pendant la saison d'été les provisions dont elles subsisteront pendant l'hiver. Elles le font d'elles-mêmes. Mais l'homme ne sait ni marcher, ni manger, ni parler, sans l'avoir appris. L'arbre qui n'a pas été greffé ne produit pas de fruits, ou des fruits sans saveur; le chien doit être dressé à la chasse, le cheval dressé à la selle, le bœuf à la charrue : à plus forte raison, que serait l'homme, de quoi serait-il capable, s'il n'était formé de bonne heure et à grand'peine, par l'éducation? La nature peut beaucoup, l'éducation peut encore plus.

(Érasme, *De l'éducation précoce et libérale des enfants*, Œuvres, t. I, p. 423, 425.)

L'enfant de l'éducation commence à pas lents, mais sûrs; il rattrape tardivement maint enfant de la nature, plus heureusement organisé que lui; mais cependant il le rattrape, et sans que ce dernier puisse jamais à son tour le rattraper.

(Lessing, *L'éducation du genre humain*, XXI.)

Il y a dans l'humanité un grand nombre de germes, et c'est notre affaire de les développer avec proportion, de faire sortir l'homme de son enveloppe et de lui faire atteindre sa destinée.

Les animaux remplissent la leur d'eux-mêmes et sans la connaître. L'homme doit avant tout chercher à l'atteindre; mais la chose est impossible s'il ne s'en fait pas même une idée : l'individu ne peut pas non plus y parvenir... Les premiers parents donnaient déjà un exemple à leurs descendants; ceux-ci les imitèrent, et ainsi se développèrent quelques dispositions naturelles. Mais tous ne purent pas se perfectionner de cette manière, car les exemples que reçoivent les enfants ne sont la plupart du temps qu'une affaire d'occasion.

L'éducation est un art dont la pratique demande à être perfectionnée par un grand nombre de générations.

Le développement des talents naturels n'ayant pas lieu de lui-même dans l'homme, toute éducation est alors un art. L'origine et le progrès de cet art sont ou *mécaniques*, sans plan, et réglés à l'avenant, suivant les circonstances, ou bien ils sont *raisonnés*. Tout art d'éducation qui n'a qu'une origine mécanique doit être très défectueux, parce qu'il manque de plan. L'art de l'éducation ou la pédagogique doit donc être raisonné, pour qu'il soit propre à développer la nature humaine, de manière à lui faire atteindre sa fin. Des parents déjà formés par l'éducation sont des exemples sur lesquels se règlent les enfants. Mais pour que ceux-ci vaillent mieux un jour, la pédagogique doit devenir une étude; autrement il n'en faut rien espérer, et un homme qui a été mal élevé en élèvera mal d'autres. Le mécanisme, dans l'éducation, doit être converti en science; autrement elle ne deviendra jamais un effort harmonique, et une génération pourra détruire ce qu'une autre avait déjà fait de bien.

(Kant, *De la pédagogique*, § 3,4, 5.)

Il y a en nous des facultés dont la nature n'a fait que jeter les semences dans notre âme, en nous laissant le soin de les cultiver, de les faire croître et fructifier. C'est par une culture propre de ces facultés que nous devenons capables de cette perfection de jugement, de goût, de moralité, qui élève l'espèce humaine au-dessus de toutes les autres de ce monde. Mais si nous les négligeons, elles se pervertissent, elles dégénèrent et nous retombons au niveau des espèces inférieures... Le sauvage a dans lui le germe d'un logicien, d'un littérateur, d'un poète, d'un politique, d'un sage, d'un saint, si l'on veut; mais, faute de culture, ce germe étouffé se corrompt et dépérit ignoré du sauvage même, et méconnu des autres.

La nature a voulu que, pour former l'homme, il ne suffit pas de ce qu'elle lui enseigne, et que l'éducation sociale fût nécessaire; elle a mis en nous des principes et des instincts qui nous disposent à cette éducation.

Lorsque l'éducation sociale ne laisse pas toute la liberté possible à celle de la nature, elle est mal entendue : elle tend à affaiblir nos facultés de perception, et à énerver en nous le corps et l'esprit. La nature a sa manière d'élever les hommes, comme elle a sa manière de guérir leurs maladies; l'art du médecin est de suivre la nature, de l'imiter et de l'aider dans la guérison de la maladie : il en est de même de l'éducation sociale; elle ne consiste pas à contrarier la nature, mais à imiter ses procédés et à seconder ses efforts.

(Th. Reid, *Recherches sur l'entendement humain*, ch. I, section II; ch. VI, sect. XXIV.)

Pourra-t-on jamais élever l'éducation au rang de science, c'est-à-dire arriver à des résultats assurés, quand les faits qui concernent les enfants auront été classés et discutés avec méthode? Je l'ignore; mais les limites de l'incertitude se resserreront, je crois. L'éducation privée restera toujours un art, c'est-à-dire un ensemble de moyens dans lequel un certain savoir-faire, une certaine adresse domineront. La pratique n'en sera jamais complètement enseignée dans les livres, et l'influence d'homme à homme, le talent de se faire aimer, obéir, de s'emparer des esprits, y prévaudront. Mais un art même a des principes fixes, et l'éducation publique pourrait devenir quelque chose de plus certain qu'un art. Là, les méthodes ont plus de prise, les différences individuelles se perdent dans la masse, et le jeu de cette grande machine ne dépend entièrement ni des élèves sur lesquels elle agit, ni des maîtres qui la font mouvoir. Mais combien pour le perfectionnement d'un tel instrument n'y a-t-il pas encore d'épreuves comparatives à faire?

A ces deux genres d'éducation répondent deux études différentes : celle des enfants considérés séparément, et celle des enfants réunis en assez grand nombre pour qu'ils influent fortement les uns sur les autres, et que, par un effet semblable à celui de la fermentation, les éléments de leur nature morale se combinent dans chacun d'eux d'une façon nouvelle et particulière.

L'étude des enfants isolés devant commencer dès la naissance, il est clair que les mères seules peuvent s'y livrer avec succès... Je voudrais un journal véritable où l'on prît acte de chaque progrès, où toutes les vicissitudes de la santé physique et morale fussent marquées, et où l'on trouvât par ordre de date la mesure d'un enfant dans tous les sens.

Mais quelle importance plus générale et plus immédiate ne prendrait pas un semblable travail, s'il était exécuté par les chefs des grands établissements d'éducation! Eux seuls voient les enfants en masse, de même qu'une mère seule les voit en détail. Quel principe d'amélioration toujours agissant ne leur offrirait pas l'examen régulier des effets de toutes les méthodes qu'ils emploient?.. Et quand les épreuves comparatives auraient fait décidément rejeter l'emploi de certains moyens, il est à présumer qu'il s'en présenterait d'autres à l'esprit, qui pourraient donner à l'éducation une face toute nouvelle.

On doit sans doute convenir qu'il sera toujours difficile d'établir une comparaison exacte entre les différents systèmes d'éducation... Néanmoins qu'est-ce qui peut échapper à l'esprit d'investigation de notre siècle? Ce siècle, quelque jugement qu'on en porte d'ailleurs, est le seul où l'on ait vu réunis deux mérites éminents, la connaissance à la fois théorique et pratique de cette philosophie expérimentale qui, depuis Bacon, a fait faire à la science de si étonnants progrès, et la volonté ardente et ferme d'appliquer les découvertes qui en résultent au bien de la société.

Ce qu'un seul homme et une seule vie ne peuvent accomplir, d'autres hommes et d'autres temps l'achèvent. Et dans ce moment où tant de magnifiques entreprises s'exécutent en faveur de la religion et de l'humanité, comment ne pas espérer qu'il se formera quelque association respectable qui entreprendra de résoudre par les faits les grands problèmes de l'éducation! Quel examen plus important sera jamais l'objet des méditations humaines! N'est-ce pas dans le domaine de l'éducation que s'exerce la plus grande influence d'une âme sur d'autres âmes, du présent sur l'avenir?

(Mme Necker de Saussure, *L'éducation progressive*, liv. II, ch. i.)

Mais pourquoi, dira-t-on, nous mettre en peine de chercher un système d'éducation? S'il est vrai que l'esprit, comme le corps, a son évolution déterminée d'avance; s'il se développe spontanément; si son appétit pour tel ou tel genre de connaissances s'éveille quand ces connaissances sont nécessaires à sa nutrition; s'il possède en lui-même un stimulant, un genre d'activité dont il a besoin à chaque période de son développement, pourquoi intervenir d'aucune manière? Pourquoi ne pas laisser les enfants complètement à la discipline de la nature?... Ceci est une question qui paraît embarrassante. Comme elle implique, d'une façon en apparence plausible, qu'un système de complet *laissez-faire* est le produit logique des doctrines mises en avant, il semble qu'il soit fourni une preuve contre elles par la *reductio ad absurdum*. Cependant, quand elles sont bien comprises, ces doctrines ne nous placent point dans cette position intenable. Un coup d'œil jeté sur les analogies matérielles le montrera clairement. C'est une loi connue de la vie que plus un organisme à produire est complexe, plus la période pendant laquelle il dépend pour sa nourriture et pour sa protection de l'organisme qui l'engendre est prolongée... L'homme jeune non seulement passe par une gestation prolongée et a besoin d'une longue lactation pour vivre, mais attend ensuite qu'on lui présente ses aliments, puis, pendant longtemps encore, dépend de ses parents pour la nourriture, l'abri, les vêtements, et n'est en état de se suffire à lui-même que quinze ou vingt ans après sa naissance. Or, cette loi s'applique à l'esprit comme au corps. Pour ce qui est de la nourriture de l'esprit, tout être supérieur, spécialement l'homme, dépend d'abord du secours de l'adulte. Comme le petit enfant ne peut se mouvoir, il lui est aussi impossible de s'emparer de matériaux sur lesquels exercer sa faculté de conception qu'il lui est impossible de s'emparer des aliments que son estomac réclame. Comme il ne peut préparer sa nourriture, il ne peut pas non plus ramener ses connaissances à la forme sous laquelle elles lui sont assimilables. Le langage, cet agent par lequel nous acquérons toutes les vérités d'ordre supérieur, lui est transmis par ceux qui l'entourent. Et nous voyons, par des exemples semblables à celui du petit sauvage de l'Aveyron, qu'il survient un arrêt dans le développement humain, quand l'enfant est privé du secours des parents et de la nourrice. Ainsi, en présentant chaque jour à l'enfant les faits à sa portée, en les préparant comme ils doivent l'être, en lui en mesurant la quantité et en mettant entre les leçons les intervalles convenables, on a un champ d'activité aussi large devant soi pour ce qui est de la nourriture de l'esprit que pour ce qui est de la nourriture du corps. Dans l'un et l'autre cas, la principale fonction des parents consiste à veiller à ce que les *conditions* requises pour le développement de l'enfant ne fassent pas défaut. Et de même qu'en procurant à l'enfant la nourriture, le vêtement et l'abri, ils n'interviennent pas dans le développement spontané des membres et des viscères, lequel suit sa marche et sa loi, de même ils peuvent lui fournir des sons à imiter, des objets à examiner, des livres à lire, des problèmes à résoudre, sans troubler en aucune façon, et même en la facilitant beaucoup, la marche naturelle de l'évolution mentale. Il suffit pour cela qu'ils n'usent de coercition ni directe ni indirecte. Il s'ensuit que les doctrines que nous avons énoncées n'impliquent pas, comme on pourrait le prétendre, l'abandon de tout enseignement. Elles laissent au contraire un vaste champ pour établir un système actif et soigneusement élaboré d'éducation.

(M. HERBERT SPENCER, *De l'éducation*, ch. II.)

VIII. — Les bases psychologiques de la science de l'éducation.

Ce n'est qu'à l'aide d'une analyse philosophique des facultés de l'esprit humain, que l'on parviendra à former un plan systématique (d'éducation).

Si l'on avait, sur la première éducation, des lumières plus sûres, et si ces lumières étaient plus généralement répandues, on éprouverait moins souvent, à l'âge d'homme, le besoin de refaire son éducation et de se tracer un plan tout nouveau pour son propre perfectionnement. Mais, jamais on ne parviendra à diriger systématiquement l'éducation vers son véritable objet, tant qu'on n'aura pas fait une analyse exacte des principes ou facultés de notre esprit; qu'on n'aura pas déterminé les lois les plus importantes qui en règlent les opérations; et en outre qu'on n'aura pas expliqué les modifications et combinaisons variées dont ces facultés sont susceptibles, et desquelles résulte la diversité de talents, de génie et de caractère que l'on observe parmi les hommes. Instruire la jeunesse dans les langues et dans les sciences, c'est lui faire un don de peu de valeur, si l'on néglige de veiller sur ses habitudes, si nous ne donnons pas à toutes les facultés de l'esprit et à tous les principes d'action dont il est doué le degré d'exercice convenable. Sans parler de la culture des facultés morales, combien grande et difficile est la tâche de développer les facultés intellectuelles des jeunes esprits confiés à nos soins! Veiller sur les associations d'idées qu'ils forment dès l'âge le plus tendre; leur donner de bonne heure des habitudes d'activité dans le travail de la pensée; exciter leur curiosité et leur offrir un objet utile, exercer leur invention et leur sagacité; cultiver en eux l'usage de la méditation, et tenir en même temps leur attention fixée sur les objets qui les entourent; éveiller leur sensibilité aux beautés de la nature, et leur inspirer le goût des plaisirs intellectuels : ce n'est encore là qu'une partie des devoirs qu'impose l'éducation; et cependant, pour les remplir jusqu'à ce point, il faut avoir fait de l'esprit humain une étude dont se dispensent presque toujours ceux qui sont chargés de l'éducation de la jeunesse.

Ajoutons que la connaissance théorique de l'esprit humain, telle que je viens de la requérir, n'est point toujours suffisante dans la pratique. Il faut souvent une rare sagacité pour faire emploi des règles générales, et les appliquer aux caractères et aux tours d'esprit particuliers. Comme que nous expliquions le phénomène, soit que nous voulions l'attribuer à l'organisation primitive, ou à l'influence de quelques causes morales qui agissent dès la plus tendre enfance, c'est un fait certain et tout à fait incontestable qu'il y a entre les enfants des différences d'esprit et de caractère très importantes, qui se font apercevoir avant l'époque où commence en général leur éducation intellectuelle. Il y a aussi un caractère héréditaire qui se manifeste d'une manière frappante dans certaines familles, soit par une suite de quelque rapport dans la constitution physique de ceux qui la composent, soit par l'effet de l'imitation, ou par l'influence d'une situation commune. On voit quelquefois, pendant une suite de générations, des hommes issus d'une même souche avoir un génie marqué pour les sciences abstraites, et manquer d'imagination, de goût, de vivacité. Dans une autre famille, on se transmet, comme par héritage, l'esprit, l'imagination, la gaieté, mais aussi une sorte d'incapacité pour ce qui demande des recherches profondes, pour ce qui requiert une attention patiente et soutenue. Le système d'éducation convenable en chaque cas particulier doit sans contredit avoir quelque rapport à ces circonstances, et tendre à fortifier les facultés intellectuelles ou actives qui peuvent être naturellement défectueuses... Je pense que le bon sens et la philosophie s'accordent à prescrire d'adapter la première éducation au tour d'esprit et au caractère que doivent naturellement faire supposer les penchants héréditaires et la situation morale de ceux qu'il s'agit d'élever.

Il y a peu de sujets plus rebattus que celui de l'éducation; et il n'y en a point sur lequel les opinions soient plus partagées. On ne doit pas s'en étonner. La plupart de ceux qui l'ont traité ont borné leur attention à des questions incidentes... Ils n'ont pas commencé par un examen attentif des facultés et des principes d'action de l'esprit humain, dont le perfectionnement doit être le grand objet de toute espèce d'éducation.

(DUGALD STEWART, *Éléments de la philosophie de l'esprit humain*, Introduction, 2e partie, § 1.)

J'étais convaincu que l'enfant, de très bonne heure, a besoin d'une direction psychologique... Mais une direction de ce genre, ce n'est pas des hommes tels qu'ils sont qu'on peut l'attendre; il n'y faut pas compter. L'art devait donc intervenir.

Je cherchai donc à découvrir les lois auxquelles l'esprit humain, en vertu de sa nature propre, est soumis dans son développement... J'avais la certitude d'y trouver le canevas d'une méthode d'enseignement générale et psychologique.

(PESTALOZZI, *Comment Gertrude instruit ses enfants*, Lettre I.)

Si vous accordez que l'esprit humain a des lois, et que l'évolution de l'intelligence chez l'enfant s'y conforme, il s'ensuit que l'éducation ne peut pas être bien dirigée sans la connaissance de ces lois. Supposer que vous pourrez régler la formation et l'accumulation des idées, sans savoir comment les idées se forment est une absurdité... Il est indispensable de connaître les premiers principes de la physiologie, et les vérités élémentaires de la psychologie, si l'on veut élever convenablement les enfants.

Avant qu'on puisse mettre les méthodes d'enseignement en harmonie, comme caractère et comme arrangement, avec les facultés mentales dans leur mode et dans leur ordre de développement, il faut d'abord que l'on sache parfaitement comment ces facultés se développent... Et après qu'on saura définitivement dans quelle succession, par quelles combinaisons, les forces mentales entrent en jeu, il restera à choisir, entre tous les moyens possibles d'exercer les facultés, celui qui est le plus conforme au mode d'action de la nature.

Bien qu'il ne soit point possible de rendre parfait, ni dans le fond ni dans la forme, aucun système d'éducation, avant qu'une psychologie rationnelle ait été établie, on peut à l'aide de certains principes dirigeants, et par des moyens empiriques, faire quelques progrès vers la perfection désirée.

(M. Herbert Spencer, *De l'éducation*, ch. i, ii.)

Il faut tenir compte des principes de l'esprit humain.

Le travail le plus important dans la science de l'éducation doit être l'étude de toutes les lois psychologiques qui ont un rapport, direct ou indirect, avec l'action acquisitive de l'intelligence. Toutes les branches de la psychologie donnent de bons résultats, mais c'est surtout de la psychologie de l'intelligence qu'on peut en attendre.

On peut dire que l'éducation morale est celle qui présente les plus grandes difficultés; pour l'entreprendre, il faut d'abord être au courant de ce que nous savons sur les lois qui régissent les sentiments et la volonté.

(M. Bain, *Science de l'éducation*, liv. I, ch. i, iii, iv.)

PREMIÈRE PARTIE

L'ÉDUCATION PHYSIQUE

CHAPITRE PREMIER

LE CORPS ET L'AME

I. *La dualité de la nature humaine.* — L'homme est à la fois corps et âme, il a donc des facultés physiques à cultiver comme les facultés intellectuelles et morales. Nécessité d'avoir une idée au moins sommaire du corps humain dans ses rapports avec la vie de l'esprit.

II. *La nécessité de l'éducation physique.* — Le bon état du corps importe au bon état de l'âme. Si le corps n'est qu'un instrument au service de l'âme, encore faut-il qu'il soit entretenu et développé avec soin.

III. *L'harmonie entre l'éducation du corps et celle de l'âme.* — Il ne faut exercer ni le corps sans l'âme, ni l'âme sans le corps. — L'éducation de Gargantua. Le développement des forces physiques doit contribuer à celui des forces intellectuelles.

EXTRAITS DE : **Platon;**
Érasme, Montaigne, Rabelais;
Bossuet, Locke;
Rousseau, Cabanis;
Herbert Spencer, Bain, Jules Simon.

I. — La dualité de la nature humaine.

Pour bien connaître l'homme, il faut savoir qu'il est composé de deux parties, qui sont l'âme et le corps. On ne se trompe pas quand on dit que le corps est comme l'instrument de l'âme. Et il ne se faut pas étonner si, le corps étant mal disposé, l'âme en fait moins bien ses fonctions. La meilleure main du monde, avec une mauvaise plume, écrira mal. Si vous ôtez à un ouvrier ses instruments, son adresse naturelle ou acquise ne lui servira de rien.

Il y a pourtant une extrême différence entre les instruments ordinaires et le corps humain. Qu'on brise le pinceau d'un peintre ou le ciseau d'un sculpteur, il ne sent point les coups dont ils ont été frappés; mais l'âme sent tous ceux qui blessent le corps, et au contraire elle a du plaisir quand on lui donne ce qu'il faut pour s'entretenir.

Le corps n'est donc pas un simple instrument appliqué par le dehors, ni un vaisseau que l'âme gouverne à la manière d'un pilote. Il en serait ainsi si elle n'était simplement qu'intellectuelle; mais parce qu'elle est sensitive, elle est forcée de s'intéresser d'une façon plus particulière à ce qui le touche et de le gouverner, non comme une chose étrangère, mais comme une chose naturelle et intimement unie.

En un mot, l'âme et le corps ne font ensemble qu'un tout naturel, et il y a entre les parties une parfaite et nécessaire communication.

(Bossuet, *De la connaissance de Dieu et de soi-même*, chap. III, 1, 20.)

Pour tout travail intellectuel, il faut que l'esprit soit vigoureux, frais et éveillé, dans la plénitude de sa force et de son activité.

La première des circonstances favorables est l'état physique de l'individu. L'état physique comprend la santé générale, la vigueur et l'activité de l'organisme au moment où s'exerce la faculté, en y ajoutant comme condition indispensable qu'une portion suffisante de la nourriture, au lieu d'être consacrée exclusivement à activer les fonctions physiques, soit dirigée vers le cerveau.

Dans l'intérêt de l'activité intellectuelle, il faut que le système musculaire, le système digestif et en un mot toutes les parties de l'organisme soient exercés dans la mesure qui donne à l'organisme tout entier son maximum de force générale, sans jamais dépasser cette mesure. Un homme doit donc exercer ses muscles, se nourrir bien, donner à la digestion le temps d'accomplir sa tâche, et enfin prendre assez de repos, le tout pour assurer à l'esprit la plus grande somme de force possible, surtout s'il s'agit du travail difficile de l'éducation. L'état actuel de nos connaissances physiologiques et médicales nous permet même d'indiquer, pour un cas donné, les proportions raisonnables de chacun de ces éléments.

(M. Bain, *La science de l'éducation*, liv. I, ch. III.)

II. — La nécessité de l'éducation physique.

Dira-t-on qu'il est peu conforme à l'esprit du christianisme de donner des préceptes minutieux relativement au soin du corps et de la santé des enfants? Je n'approuve pas une sollicitude exagérée à cet égard, mais j'exige une sollicitude attentive, afin que, le corps étant en bon état, l'esprit en soit mieux disposé pour l'éducation qui lui est propre.

(Érasme, *Le mariage chrétien*.)

Un esprit sain dans un corps sain, telle est la brève mais exacte formule d'un heureux état dans ce monde. Celui dont l'esprit n'est pas droit ne suivra jamais un droit chemin; et celui dont le corps est faible et débile ne réussira jamais à avancer.

Quoique l'esprit soit la plus considérable partie de notre être et que la principale part de nos soins lui soit due, néanmoins le corps ne doit pas être négligé.

(Locke, *Pensées sur l'éducation*, § 1, 2.)

Observer la nature et suivre les routes qu'elle nous trace. Elle exerce continuellement les enfants; elle endurcit leur tempérament par des épreuves de toute espèce; elle leur apprend de bonne heure ce que c'est que peine et douleur... Exercez-les donc aux atteintes qu'ils auront à supporter un jour. Endurcissez leur corps aux atteintes des saisons, des climats, des éléments; à la faim, à la soif, à la fatigue; trempez-les dans l'eau du Styx. Avant que l'habitude du corps soit acquise, on lui donne celle qu'on veut sans danger; mais quand une fois il est dans sa consistance, toute altération lui devient périlleuse... On peut rendre un enfant robuste sans exposer sa vie et sa santé.

(Rousseau, *Émile*, liv. I.)

Une bonne éducation physique fortifie le corps, guérit plusieurs maladies, fait acquérir aux organes une plus grande aptitude à exécuter les mouvements commandés par nos besoins. De là, plus de puissance et d'étendue dans les facultés de l'esprit, plus d'équilibre dans les sensations; de là, ces idées plus justes et ces passions plus élevées, qui tiennent au sentiment habituel et à l'exercice régulier d'une plus grande force. Dans l'éducation physique, il faut comprendre sans doute le régime, et non seulement le régime propre aux enfants, mais encore celui qui convient à toutes les époques de la vie... Car l'homme environné d'objets qui font sans cesse sur lui de nouvelles impressions, ne discontinue pas un seul instant son éducation.

Le régime est certainement une partie importante de la science de la vie : et quand on le considère sous le rapport de son influence sur les facultés intellectuelles et sur les passions, on n'est pas étonné du soin particulier qu'y donnaient les anciens; on doit seulement l'être beaucoup de voir combien, dans toutes les institutions modernes, on a négligé cette partie essentielle de toute bonne éducation, et par conséquent aussi de toute sage législation.

(Cabanis, *Rapports du physique et du moral de l'homme*, 1er mémoire.)

La première condition du succès dans ce monde, c'est d'*être un bon animal*; et la première condition de la prospérité nationale, c'est que la nation soit formée de *bons animaux*. Non seulement il arrive souvent que l'issue d'une guerre dépend de la force et de la hardiesse des soldats, mais dans les luttes industrielles aussi la victoire est attachée à la vigueur physique des producteurs. Il devient donc d'une importance particulière d'élever les enfants de façon non seulement qu'ils soient aptes à soutenir la lutte intellectuelle qui les attend, mais aussi qu'ils puissent supporter physiquement l'excessive fatigue à laquelle ils seront soumis.

L'éducation physique des enfants est défectueuse de plusieurs manières. Elle l'est, par l'insuffisance de l'alimentation, par l'insuffisance du vêtement, par l'insuffisance de l'exercice (du moins en ce qui concerne les filles) et par l'excès de l'application mentale. Considéré dans son ensemble, ce régime tend à trop d'exigences. Il demande beaucoup et donne peu. De la façon dont il dépense les forces vitales, il rend la vie des jeunes plus semblable à celle des adultes qu'elle ne devrait l'être. Il méconnait cette vérité, que si dans le fœtus la vitalité tout entière est employée à la croissance, si dans le premier âge elle est encore employée presque tout entière au même objet, de sorte qu'il en reste fort peu pour l'action physique et mentale, la croissance continue d'être, dans l'enfance et la jeunesse, l'objet dominant auquel tous les autres doivent être subordonnés. Dans l'intérêt de la croissance, il faut donner beaucoup de force à l'organisme et lui en soustraire peu. Il faut diminuer l'activité corporelle et intellectuelle, en proportion de la rapidité avec laquelle le sujet grandit, et n'augmenter cette activité qu'au fur et à mesure qu'il commence à grandir moins.

La raison d'être de notre éducation à haute pression, c'est qu'elle est le produit naturel de la phase de civilisation que nous traversons. Dans les temps primitifs, alors qu'attaquer et se défendre était la première des activités sociales, la vigueur corporelle était le *desideratum* de l'éducation; éducation qui, à cette époque, était presque entièrement physique. On se souciait peu alors de la culture de l'esprit, et, de même que plus tard dans les temps féodaux, on la traitait avec mépris. Mais aujourd'hui qu'il règne dans le monde un état de paix comparative; aujourd'hui que la force musculaire ne sert plus guère qu'aux travaux manuels, et que le succès dans la vie dépend presque entièrement de la force mentale, notre éducation est devenue toute intellectuelle. Au lieu d'avoir égard au corps et de négliger l'esprit, nous avons égard à l'esprit et nous négligeons le corps. Ces points de vue exclusifs sont mauvais l'un et l'autre. Nous n'avons point encore compris cette vérité, que puisque dans la vie le physique supporte le moral, le moral ne doit point être développé aux dépens du physique.

Les deux conceptions de l'éducation, l'ancienne et la moderne, doivent se combiner ensemble.

(M. Herbert Spencer, *De l'éducation*, ch. IV, fin.)

En vérité, il était temps (de remettre à la mode l'éducation du corps). On ne trouvait plus de muscles que dans les ateliers et dans les champs; il n'y en avait presque pas dans les collèges.

Et cela remonte bien haut.

Croyez-vous que, si Molière avait vécu en Angleterre, il nous aurait montré ce grand benêt de Thomas Diafoirus, maigre comme un cent de clous, parlant d'une voix de fausset, demandant s'il faut baiser, et perché, comme un enfant à fouetter, sur les derniers barreaux de sa chaise? On ne connaît pas ces êtres-là à Oxford et à Cambridge. Il n'y a qu'en France qu'on a imaginé d'élever des garçons à l'ombre, de leur permettre tout au plus la toupie, et, pour tout exercice physique, de leur accorder, par semaine, quatre heures de promenade à petits pas sous la surveillance des maîtres d'étude. On s'imagine qu'ils travailleront mieux avec cela. Ils y gagnent des maux de reins et des maux de tête, bien heureux même quand cette débilitation systématique de la race n'aboutit pas à la débilitation du caractère. Je ne voudrais pas, pour tout l'or du monde, manquer de respect aux malades : mais, en vérité, on ne trouve pas souvent une âme robuste dans un corps malingre.

(M. Jules Simon, Préface de *l'Éducation anglaise en France* de M. Pierre de Coubertin.)

III. — L'harmonie entre l'éducation du corps et celle de l'âme.

Ce qui est bon est beau, et rien n'est beau sans harmonie; il faut donc admettre que tout animal qui est beau et bon est plein d'harmonie. Nous ne tenons compte que des moindres harmonies, nous ne sentons que celles-là et nous laissons de côté les plus grandes et les plus importantes. Par exemple pour la santé et les maladies, pour la vertu et les vices, rien n'importe plus que l'harmonie entre le corps et l'âme. Cependant nous n'y faisons point attention; nous ne réfléchissons pas que, quand un corps faible et chétif traîne une âme grande et puissante, ou lorsque le contraire arrive, l'animal tout entier est dépourvu de beauté, car il lui manque l'harmonie la plus importante; tandis que l'état contraire donne le spectacle le plus beau et le plus agréable qu'on puisse voir [1].

1. Rappelons-nous la célèbre définition que Platon donne de l'éducation : « La bonne éducation est celle qui peut donner au corps et à l'âme toute la beauté et toute la perfection dont ils sont capables. »

Il n'y a qu'un moyen de salut : ne pas exercer l'âme sans le corps ni le corps sans l'âme, afin que, se défendant l'un contre l'autre, ils maintiennent l'équilibre et conservent la santé physique et morale.

(PLATON, *Timée*, p. 34.)

L'éducation de Gargantua.

S'esveilloyt donc Gargantua environ quatre heures du matin. Ce pendant qu'on le frottoit (lavait), luy estoit leue quelque pagine de la divine Escripture, haultement et clerement avecque prononciation competente à la matière... Ce faict, estoit habillé, pigné, testonné (coiffé), acoustré et parfumé, durant lequel temps on luy repetoit les leçons du jour d'avant... Puis, par trois bonnes heures, luy estoit faicte lecture. Ce faict, issoyent (sortaient) dehors, toujours conferens des propous de la lecture, et se desportoient en Bracque [1], ou es prez, et jouoyent à la balle, à la paulme, à la pile trigone [2], gualantement s'exerceans le corps, comme ilz avoyent les ames auparavant exercé. Tout leur jeu n'estoit qu'en liberté : car ils laissoyent la partie quand leur plaisoit, et cessoyent ordinairement lorsque suoyent parmy le corps, ou estoyent aultrement las. Adoncques, estoyent tres bien essuyez et frottez, changeoyent de chemise, et doulcement se pourmenans alloyent voir si le disner estoit prest. La attendens, recitoyent clerement et eloquentement quelques sentences retenues de la leçon. Cependant monsieur l'appétit venoit, et par bonne opportunité s'asseyoient à table. Au commencement du repast, estoit leue quelque histoire plaisante des anciennes prouesses, jusques à ce qu'il eust prins son vin. Lors (si bon sembloyt) on continuyoit la lecture, ou commençoyent à deviser joyeusement ensemble... Après devisoyent des leçons leues au matin... se lavoit les mains et les yeulx de belle eaue fraische... Ce faict, on apportoit des chartes, non pour jouer, mais pour y apprendre mille petites gentillesses et inventions nouvelles : lesquelles toutes issoyent de arithmetique. La digestion parachevée, se remettoit à son estude principal par trois

1. Jeu de paume situé à Paris dans le faubourg Saint-Marceau.
2. Sorte de jeu de paume où les trois joueurs étaient placés triagonalement.

heures ou davantaige... Ce faict, issoyent hors leur hostel, avecques eux un jeune gentilhomme de Touraine, nommé l'escuyer Gymnaste, lequel lui montroit l'art de chevalerie. Changeant doncques de vestements, montoyt sus ung coursier, sus ung roussin, sus ung genet, sus ung cheval barbe, cheval legier, et lui donnoyt cent carrières, le faisoyt voltiger en l'aer, franchir le fossé, saulter le palys (la palissade), courthourner en ung cercle, tant à dextre comme à senestre... Ung aultre jour s'exercœoyt à la hasche... Puis branloyt la picque, sacquoit de l'espée à deux mains,... couroit le cerf, le chevreuil, l'ours, le dain, le sanglier, le lièvre, la perdris, le faisant, l'otarde. Jouoit à la grosse balle, et la faisoit bondir en l'aer autant du pied que du poing.

Luyctoit, couroyt, saultoyt, non à trois pas un sault, non à clochepied, non au sault d'alemant (car, disoyt Gymnaste, tels saults sont inutiles, et de nul bien en guerre), mais d'un sault persoit ung foussé, volloit sus une haye, montoyt six pas contre une muraille, et rampoyt en ceste façon à une fenestre de la hauteur d'une lance.

Nageoit en profonde eaue, à l'endroit, à l'envers, de cousté, de tout le corps, des seuls pieds, une main en l'air; de laquelle tenant ung livre transpassoit toute la rivière de Seine sans icelluy mouiller, et tirant par ses dents son manteau, comme faisoyt Jules César....

Yssant de l'eaue roidement, montoit encontre la montaigne, et devalloit (descendait) aussi franchement; gravoyt (montait sur) les arbres comme ung chat, saultoit de l'ung en l'aultre comme ung escurieux (écureuil), abbattoyt les gros rameaulx comme ung aultre Milo : avecque deux poignards asserez et deux poinsons esprouvez montoyt au hault d'une maison comme ung rat, descendoyt puis du hault en bas, en telle composition des membres que de la chute n'estoit aulcunement grevé. Jectoit le dard, la barre, la pierre, la javeline, l'espieu, la halebarde...

On luy attachoyt ung cable en quelque haulte tour pendant en terre : par icelluy avecques deux mains montoyt, puis devaloyt si roidement et si assurement que plus ne pourriez parmi ung pré bien eguallé. On luy mettoyt une grosse perche appuyée à deux arbres, à icelle se pendoyt par les mains, et d'icelle alloit et venoit sans des pieds à rien toucher, que à grande course on ne l'eust peu aconcepvoir (rattraper).

Et pour s'exercer le thorax et pulmon, crioyt comme tous les diables...

Et pour gualentir (fortifier) les nerfs, on luy avoit faict deux grosses saulmones de plomb,... lesquelles il nommoit alteres. Ycelles prenoyt de terre en chascune main, et les eslevoyt en l'aer au-dessus de la teste...

Le temps ainsi employé, luy frotté (lavé), nettoyé, et refraischi d'habillement, tout doulcement retournoyent, et passant par quelques prez ou aultres lieux herbus, visitoyent les arbres et plantes, les conferens avec les livres des anciens qui en ont escript... Eulx arrivez au logis, cependant qu'on aprestoit le soupper, repetoyent quelques passaiges de ce que avoit esté leu, et s'asseyoient à table. Notez icy que son disner estoit sobre et frugal; car tant seulement mangeoyt pour refrener les aboys de l'estomach; mais le souper estoit copieux et large. Car tant en prenoyt que luy estoit de besoing à soy entretenir et nourrir. Ce que est la vraye diete, prescrite par l'art de bonne et seure médicine, quoyqu'ung tas de badaulx médicins, herselez (excités) en l'officine des sophistes, conseillent le contraire.

Durant icelluy repast estoit continuee la leçon du disner, tant que bon sembloyt : le reste estoit consommé en bons propos tous lettrez et utiles. Apres graces rendues, se addonnoyent à chanter musicalement, à jouer d'instrumens harmonieux...

En pleine nuict, davant que soy retirer, alloyent au lieu de leur logis le plus descouvert, veoir la face du ciel...

Puis, avecques son precepteur, recapituloyt briesvement, à la mode des pythagoricques, tout ce qu'il avoit leu, veu, sceu, faict et entendu au decours (dans le courant) de toute la journée.

Si prioyent Dieu le créateur en l'adorant et ratifiant leur foy envers luy... Ce faict, entroyent en leur repos.

(Rabelais, *La vie de Gargantua et de Pantagruel*, liv. I, ch. xxiii).

Qui en veut faire un homme de bien, sans doute il ne le faut espargner en ceste jeunesse; et faut souvent chocquer les règles de la médecine. Ce n'est pas assez de luy roidir l'âme, il luy faut aussi roidir les muscles; elle est trop pressée, si elle n'est secondée : et a trop à faire, de seule fournir à deux offices...

Les jeux mesmes et les exercices seront une bonne partie de l'estude : la course, la lutte, la musique, la danse, la chasse, le maniement des chevaux et des armes. Je veux que la bienséance extérieure, et l'entregent, et la disposition de la personne se façonne quant et quant l'âme. Ce n'est pas une âme, ce n'est pas un corps qu'on dresse, c'est un homme, il n'en faut pas faire à deux. Et, comme dit Platon, il ne faut pas les dresser l'une sans l'autre, mais les conduire également, comme un couple de chevaux attelés à mesme timon. Et à l'ouyr, semble-il pas prester plus de temps et de sollicitude aux exercices du corps ; et estimer que l'esprit s'en exerce quant et quant et non au contraire?

(MONTAIGNE, *Essais*, liv. I, ch. XXV.)

Voulez-vous cultiver l'intelligence de votre élève? Cultivez les forces qu'elle doit gouverner. Exercez continuellement son corps; rendez-le robuste et sain, pour le rendre sage et raisonnable; qu'il travaille, qu'il agisse, qu'il coure, qu'il crie, qu'il soit toujours en mouvement; qu'il soit homme par la vigueur, et bientôt il le sera par la raison.

Vous l'abrutiriez, il est vrai, par cette méthode, si vous alliez toujours le dirigeant, toujours lui disant : Va, viens, reste, fais ceci, ne fais pas cela. Si votre tête conduit toujours ses bras, la sienne lui devient inutile.

C'est une erreur bien pitoyable d'imaginer que l'exercice du corps nuise aux opérations de l'esprit ; comme si ces deux actions ne devaient pas marcher de concert et que l'une ne dût pas toujours diriger l'autre.

(ROUSSEAU, *Émile*, liv. II.)

CHAPITRE II

L'HYGIÈNE PÉDAGOGIQUE

I. *Le régime hygiénique.* — L'alimentation, le vêtement, la vie au grand air. La propreté. L'hydrothérapie.
II. *Les jeux et les exercices physiques.* — Favoriser l'essor des forces physiques par l'exercice. L'éducation anglaise. Les jeux; leur importance au point de vue physique et moral.
III. *La gymnastique.* — Son objet; limites dans lesquelles elle doit être maintenue. Son importance hygiénique et morale.
IV. *Un système d'éducation physique au* XVIIIe *siècle.* — Mme de Genlis, *gouverneur* des enfants du duc d'Orléans, appliquait à ses élèves un système d'éducation physique qui a été récemment publié, d'après le manuscrit original conservé à Genève, dans le journal *le Temps.* Il nous a paru intéressant de le reproduire ici en entier.

EXTRAITS DE : **Aristote;**
Locke, Fénelon, La Bruyère, Mme de Maintenon;
Rousseau, Mme de Genlis, Condorcet, Kant, Élisabeth Hamilton;
Mme Campan, Mme Necker de Saussure, Taine, Herbert Spencer, Fonssagrives, Legouvé.

I. — Le régime hygiénique.

Les enfants une fois nés, il faut se bien persuader que la nature de l'alimentation qui leur est donnée a la plus grande influence sur leurs forces corporelles. L'exemple même des animaux, ainsi que l'exemple de toutes les nations qui font un cas particulier des tempéraments propres à la guerre, nous prouve que la nourriture la plus substantielle, et qui convient le mieux au corps, est le lait, et qu'il faut s'abstenir de donner du vin aux enfants, à cause des maladies qu'il engendre.

Il importe aussi de savoir jusqu'à quel point il convient de leur laisser la liberté de leurs mouvements... Il est utile encore dès la plus tendre enfance de les habituer à l'impression du froid... Pour toutes les habitudes qu'on peut contracter, il vaut mieux s'y prendre dès l'âge le plus tendre, en ayant soin de procéder par degrés; et la chaleur naturelle des enfants leur fait très aisément affronter le froid.

On a grand tort de comprimer les cris et les pleurs des enfants, c'est au contraire un moyen de développement et une sorte d'exercice pour le corps. On se donne une force nouvelle dans un rude effort en retenant son haleine; et les enfants profitent également de leur contention à crier.

(Aristote, *Politique*, liv. IV, ch. xv, § 1, 2, 3, 4.)

Dans le dessein que j'ai de donner quelques avis sur l'éducation des enfants, je vais commencer par m'occuper de la santé du corps... A quel point la santé est nécessaire pour les affaires et pour le bonheur; à quel point une constitution solide, capable d'endurer le travail et la fatigue, est utile à quiconque veut faire figure dans le monde, cela est évident et n'a pas besoin d'être prouvé.

Le premier point, c'est que les enfants ne doivent point être vêtus trop chaudement, hiver comme été... Leurs habits ne doivent jamais être étroits.

Puisque la nature a pris soin de leur couvrir la tête de cheveux et de l'endurcir en un an ou deux au point qu'ils puissent aller tête nue dans le jour, il vaut mieux qu'ils couchent aussi la nuit sans bonnet.

Une chose fort avantageuse à la santé de tout le monde, et spécialement des enfants, c'est d'être beaucoup en plein air, et très peu auprès du feu, même en hiver. Par ce moyen, les enfants s'habituent à supporter le chaud et le froid, le soleil et la pluie; qui n'y a pas été accoutumé dès le bas âge, ne tirera pas grand service de son corps dans la vie; plus tard, il n'est plus temps de s'y faire. Il faut y être accoutumé de bonne heure et par degrés... Si je conseillais de laisser les enfants au vent et au soleil sans chapeau, je doute que mon avis fût bien reçu... Les tenir bien à l'abri, c'est peut-être le moyen d'en faire de beaux garçons, mais non pas des hommes capables de se tirer d'affaire en ce monde.

(Locke, *Pensées sur l'éducation*, § 2, 3, 9.)

Ne leur permettez jamais de pratiques qui puissent nuire à leur santé; mais, dans tout le reste, élevez-les durement le plus qu'il vous sera possible.

Je ne vous ai pas assez expliqué le conseil que je vous donne de les élever durement, et de ne rien faire cependant qui puisse nuire à leur santé. Il faut leur permettre très rarement les veilles et les jeûnes à cause de leur jeunesse, mais tâchez de les faire travailler à tout ce qui se présente; qu'elles mangent de tout, qu'elles soient sobres, qu'elles soient couchées et assises durement, qu'elles ne s'appuient jamais, qu'elles ne se chauffent que dans le grand besoin, qu'elles se servent les unes les autres, qu'elles balayent et fassent les lits, etc.; elles en seront plus fortes, plus adroites et plus humbles.

Observez les grandes mangeuses, et faites-leur donner de plus grosses portions.

Mme de Maintenon, *Lettres et entretiens sur l'éducation des filles*, t. II, p. 84, 86, 136.)

Ce qui est le plus utile dans les premières années de l'enfance, c'est de ménager la santé de l'enfant, de tâcher de lui faire un sang doux par le choix des aliments et par un régime de vie simple; c'est de régler ses repas, en sorte qu'il mange toujours à peu près aux mêmes heures; qu'il mange assez souvent, à proportion de son besoin; qu'il ne mange point hors de son repas, parce que c'est surcharger l'estomac pendant que la digestion n'est pas finie; qu'il ne mange rien de haut goût qui l'excite à manger au delà de son besoin, et qui le dégoûte des aliments plus convenables à sa santé; qu'enfin, on ne lui serve pas trop de choses différentes, car la variété des viandes qui viennent l'une après l'autre, soutient l'appétit, après que le vrai besoin de manger est fini.

(Fénelon, *De l'éducation des filles*, ch. III.)

Lavez souvent les enfants; leur malpropreté en montre le besoin : quand on ne fait que les essuyer, on les déchire. Mais à mesure qu'ils se renforcent, diminuez par degrés la tiédeur de l'eau, jusqu'à ce qu'enfin vous les laviez été et hiver à l'eau froide et glacée. Comme, pour ne pas les exposer, il importe que cette diminution soit lente, successive et insensible, on peut se servir du thermomètre pour la mesurer exactement.

Cet usage du bain une fois établi ne doit plus être interrompu, et il importe de le garder toute sa vie. Je le considère non seulement du côté de la propreté et de la santé actuelle, mais aussi comme une précaution salutaire pour rendre plus flexible la texture des fibres, et les faire céder sans effort et sans risque aux divers degrés de chaleur et de froid. Pour cela, je voudrais qu'en grandissant on s'accoutumât peu à peu à se baigner quelquefois dans des eaux chaudes à tous les degrés supportables, et souvent dans des eaux froides à tous les degrés possibles. Ainsi, après s'être habitué à supporter les diverses températures de l'eau, qui, étant un fluide plus dense, nous touche par plus de points et nous affecte davantage, on deviendrait presque insensible à celle de l'air.

(ROUSSEAU, *Émile*, liv. I.)

En général, une éducation dure sert à fortifier le corps. Nous entendons par éducation dure, simplement l'obstacle à la mollesse.

(Kant, *De la pédagogique*, § 30.)

L'extrême délicatesse des organes de l'enfant lui rend agréables au goût les aliments qui paraissent insipides aux grandes personnes. Si l'on faisait attention à cet ordre de la nature, on verrait qu'il indique un régime simple comme le plus sain et le plus agréable.

(ÉLISABETH HAMILTON, *Lettres sur les principes élémentaires d'éducation*, Lettre X.)

Les enfants mangent beaucoup : il ne faut ni réprimer ni exciter leur appétit. Si dans l'intervalle des repas ils demandent à manger, on ne doit leur donner que du pain.

La propreté la plus recherchée, la liberté des membres, la régularité la plus ponctuelle pour les heures de sommeil et des repas, sont la base de la santé des enfants. Il faut rejeter parmi les préjugés du village l'idée qu'il peut exister des malpropretés salutaires. Nettoyez la tête de l'enfant dès qu'il vient au monde, mais n'employez jamais de répercussifs pour obtenir cette propreté.

L'usage de bains journaliers est très utile au développement du premier âge, mais, dans notre climat, il faut commencer par les donner d'eau tiède, et par degré on amène les enfants à les supporter presque froids : ils y puisent une grande force.

(MME CAMPAN, *De l'éducation*, t. I, p. 29, 31, 39.)

Les pratiques de l'hydrothérapie, en même temps qu'elles émoussent la sensibilité frigorifique, ont pour résultat d'exciter fortement les fonctions de réparation plastique; elles augmentent l'appétit et les aptitudes digestives; elles harmonisent la circulation : d'où la disparition de ces congestions mobiles qui se portent d'un organe à l'autre. Elles harmonisent l'action nerveuse et préviennent le développement des spasmes; elles harmonisent la chaleur organique et combattent cette sensation de froid aux pieds si pénible.

(FONSSAGRIVES, *L'éducation physique des jeunes filles*, p. 70-71.)

La vie au grand air, le *bain d'air*, comme l'appelait Hufeland, est le pivot de l'endurcissement au froid et la condition de toute éducation virile. Il faut en donner de bonne heure l'habitude aux garçons. Ils pourront s'enrhumer deux ou trois fois, mais ils auront acquis, sans la payer trop chère, une immunité durable contre les rhumes; les papilles nerveuses de la peau, subissant ainsi d'incessantes variations de température, finiront par ne plus les sentir, et ces enfants, devenus « tout visage », comme le Scythe de Plutarque, ne s'enrhumeront plus.

(FONSSAGRIVES, *L'éducation physique des garçons*, p. 50.)

II. — Les jeux et les exercices physiques.

La paresse, l'indolence et l'oisiveté, vices si naturels aux enfants, disparaissent dans leurs jeux, où ils sont vifs, appliqués, exacts, amoureux des règles et de la symétrie, où ils ne se pardonnent nulle faute les uns aux autres, et recommencent eux-mêmes plusieurs fois une seule chose qu'ils ont manquée : présages certains qu'ils pourront un jour négliger leurs devoirs, mais qu'ils n'oublieront rien pour leurs plaisirs.

(LA BRUYÈRE, *Caractères*, ch. XI, De l'homme.)

Pour l'exercice même des forces physiques, rien ne peut remplacer le libre essor des enfants. Les leçons de gymnastique, de danse, d'escrime, sont excellentes, chacune pour son objet; mais toujours l'attention y est exigée : il n'y a pas là d'élan complet et partant il en résulte plus de fatigue.

Quand il faut régler les mouvements des bras ou des jambes,

la pensée, dirigée vers le jeu des organes, constate la difficulté d'en disposer; la lutte entre l'esprit et la matière devient pénible et lasse bientôt. En revanche la volonté spontanée commande-t-elle, l'âme, maîtresse absolue, oublie qu'il y a un esclave à faire obéir, l'esprit ne s'aperçoit plus de la matière; l'enfant court; il vole, il arrive avant de se douter qu'il est parti. Tel qu'une intelligence incorporelle, il s'imagine avoir franchi l'espace par un simple acte de son désir. C'est là pour lui l'activité, c'est la vie : toutes ses forces s'exercent, son sang circule; il est l'être que le Dieu de la nature a voulu.

(Mme Necker de Saussure, *L'éducation progressive*, liv. VI, ch. v.)

L'adolescent a besoin de mouvement physique; il est contre nature de l'obliger à être un pur cerveau, un cul-de-jatte sédentaire. Ici (en Angleterre), les yeux athlétiques, la paume, le ballon, la course, le canotage, et surtout le cricket, occupent tous les jours une partie de la journée; en outre, deux ou trois fois par semaine, les classes cessent à midi pour leur faire place... Une telle éducation fait des lutteurs au moral et au physique, avec tous les avantages, mais aussi avec tous les inconvénients attachés à cette direction de l'âme et du corps.

Sans doute la culture musculaire ainsi entendue comporte certaines rudesses de mœurs. Étudiants et bourgeois se boxent à l'occasion. Mais, en revanche, la vie gymnastique et athlétique a ce double avantage qu'elle engourdit les sens et pacifie l'imagination. De plus, quand ensuite la vie morale et mentale se développe, l'âme trouve pour la porter un corps plus sain et plus solide.

(M. Taine, *Notes sur l'Angleterre*, ch. iv.)

Je fais grand cas de la gymnastique; mais c'est un exercice, ce n'est pas un jeu. Le jeu! ce mot devrait être écrit en lettres d'or dans le décalogue de l'enfance. C'est le synonyme de santé, de gaieté, voire même de bonté. J'ai connu des jours pareils à celui-ci; je suis monté sur une estrade pareille à celle-ci pour y être couronné et embrassé par un homme aussi vieux que celui-ci! J'ai entendu, au concours général, mon nom retentir dans la grande salle de la Sorbonne. Eh bien! je ne jurerais pas que le plus vif souvenir conservé par moi des années de collège ne soit pas celui de ces ardentes parties de barres où l'on courait quatre ou cinq heures de suite. Comme on se sentait vivre! comme le sang se précipitait à flots joyeux dans les veines! comme on avait la tête libre de tout souci et comme on riait! Je ne comprends pas que les anciens, qui élevaient des temples à la jeunesse, à la beauté, même à la peur, n'aient pas consacré un autel à la gaieté, au rire! C'est un si puissant cordial dans la vie!

(M. LEGOUVÉ, *Nos filles et nos fils*, Les cinq éducations.)

L'attention a été éveillée chez presque tout le monde sur l'importance de l'exercice corporel,... du moins pour ce qui est des garçons. Malheureusement il en est tout autrement en ce qui concerne les filles. Pourquoi cette étonnante différence? Est-ce que la constitution d'une fille diffère si essentiellement de celle d'un garçon, qu'elle n'ait pas besoin de ces exercices actifs? Est-ce qu'une fille n'a aucun de ces goûts qui poussent les garçons aux jeux bruyants?

Pour les filles, comme pour les garçons, les jeux auxquels les poussent leurs intérêts naturels, sont essentiels à leur bien-être corporel. Quiconque les défend, défend d'user des moyens divinement institués pour le développement physique.

(M. HERBERT SPENCER, *De l'éducation*, ch. IV.)

III. — La gymnastique.

Lorsqu'on cherche à former des athlètes, on nuit également à la grâce et à la croissance du corps... En donnant trop d'importance à cette partie de l'éducation, et en négligeant les parties indispensables, vous ne faites de vos enfants que de véritables manœuvres.

On doit donc nous accorder, et que l'emploi de la gymnastique est nécessaire, et que les limites que nous lui posons sont les vraies. Jusqu'à l'adolescence, les exercices doivent être légers; et l'on repoussera une alimentation trop substantielle, et des travaux trop pénibles, de peur d'arrêter la croissance du corps.

Le tempérament n'a pas besoin d'être athlétique... Il ne faut pas non plus qu'il soit valétudinaire et trop incapable de rudes travaux; il faut qu'il tienne le milieu entre ces deux extrêmes. Le corps doit être rompu aux fatigues, sans pourtant que ces fatigues soient par trop violentes. Il ne doit pas non plus n'être propre qu'à un seul genre d'exercices, comme ceux des athlètes; il doit pouvoir supporter tous les travaux dignes d'un homme libre. Ces conditions me paraissent également applicables aux femmes et aux hommes.

(Aristote, *Politique*, liv. IV, ch. xiv, § 8; V, ch. iii, § 3, 5, 6.)

La gymnastique ne sera pas oubliée; mais on aura soin d'en diriger les exercices de manière à développer toutes les forces avec égalité, à détruire les effets des habitudes forcées que donnent les diverses espèces de travaux.

(Condorcet, *Rapport à l'Assemblée nationale.*)

La moitié de la médecine est dans l'exercice méthodique et persévérant des muscles. Le sentiment de l'importance de la gymnastique dans l'éducation tend heureusement à se réveiller, et nous autres médecins, qui avons charge de corps, nous devons nous imposer de restaurer, dans une mesure raisonnable, ces pratiques auxquelles l'éducation antique attachait, et non sans raison, un si haut prix.

Les anciens associaient les deux sexes dans ces exercices méthodiques des muscles, qui concouraient si puissamment à maintenir la pureté des formes et l'harmonie des proportions; mais cet *entraînement* de la jeune fille par les pratiques du gymnase avait moins en vue la femme elle-même que la *mère* future : c'était une préparation à une maternité féconde et vigoureuse. Sans doute, l'éducation moderne de la femme répugne à ces pratiques viriles, et nos mœurs ne veulent plus de la promiscuité qu'elle établissait entre les sexes [1]; mais une gymnastique réglée d'une certaine façon est, quoi qu'on en pense, tout aussi indispensable aux filles qu'aux garçons, car il n'y a sans elle, que les mères le sachent bien, ni santé, ni vigueur, ni beauté. J'insisterai plus particulièrement sur ce dernier point de vue, parce que je suis sûr que la coquetterie maternelle, si

1. Encore n'était-ce qu'à Lacédémone; les Athéniens n'admettaient pas les filles aux jeux du gymnase, et les Romains n'avaient pas de gymnases.

touchante même dans ses exagérations, servira les intérêts de la cause que je défends.

Les exercices gymnastiques ont d'ailleurs l'immense avantage, en même temps qu'ils activent les grandes fonctions (vitales), de *calmer* le système nerveux et de lui permettre d'écouler peu à peu, dans cette pointe de paratonnerre, un fluide prompt à s'accumuler et à se condenser en mille orages.

(FONSSAGRIVES, *De l'éducation physique des jeunes filles*, p. 77, 107, 108, 113 [1].)

IV. — Un système d'éducation physique au XVIIIe siècle.

J'ai mis beaucoup de soin à cette partie de l'éducation trop négligée parmi nous. Sans chercher dans l'antiquité les exemples très communs d'une force physique qui paraît miraculeuse aujourd'hui, il suffit de voir les armures de nos anciens chevaliers français pour connaître combien l'espèce humaine a dégénéré à cet égard. Il n'y a pas un homme présentement qui ne fût accablé du poids énorme d'une semblable armure et qui pût faire un quart de lieue avec un tel vêtement. Cependant, tous les chevaliers la portaient des mois entiers et voyageaient, couraient et combattaient sous ces pesants fardeaux. Depuis l'exécrable invention de la poudre à canon, une force artificielle et matérielle a rendu la force individuelle presque inutile à la guerre.

Mais, dans le cours ordinaire de la vie, l'exercice et l'entier développement des forces physiques sont toujours aussi nécessaires.

L'objet de la gymnastique, considéré relativement à l'éducation, est de fortifier la constitution, d'affermir la santé, d'endurcir à la fatigue, de donner de l'agilité, de l'adresse, de la souplesse, de la force et cette confiance qui assure le courage et qui fait faire sans péril des actions extraordinaires, enfin de munir contre tous les accidents de la vie et de déterminer la

1. La gymnastique a aussi ses adversaires, entre autres M. Herbert Spencer, qui n'hésite pas à la déclarer inutile, le jeu suffisant à la remplacer avantageusement. Je ne répondrai pas ici à son réquisitoire, que j'ai cité tout au long dans ma *Pédagogie* (5e édit., p. 74-75).

croissance du corps jusqu'au dernier degré d'extension que la nature peut lui donner. Car il ne faut pas croire qu'un jeune homme élevé mollement puisse acquérir la taille et la stature qu'une bonne éducation lui aurait procurées. La mollesse et les mauvaises mœurs, dans la première jeunesse, s'opposent aux efforts et aux desseins de la nature, arrêtent sa marche lente et sage, et produisent des rachitiques et des pygmées, ces êtres faibles, efféminés, formés dès l'âge de seize ans et décrépits à quarante-cinq. On m'a confié, pendant quelques années, un enfant, mon neveu, sur lequel j'ai veillé autant que me le permettaient mes devoirs auprès de mes élèves. Je me suis surtout occupée de sa santé, qui était dans le plus affreux délabrement. On avait beaucoup de craintes pour sa poitrine, pour sa taille; il était d'ailleurs d'une maigreur, d'une petitesse et d'une faiblesse effrayantes. Je lui ai fait suivre, par degrés et avec les ménagements convenables, les exercices que faisaient mes élèves : je l'ai fait coucher comme eux sur du bois, excellente habitude à mille égards, surtout pour la taille et la poitrine, en ce qu'elle préserve des rhumes qui sont presque tous causés par la transpiration de la nuit, excitée par la chaleur des matelas, et qui est arrêtée (particulièrement en hiver), aussitôt qu'on sort de son lit, par l'air froid du matin. J'ai remis, il y a six mois, l'enfant dont je viens de parler entre les mains de son père, et je ne crois pas qu'il existe un jeune homme, dans sa quinzième année, plus leste, plus fort, plus adroit, d'une taille plus régulière et mieux développée, d'une santé plus robuste et mieux affermie.

Voici les moyens que j'ai employés relativement à cette partie de l'éducation :

1° *Des souliers à semelles de plomb*, que mes élèves ont portés depuis l'instant où ils m'étaient confiés jusqu'à celui où ils m'ont quittée. Cette semelle était d'abord extrêmement mince; on en a augmenté insensiblement l'épaisseur. Quand M. de Chartres m'a quittée, chacun de ses souliers pesait une livre et demie; par conséquent, les deux pesaient trois livres. Il faisait avec ce poids des courses et des sauts, et trois ou quatre lieues à pied d'un pas très vite et sans éprouver la moindre fatigue. Les souliers de Mlle d'Orléans pèsent dans ce moment deux livres; elle ne les quitte jamais que pour danser. Elle marche et court avec sans qu'on puisse s'apercevoir qu'elle a de telles entraves. Sa constitution est naturellement fort délicate; elle n'a pas quatorze ans.

Outre la force et la légèreté que doit nécessairement donner l'habitude de porter de lourdes semelles, elles ont encore deux avantages : celui de garantir le pied de toute humidité et celui d'aider la croissance en tirant doucement les muscles des jambes.

2° *L'exercice des haltères*, que je plaçais avant déjeuner. Il ne dure que dix ou douze minutes. C'est un ancien exercice que Galien prescrivait à ses malades convalescents. On en trouvera le détail dans l'Encyclopédie, où je l'ai pris au mot *haltères*. Après cet exercice, les enfants portaient pendant autant de temps, et en marchant, des cruches pleines d'eau. A la campagne, ils traversaient un grand espace de jardin, allaient remplir leurs cruches à une fontaine naturelle et rapportaient cette eau dans leur chambre dont ils remplissaient les carafes pour le dîner.

Comme cet exercice avait un objet d'utilité, ils le faisaient avec plaisir à la campagne; mais à Paris, où l'on n'avait point de fontaine naturelle, on se contentait de porter des cruches pleines de sablon d'un appartement à l'autre. Et alors ce n'était plus qu'une leçon qu'on prenait sans goût et sans activité.

Ainsi, autant qu'il est possible, il faut donner à ces exercices une apparence d'utilité, ce qui est très aisé à la campagne et fort difficile à Paris. On augmente la grosseur des cruches avec l'âge. M. de Chartres a porté dans chaque cruche le poids de 92 livres, ce qui fait 184 pour les deux. Il faut pour cet exercice des cruches d'une forme ronde, avec une ouverture étroite et une anse qui, au lieu d'être posée de côté, embrasse et partage l'ouverture.

On faisait les deux exercices détaillés ci-dessus le matin en se levant et avant le déjeuner.

3° *L'exercice de la poulie.* — M. Tronchin l'avait imaginé et pratiqué jadis avec succès pour redresser les tailles des enfants contrefaits. Il me conta ce fait il y a treize ans et, de ce moment, j'appliquai cette idée à l'éducation. Cette poulie, attachée au plancher, est parfaitement semblable à celle d'un puits; seulement au lieu de mettre un seau à la corde, on y attache un sac de peau rempli de sablon. J'ai fait placer autour de cette poulie fixée contre le lambris, une balustrade fermée pour prévenir des accidents que pourrait causer la chute du poids. Il faut, pour cet exercice, que l'enfant soit bien posé d'aplomb, que ses pieds ne s'élèvent jamais sur leurs pointes en tirant la poulie et qu'il ne laisse pas glisser la corde dans ses mains en descendant le poids. A la campagne, on faisait cet exercice sur de véritables puits placés dans les jardins des enfants, c'est-à-dire un grand tonneau rempli d'eau, au-dessus duquel était posée la poulie.

On tirait de l'eau pour arroser son jardin et, comme on ne pouvait pas augmenter la grosseur des seaux parce qu'il fallait qu'ils fussent proportionnés à la petitesse des puits, j'avais imaginé de faire mettre à ces seaux un double fond dans lequel on pouvait glisser des poids.

4° *L'exercice des hottes.* — Je l'avais placé de manière à couper pendant un quart d'heure la leçon de dessin. Au milieu de la leçon, on se levait, on chargeait sur ses épaules une hotte proportionnée à sa taille et chargée suivant les forces. On descendait et on montait plusieurs étages avec ces charges.

Quand M. de Chartres est parti pour Vendôme, il portait dans sa hotte 225 livres, et descendait et montait l'escalier; ce qui est extrêmement fort et ce qu'aucun homme de la société que nous connaissons n'a pu faire avec 40 livres de moins.

5° *Exercice de la corde.* — C'est une grosse corde attachée par un piton au plafond et au milieu de la chambre. Cet exercice, qui ne peut convenir qu'à des hommes, consiste à monter, au moyen de cette corde, jusqu'au haut du plafond. Il est très difficile d'y parvenir sans le secours de ses jambes, c'est-à-dire en les écartant au lieu de les enlacer autour de la corde, parce qu'alors tout le poids du corps porte seulement sur les poignets. Cependant M. de Chartres, MM. ses frères et mon neveu faisaient également bien cet exercice de cette manière. Cette facilité à monter et à descendre avec le simple secours d'une corde, peut être de la plus grande utilité dans mille circonstances de la vie, dans un incendie, si le feu bouche le passage des portes; dans les voyages, s'il s'agit de descendre dans ces grottes profondes et curieuses, que tant de voyageurs, faute de cette habitude, n'ont vues qu'avec un très grand danger.

J'employais cet exercice, ainsi que celui de la poulie, à couper des études, l'hiver, à Bellechasse, entre chaque leçon de langue et après notre lecture. Mes élèves, pendant dix ou douze minutes, tiraient la poulie ou montaient à la corde, ou s'exerçaient à la *lutte des poignets.*

6° *L'exercice des poids aux pieds.* — Celui-ci a été imaginé par M. de Montpensier et mon neveu, qui s'y sont exercés pendant six mois tous les jours. Cet exercice a singulièrement dévelpppé leur croissance. On s'attache à chaque pied un poids aussi lourd qu'on le peut porter, sans un grand effort. Ensuite on se suspend avec les deux mains à la corde attachée au plafond, de manière que les pieds soient à 2 ou 3 pieds de terre. Alors pendant quelques minutes on retire et on étend alternativement avec force, tantôt une jambe, tantôt l'autre. Les poids que M. de Montpensier s'attachait aux pieds l'hiver pesaient tous deux 50 livres, par conséquent 25 livres chacun.

7° *Les sauts.* — Il y a trois manières de sauter, l'une horizontalement; la seconde en franchissant une chose élevée, et la troisième, en sautant d'une élévation à terre. Cette dernière manière est dangereuse et doit être proscrite, d'autant mieux que, si l'on saute parfaitement des deux autres manières, on saute bien de celle-ci dans le cas où, pour éviter un très grand danger, on serait obligé de risquer cette sorte de saut. J'ai fait faire dans le jardin de la maison de campagne où nous passions les étés une pièce de terre labourée de la forme d'un carré, long d'environ vingt pieds. Ce morceau de terre labourée, que nous appelions *sautoir*, était situé sous les fenêtres de ma chambre et sur une vaste pelouse où l'on faisait les courses, de manière que, sans sortir de ma chambre, je pouvais voir sauter, courir et jouer aux barres. On sautait dans ce sautoir et, comme la terre en était molle, on pouvait y tomber sans le moindre inconvénient.

On sautait ainsi à toute course, c'est-à-dire en prenant de l'élan ni de trop près, ni de trop loin : douze ou quinze pas suffisent. Il faut, en sautant, que les pieds ne soient pas séparés l'un de l'autre, et, en même temps, lancer ses jambes en avant, de manière que, si l'on tombe sur les genoux, c'est une preuve que le saut a été mal pris.

Pour sauter en hauteur, je faisais mettre sur le bord d'un

sautoir une ficelle posée sur deux crochets de bois. Il s'agissait de franchir cette ficelle, ce qui se faisait de deux manières : en prenant de l'élan ou à pieds joints, c'est-à-dire sans prendre d'élan. Il faut que la ficelle ne soit que posée sur les crochets de bois, et non attachée, afin qu'elle puisse céder si on manque le saut et si on s'accroche avec les pieds, sans quoi sa résistance ferait tomber, et d'une manière fâcheuse, à la renverse et hors du sautoir. Quand on saute parfaitement de cette manière, on peut faire sauter de vraies barrières, avec l'attention de les choisir d'une hauteur au-dessous de celle que l'élève saute facilement d'habitude.

M. de Chartres n'est pas celui de mes élèves qui a le mieux réussi à cette espèce d'exercice; mais il sautait horizontalement avec élan 21 semelles.

8° *Les courses.* — Je les avais divisées en deux espèces : les *courses de vitesse* et les *courses d'haleine.* Dans ces dernières, on ne court pas de toute sa force et l'on peut, avec de l'habitude, courir très longtemps, même dans l'enfance. Mlle d'Orléans, à douze ans, faisait une lieue, exactement mesurée, en courant, sans s'arrêter et sans marcher un instant.

On sait qu'on doit avoir en marchant le corps droit et les pieds en dehors et qu'à chaque pas la jambe doit précéder le corps. Car on marche très mal quand le corps se porte en avant en même temps que la jambe. Pour la course, c'est tout le contraire : il faut que le corps soit penché en avant, que les pieds ne soient ni en dehors, ni en dedans, mais tout droits, et que le corps s'élance avec les jambes.

9° *Marcher, courir et sauter sur la corde.* — J'ai donné pour cet exercice un maître danseur de corde pendant tout un hiver à Bellechasse. On prenait la leçon en sortant de table, parce qu'elle n'est nullement fatigante et ne demande aucun effort. Cet exercice donne de la souplesse, de la hardiesse. Il apprend à marcher avec adressse et sûreté dans les sentiers les plus étroits et les plus escarpés, chose très utile en voyage et dans plusieurs autres circonstances.

10° *L'équitation.* — M. d'Orléans en a donné à ses enfants les premières leçons, et depuis a présidé à presque toutes celles qu'ils ont prises. Ils montent tous à cheval avec hardiesse et sûreté, sautent les barrières, les fossés, etc. M. de Chartres, quoiqu'il fasse toutes ces choses, est celui qui a le moins de dispositions pour cet exercice. M. de Beaujolais est le plus étonnant à cet égard pour son âge. Il fait, comme ses frères, 20 lieues à cheval et dans le même jour 2 ou 3 à pied sans être le moins du monde fatigué.

Mais c'est qu'il a été, dès sa première enfance, exercé à tout ce qui peut endurcir et fortifier le corps. Il n'avait que trois ans lorsqu'on l'a remis entre mes mains. Il n'existe point d'enfant de son âge qui ait son agilité, son adresse et sa force. Si l'on cultivait bien ses heureuses dispositions physiques, il serait certainement à dix-sept ans ce qu'on aurait vu de plus étonnant dans ce genre.

(Mme de Genlis.)

DEUXIÈME PARTIE

L'ÉDUCATION INTELLECTUELLE

CHAPITRE PREMIER

LES PRINCIPES DE L'ÉDUCATION INTELLECTUELLE

I. *L'objet de l'éducation intellectuelle.* — L'éducation intellectuelle n'est pas la même chose que l'instruction; l'instruction est un des moyens de culture de l'intelligence puisqu'elle est une des formes d'exercice de cette faculté. L'éducation intellectuelle a pour but de mettre l'intelligence en état de remplir sa destination. Son principe essentiel est de maintenir l'équilibre entre les diverses facultés intellectuelles.

II. *Les rapports de l'éducation intellectuelle et de l'éducation morale.* — Elle est inséparable de l'éducation morale. Si elle est bien conduite, elle doit aboutir indirectement à la culture des facultés morales, de concert avec les facultés intellectuelles.

III. *L'éducation intellectuelle peut commencer dès le premier âge.* — C'est l'opinion des plus grands pédagogues. État intellectuel du petit enfant. En quoi il est supérieur à l'animal le plus intelligent.

Extraits de : **Cicéron, Quintilien, Plutarque ;
Érasme, Montaigne, Charron ;
Nicole, Fénelon, Malebranche ;
Rousseau, Helvétius, Kant, Reid, D. Stewart, Mme de Genlis ;
Pestalozzi, Joubert, Maine de Biran, le P. Girard, Xavier Rousselot, Guizot, Channing, Dupanloup, H. Spencer, Bain, Preyer.**

I. — L'objet de l'éducation intellectuelle.

L'esprit n'est pas un vase qu'il faille remplir; c'est un foyer qui a besoin d'aliments pour s'échauffer. Que diriez-vous d'un homme qui, allant chercher du feu chez son voisin, et trouvant la chambre bien garnie, y resterait à se chauffer et ne penserait plus à retourner chez lui? Voilà l'image d'un jeune homme qui, prenant les leçons d'un maître, loin de s'appliquer à faire passer dans son âme la chaleur qui sortirait de ses discours, et se bornant au plaisir de l'entendre, se tiendrait tranquillement assis auprès de lui.

(PLUTARQUE, *Sur la manière d'écouter.*)

Elle n'est pas pour donner jour à l'âme qui n'en a point, ny pour faire voir un aveugle. Son mestier est, non de luy fournir de veuë, mais de luy dresser, de luy régler ses allures, pourveu qu'elle aye de soy les pieds, et les jambes droictes et capables.

(MONTAIGNE, *Essais*, liv. I, ch. XXIV.)

L'instruction a pour but de porter les esprits jusqu'au point où ils sont capables d'atteindre.

Elle ne donne ni la mémoire, ni l'imagination, ni l'intelligence; mais elle cultive toutes ces parties en les fortifiant l'une par l'autre. On aide le jugement par la mémoire, et l'on soulage la mémoire par l'imagination et le jugement.

(NICOLE, *Traité de l'éducation d'un prince*, 2e partie, 1, 2.)

Le grand point dans l'éducation est de ne point se presser, de n'apprendre aux enfants que ce qu'ils peuvent comprendre; en même temps de ne négliger aucune occasion de leur enseigner tout ce qui est à leur portée.

(MME DE GENLIS, *Adèle et Théodore*, t. I, p. 76.)

Il faut apprendre à penser aux enfants, c'est-à-dire qu'il faut leur donner les principes d'où procèdent toutes les autres.

N'exercer aucune faculté isolément ou pour elle seule, mais chacune au contraire par rapport à toutes les autres.

Des enfants ne doivent apprendre que des choses qui conviennent à leur âge. Bien des parents se réjouissent en voyant leurs enfants tenir des discours d'une maturité précoce; eh bien! ces enfants ne rendent ordinairement rien. Un enfant ne doit avoir que la sagesse d'un enfant.

(KANT, *De la pédagogique*, § 9, 36, 38.)

Il pourrait se faire qu'à force d'exercice on donnât à l'esprit d'un enfant plus d'étendue et d'*aptitude* que sa nature ne le comporte, mais on ne gagnerait à ce jeu de l'art qu'une vaine apparence et qu'une trompeuse extension; on ne ferait qu'un esprit faux ou de mauvaise consistance. Un des soins des bons éducateurs doit être de laisser chaque esprit dans sa propre sphère, et de lui apprendre à la remplir. *Meo sum pauper in ære*, était la devise d'Horace, et à quelques égards il serait bon qu'au sortir des écoles, chaque enfant pût se l'appliquer. Il faut que personne n'apprenne à avoir plus d'esprit que soi.

(JOUBERT, *Œuvres*, t. I. Lettre à Fontanes, 7 juin 1809.)

Donner à l'esprit une culture intensive et non pas simplement extensive, le fortifier et non pas seulement le meubler.

(PESTALOZZI, *Comment Gertrude instruit ses enfants*, Lettre I.)

Dans la culture de l'intelligence, il faut mettre en valeur toutes les facultés, multiplier et fortifier leurs communications, n'en laisser prédominer aucune, mais, au contraire, les maintenir dans cet équilibre, cette correspondance exacte qui constitue la vraie capacité intellectuelle et forme, pour ainsi dire, le *tempérament tempéré* de la pensée.

(MAINE DE BIRAN, *Fondements de la psychologie*, t. I, p. 243.)

Ce qui importe toujours, c'est d'étudier l'inégalité des facultés entre elles dans chaque individu, afin de savoir quelles sont celles dont la faiblesse demande à être fortifiée, pour que l'empire trop exclusif des autres ne détruise pas ce juste équilibre qui assure à chacune de nos facultés la part d'influence qu'elle doit avoir dans l'exercice de notre esprit.

L'existence de cette inégalité naturelle est incontestable; la nécessité de cet équilibre ne l'est pas moins. Quelles que soient la portée de notre intelligence et la sphère où elle doit agir, elle a besoin que la mémoire lui fournisse les matériaux de l'expérience, que l'attention les examine sous leurs diverses faces, et que l'imagination, toujours prompte à se décider parce qu'elle est prompte à voir, n'empêche pas le jugement de mûrir ses décisions. Si la mémoire manque, l'esprit sera trompé, parce qu'il oubliera ce qu'il aurait besoin de se rappeler; si elle domine exclusivement, l'esprit, embarrassé de ses souvenirs, deviendra minutieux, incertain, et perdra de son étendue. L'imagination est-elle trop forte? elle entraine l'homme si rapidement qu'il ne peut rien examiner; est-elle trop faible? il avance terre à terre et avec lenteur, sans connaître ces plaisirs ou arriver à ces découvertes qui demandent un vol plus élevé et plus agile. L'équilibre des facultés est, dans l'intelligence humaine, ce qu'est dans le monde physique l'équilibre des forces : il maintient l'ordre sans gêner le mouvement. Toute faculté, assez puissante pour suspendre ou enchaîner l'action des autres facultés, est un despote, et, pour être sain, l'esprit a besoin d'être libre.

(GUIZOT, *Méditations et études morales*, De l'inégalité des facultés.)

Deux systèmes opposés (dans l'éducation intellectuelle). L'un n'a en vue que de fournir des connaissances aux novices de la vie, et il veut instruire partout où il en trouve la possibilité. C'est une encyclopédie abrégée qu'il tâche de mettre dans leur esprit, ou tout au moins dans leur mémoire. L'autre au contraire ne fait pas cas de ces nombreuses connaissances : il n'envisage que les facultés intellectuelles qu'il prend la tâche d'étendre et de fortifier, ayant en cela la confiance que les connaissances viendront comme d'elles-mêmes, une fois que l'esprit sera devenu capable de les saisir et d'en faire son profit.

Les instituteurs qui veulent avant tout développer les facultés de l'enfance, pour la rendre susceptible d'instruction, font voir qu'ils ont étudié l'homme et l'art auguste qu'ils professent; mais en élevant un mur de séparation entre la culture intellectuelle et l'instruction pour faire précéder l'une et suivre l'autre, ne tombent-ils pas à leur tour dans un autre extrême? Le développement qu'ils ont en vue... exige impérieusement une foule de pensées diverses qui puissent mettre en jeu les différentes facultés de l'enfance, et au moyen desquelles elles soient toutes exercées *graduellement* et *harmoniquement*. Nous disons *exercées*, car les forces de l'âme ne gagnent que par l'exercice. Nous ajoutons *graduellement* et *harmoniquement*, parce que rien ne se fait par sauts dans l'âme non plus que dans la nature, et parce que contrarier l'harmonie rationnelle qui doit régner entre les différentes puissances intellectuelles, ce n'est pas former l'enfance, c'est la déformer et la perdre.

Un choix guidé par la sagesse est donc ici nécessaire, et il est évident qu'une série de pensées amenées par le hasard du moment ne peut pas produire cette gymnastique graduée et harmonique, dont l'enfance a besoin pour se développer humainement. C'est l'art de l'éducation qui doit les choisir dans le vaste domaine de la vérité et les ranger avec soin, pour en former un bel et utile ensemble. N'est-ce pas dire en d'autres paroles que la gymnastique intellectuelle destinée à l'enfance doit être en même temps l'instruction que comporte son âge et qu'il réclame de nous?

(Le P. Girard, *De l'enseignement régulier de la langue maternelle,* liv. III, ch. I, § 3.)

Dans le domaine de l'enseignement, la communication des connaissances absorbe en entier l'attention des esprits superficiels, et ils ne songent pas beaucoup au développement de l'intelligence... Et comme en donnant des connaissances, on cultive par cela seul des facultés, il ne leur paraît pas qu'il y ait autre chose à faire que d'employer les moyens les plus efficaces pour dissiper chez l'enfant les ténèbres de l'ignorance... Une instruction plus ou moins étendue devient ainsi la mesure d'une éducation plus ou moins soignée, et cultiver l'intelligence ne leur semble être autre chose qu'apprendre à chacun ce qu'il doit savoir.

Ce point de vue, ainsi que tant d'autres, n'est faux que par ce qu'il a d'exclusif. Il est très vrai qu'on ne peut communiquer des connaissances sans cultiver par cela même des facultés, mais il l'est également que la plupart des défauts de l'instruction viennent de ce qu'on s'occupe à enrichir l'esprit plus qu'à le former et à le développer dans tous les sens possibles.

Le vrai but de l'enseignement est de former l'intelligence, on doit la considérer en elle-même indépendamment des matériaux qu'il faut lui fournir. Une fois qu'on est convaincu de ces idées, l'esprit devient l'objet principal dans le domaine de l'instruction comme la volonté dans le domaine de la morale. Son activité, sa souplesse, la précision de ses mouvements semblent alors les seuls indices certains du bon effet des soins qu'on lui donne; on apprend à le voir comme une source à faire jaillir, plutôt que comme un vase à remplir, et les études diverses sont surtout envisagées comme des moyens de l'exciter à déployer toute sa puissance.

(Mme Necker de Saussure, *L'éducation progressive,* liv. IV, ch. II.)

Le but de l'éducation n'est pas tant de donner une certaine somme de connaissances, que d'éveiller les facultés, et d'enseigner à l'élève l'usage de son propre esprit.

(CHANNING, *Œuvres sociales*, t. I. De l'élévation des classes laborieuses, p. 149.)

A la fin de son éducation, un jeune homme sera parfaitement élevé intellectuellement parlant, non pas s'il est très instruit, mais s'il est très capable de s'instruire.

(DUPANLOUP, *De l'éducation*, liv. III.)

II. — Les rapports de l'éducation intellectuelle et de l'éducation morale.

Les moyens vraiment appropriés à la culture de l'une doivent l'être encore au développement de l'autre (l'intelligence et la volonté); on ne peut étendre et perfectionner les facultés actives de l'esprit humain sans développer en même temps tous les germes de sa moralité, et réciproquement on ne peut féconder ces germes sans exercer ou faire travailler toutes les facultés actives. Cette conséquence pratique nous fournirait au besoin une sorte de critérium pour juger des diverses méthodes d'éducation et du rapport intime qui les unit à la science de nos facultés.

Rien n'est plus commun ni plus funeste que cette erreur qui fait qu'on attache une importance exclusive au nombre des connaisssances et des idées qui peuvent s'introduire dans l'esprit d'une manière quelconque. Pour bien juger des esprits, ou pour leur appliquer, suivant une expression assez heureuse de Bonnet, le véritable *psychomètre*, il faut avoir moins égard à ce qu'ils savent qu'à la manière dont ils le savent, ou au développement que cette science acquise a procuré à leurs facultés les plus nobles, aux bonnes habitudes, à l'étendue et à la force qu'ils ont gagnées en l'acquérant. Mais loin de là, on les apprécie uniquement par certains résultats extérieurs, par le nombre d'idées qu'ils manifestent au dehors par des signes sensibles, sans tenir aucun compte de la manière dont ces idées ont pu être acquises, de l'influence que cette acquisition peut avoir sur le perfectionnement même des facultés qui sont les instruments de la connaissance, ou plutôt sur celui de l'homme intellectuel et moral tout entier. Voilà ce qui, dans la première éducation, fait attacher tant de prix à une culture exclusive de la mémoire ou de l'imagination. On peut bien ainsi enfler l'esprit d'une vaine science (*scientia inflat*), mais sans développer en aucune manière ses facultés actives, ou plutôt en arrêtant pour toujours ce développement et altérant la constitution intellectuelle et morale de l'homme jusque dans son principe.

L'attention, le jugement, la réflexion sont les facultés mères de l'esprit humain. C'est sur elles que se fondent tous les titres de notre prééminence; ce sera donc sur ces facultés, dont une sage psychologie aura d'avance déterminé la nature, assigné le caractère et circonscrit les limites, que devront se diriger les premiers soins d'une éducation bien entendue, ou d'un régime et comme d'une sorte de gymnastique appropriés à leur développement.

Pour être sage et heureux, l'homme n'a pas besoin de tout le brillant de l'imagination, et de tous les signes d'emprunt d'une science *livresque*, comme disait Montaigne. Ce dont il ne peut se passer, c'est de la raison, qu'il faut bien distinguer du raisonnement. Quelle que soit sa portée naturelle et dans quelque position que le sort l'ait placé, il importe qu'il sache se commander à lui-même, maîtriser son attention, suspendre son jugement, sentir et apprécier ses véritables rapports dans la société dont il fait partie, mettre les choses à leur juste valeur, n'être ni l'esclave des préjugés ni le jouet des passions. C'est en cela que consiste son *métier d'homme*, et il faut d'abord savoir bien faire ce métier principal avant de s'occuper des accessoires.

On ne peut s'attacher à la culture des facultés actives de l'esprit humain sans développer le germe de la moralité, et réciproquement on ne peut s'appliquer au développement de l'homme moral sans cultiver par là même les facultés qui constituent son intelligence.

Il n'est pas difficile de prouver que l'attention et la réflexion sont des facultés vraiment morales. On ne peut en effet apprendre à se rendre maître de son attention en la fixant sur les objets, en cherchant à pénétrer le fond des choses, à en voir nettement toutes les faces, sans acquérir par là même cet empire sur soi qui est la source de toutes les grandes qualités de l'âme et de toutes les vertus qui font l'ornement de notre espèce. Au contraire, les habitudes d'inattention et de légèreté contribuent à engendrer une multitude de vices. C'est à elles qu'il faut rapporter même, en grande partie, la dureté apparente du cœur, les passions personnelles et antisociales. Si, plus maîtres de notre attention, nous savions l'arrêter sur les maux d'autrui, combien nous frémirions à la seule idée d'en être les causes! comme nous sentirions mieux le besoin de les soulager ou de les prévenir! Ainsi pourrait se développer une sensibilité vraiment morale, savoir celle qui naît de l'exercice même de nos facultés actives et de nos jugements, au lieu de les former ou d'en être le principe.

L'habitude de suspendre son jugement et de ne se rendre qu'à l'évidence ou aux motifs raisonnés de croyance, habitude sans laquelle il n'y a point de véritables progrès intellectuels, n'est-elle pas aussi le fondement des qualités morales les plus essentielles : de la prudence dans la conduite de la vie, de la rectitude et de l'équité dans nos jugements sur la conduite des hommes? N'est-elle pas un exercice de cette liberté sans laquelle l'homme, incapable de science et de vertu, n'est pas même une personne?

Quelle influence le grand principe des associations n'exerce-t-il pas sur les opérations de l'esprit et sur les sentiments de l'âme! N'est-ce pas par des moyens semblables qu'on peut diriger constamment les unes vers ce qui est vrai, les autres vers ce qui est beau, bon ou utile? Les associations formées dans l'enfance, dit un psychologiste ami de la science et de la sagesse, ont les effets les plus durables et les plus importants sur nos idées, comme sur nos sentiments et sur nos affections les plus habituelles. Les suites funestes des fausses associations prouvent à elles seules le parti qu'on aurait pu tirer de cet instrument pour perfectionner toutes nos facultés. Puisqu'on peut parvenir en effet à intéresser le cœur et l'imagination en faveur de l'erreur, il est au moins également possible de les intéresser en faveur de la vérité; puisqu'il est possible d'étouffer les sentiments généreux et sympathiques auxquels la nature dispose en en associant l'idée à celle du crime ou de l'impiété, pourquoi ne pourrait-on pas nourrir et fortifier ces mêmes sentiments, en établissant l'association ou l'alliance naturelle entre notre devoir et notre bonheur?...

Que dirons-nous de la réflexion, de cette faculté éminemment active sur laquelle se fondent les premiers et peut-être les seuls titres de notre prééminence, de cette faculté qui, s'unissant à toutes les créations de l'esprit et à tous les mouvements du cœur, peut seule nous initier à la fois à la connaissance de l'un et aux secrets les plus intimes de l'autre?... Aussi l'habitude de l'observation intérieure ne diffère-t-elle pas de l'habitude de la bonne foi et du désintéressement, dans les questions de tout ordre que l'esprit aborde, non pour faire parade de sa sagacité ou de sa force, mais pour connaître ce qui est vrai. Et comme l'exercice de la réflexion impose à l'homme l'obligation d'être vrai, d'être juste, c'est-à-dire bien ordonné dans tous ses rapports avec lui-même et avec ce qui l'entoure, réciproquement l'habitude des vertus, le contentement, la paix d'une conscience élevée et pure, tout ce qui peut enfin rendre l'homme ami de lui-même, le porte à la réflexion et lui fait un besoin d'entretenir une communication intime et habituelle avec ses idées, ses sentiments et ses souvenirs, et de s'instruire à la grande école de la conscience qui ne trompe point.

(Maine de Biran, *Fondements de la psychologie*, t. I, p. 110-113, 120-123.)

L'éducation s'adresse à l'homme tout entier; pourquoi s'imaginer que tantôt on parle à l'intelligence, que tantôt on s'adresse au cœur seulement? Il n'en est rien; la parole retentit dans l'homme tout entier; l'idée s'épanouit dans toute son âme, comme la vie dans tout son être. Gardons-nous donc de toute distinction puérile, et ne croyons pas qu'on puisse s'adresser à l'esprit sans parler au cœur. Et depuis quand y a-t-il deux hommes dans l'homme, l'un pour comprendre, l'autre pour sentir; l'un pour voir le beau, l'autre pour l'admirer; l'un pour être témoin d'un fait libre, l'autre pour juger de sa valeur morale? Ignore-t-on que c'est le cœur qui est le foyer de tout ce qui est grand, que c'est le cœur qui a l'intelligence du beau, que c'est lui qui pleure quand l'admiration nous arrache des larmes; ignore-t-on aussi que c'est par le cœur que nous nous élevons jusqu'à Dieu, et que pour comprendre tout ce qui est au-dessus de l'homme, l'intelligence c'est le cœur? Laissons donc là cette fiction de l'éducation d'un côté et de l'instruction de l'autre. Sans doute il y a des objets qui s'adressent plus directement à l'esprit, au raisonnement, d'autres qui vont plus droit au cœur, au sentiment; mais, si l'on veut me passer cette expression, il n'y a pas deux instruments pour recevoir deux sons différents, il n'y en a qu'un; et par une sage prévoyance de la nature, l'harmonie, loin d'être détruite, n'en est que plus complète, parce que chaque partie répond, dans une juste mesure, à sa destination spéciale. En effet, qu'est-ce que l'éducation? C'est l'initiation complète à la vie physique, intellectuelle et morale d'un peuple.

(XAVIER ROUSSELOT, *Discours prononcé à la distribution des prix du collège de Troyes*, 1844.)

III. — L'éducation intellectuelle peut commencer dès le premier âge.

On me reprochera peut-être de trop m'arrêter à des puérilités, mais les anciens philosophes ne les dédaignaient pas. Ils se plaisaient à étudier la nature humaine au berceau, parce qu'elle s'y laisse surprendre dans sa naïveté originelle.

Les premières manifestations de la nature chez l'enfant sont une vague conscience de son existence et l'instinct de la conservation. Il est là comme s'il n'avait pas d'âme. Mais à peine a-t-il gagné un peu de force, que l'esprit et les sens entrent en fonction. Il fait effort pour se tenir debout, se servir de ses mains; il reconnaît les personnes qui l'élèvent; bientôt il se plaît avec les enfants de son âge, recherche leur société, se donne de tout cœur à jouer... Il est si vrai que l'homme est né pour l'action et a l'inaction en horreur, que nous voyons l'enfant ne pouvoir pas supporter le repos... C'est l'âge où l'enfant commence à observer ce qui se passe autour de lui, à réfléchir, à apprendre; il veut savoir les noms des personnes qui viennent à la maison... Rien, pas même les verges, ne réprime sa curiosité lorsqu'il veut voir une chose ou s'en rendre compte. On le rebute, il revient à la charge; on le satisfait, il est enchanté d'avoir appris quelque chose, empressé à le communiquer à ses camarades; une cérémonie, une fête publique, un spectacle quelconque le captive au point de lui faire supporter la faim et la soif... Que par la seule force de sa petite raison, il ait découvert quelque vérité même sans utilité pour lui, il est dans le ravissement.

(CICÉRON, *Des vrais biens et des vrais maux*, liv. V, 15, 18, 20; III, 5.)

Il n'est pas à craindre le moins du monde que les enfants n'aient peine à supporter le travail intellectuel; aucun âge ne se fatigue moins. Cela étonne d'abord, mais l'expérience le prouve. C'est qu'alors l'esprit, comme les membres, a plus de souplesse : la preuve en est dans la facilité avec laquelle les enfants se servent de presque tous les mots spontanément dans l'espace de deux ans, une fois qu'ils ont appris à les former; tandis que les esclaves récemment achetés, combien de temps ne leur faut-il pas pour se faire à notre langue! Essayez d'apprendre les lettres à un homme adulte, et vous verrez comme l'épithète de παιδομαθεῖς (instruits dès l'enfance) est bien appliquée à ceux qui excellent dans leur art. Le tempérament des enfants est plus apte à supporter tout exercice de mouvement que celui des jeunes gens : les petits enfants font des chutes à chaque instant, ils sont toujours à se traîner sur leurs mains et leurs genoux : le jeu et le mouvement perpétuel. Tout cela sans se faire de mal, parce que leur corps est léger et qu'ils ne pèsent pas sur eux-mêmes. Il en est ainsi, je crois, de leur esprit; il ne faut pas un grand effort pour le mettre en mouvement, il se laisse faire plutôt qu'il ne s'applique lui-même avec contention : voilà pourquoi il se fatigue peu.

(QUINTILIEN, *Éducation de l'orateur*, liv. I, ch. XIV.)

On pense qu'il ne faut pas commencer l'instruction des enfants avant leur septième année : c'est une erreur que les personnes expérimentées repoussent.

On objecte que le travail de l'étude peut nuire à la santé dans un âge si tendre. Je pourrais répondre que si la force du corps y perd quelque chose, l'esprit y gagne des biens d'un ordre plus élevé. Car enfin nous avons à former non un athlète, mais un philosophe, un politique à qui il suffit d'être bien portant sans avoir la vigueur d'un Milon de Crotone. Toutefois je reconnais qu'il y a des ménagements à garder, de manière à ne pas contrarier le développement physique.

Maintenant est-il vrai que l'étude, à cet âge, ne soit d'aucun profit? Bien des gens en jugent ainsi, et estiment que cela n'en vaut pas la dépense. Mais ceux-là me semblent plus préoccupés des intérêts de leur bourse que de ceux de leurs enfants.

Accordons que les acquisitions du petit enfant sont minimes, encore vaut-il mieux qu'il soit occupé à cela qu'à ne rien faire ou à apprendre ce qu'il devra désapprendre plus tard. Quel meilleur emploi de l'activité d'un âge qui ne saurait être inactif?... Si peu qu'il apprenne, ce sera toujours autant de moins à apprendre dans la suite, quand sera venue l'époque des études plus sérieuses : ces petits gains de l'enfance, autant de gains pour l'adolescence. C'est peu, soit; ce peu est nécessaire. Et encore n'est-ce pas si peu, à mon sens, que d'avoir acquis sinon la connaissance, au moins l'avant-goût de la langue, les noms des choses, la facilité à lire et à écrire. Le marchand économe ne méprise pas le gain d'un denier : un denier est peu de chose, se dit-il, mais il fait nombre au total; deniers sur deniers sont bientôt une somme... Et nous, nous compterions pour rien chez nos enfants une perte de plusieurs années, quand le temps ne saurait se payer trop cher et qu'aucun bien n'est plus précieux que l'instruction !

(Erasme, *De l'éducation précoce et libérale des enfants*, p. 420, 433, 442.)

Si tost que l'enfant marchant et parlant commencera à remuer son âme avec le corps, et que les facultés d'icelle s'ouvriront et développeront la mémoire, l'imagination, la ratiocination (le raisonnement), qui sera à quatre ou cinq ans, il faut avoir un grand soin et attention à le bien former; car cette première teincture et liqueur, de laquelle sera imbue cette âme, aura une très grande puissance.

(Charron, *De la sagesse*, liv. III.)

Avant que les enfants sachent entièrement parler, on peut les préparer à l'instruction. On trouvera peut-être que j'en dis trop; mais on n'a qu'à considérer ce que fait l'enfant qui ne parle pas encore. Il apprend une langue qu'il parlera bientôt plus exactement que les savants ne sauraient parler les langues mortes, qu'ils ont étudiées avec tant de travail dans l'âge le plus mûr. Mais, qu'est-ce qu'apprendre une langue? Ce n'est pas seulement mettre dans sa mémoire un grand nombre de mots; c'est encore, dit saint Augustin, observer le sens de chacun de ces mots en particulier. « L'enfant, dit-il, parmi ses cris et ses jeux, remarque de quel objet chaque parole est le signe; il le fait, tantôt en considérant les mouvements naturels des corps qui touchent ou qui montrent les objets dont on parle, tantôt étant frappé par la fréquente répétition du même mot, pour signifier le même objet. » Il est vrai que le tempérament du cerveau des enfants leur donne une admirable facilité pour l'impression de toutes ces images; mais quelle attention d'esprit ne faut-il pas pour les discerner, et pour les attacher chacune à son objet!

(Fénelon, *Traité de l'éducation des filles*, ch. iii.)

Les plus jeunes enfants, tout accablés qu'ils sont de sentiments agréables et pénibles, ne laissent pas d'apprendre en peu de temps ce que des personnes avancées en âge ne peuvent faire en beaucoup davantage, comme la connaissance de l'ordre et des rapports qui se trouvent entre tous les mots et toutes les choses qu'ils voient et qu'ils entendent. Car quoique ces choses ne dépendent guère que de la mémoire, cependant il paraît assez qu'ils font beaucoup d'usage de leur raison dans la manière dont ils apprennent leur langue.

(Malebranche, *Recherche de la vérité*, liv. II, ch. viii.)

L'éducation de l'homme commence à sa naissance; avant de parler, avant que d'entendre, il s'instruit déjà. L'expérience prévient les leçons; au moment qu'il connaît sa nourrice, il a déjà beaucoup acquis.

Pourquoi donc l'éducation d'un enfant ne commencerait-elle pas avant qu'il parle et qu'il entende?

(Rousseau, *Émile*, liv. I.)

C'est à l'instant même où l'enfant reçoit le mouvement et la vie, qu'il reçoit ses premières instructions... Quelques mois s'écoulent : ses yeux se dessillent, ses organes se fortifient; ils deviennent peu à peu susceptibles de toutes les impressions. Alors le sens de la vue, de l'ouïe, du goût, du toucher, de l'odorat, enfin toutes les portes de son âme sont ouvertes... Dans ces premiers moments, quels pouvaient être les vrais instituteurs de l'enfance? Les diverses sensations qu'elle éprouve. Ce sont autant d'instructions qu'elle reçoit.

(HELVÉTIUS, *De l'homme et de son éducation*, section I, ch. II.)

Nous naissons ignorants, et notre ignorance nous expose à toutes sortes d'erreurs et de dangers. Cette suite régulière de causes et d'effets, que la sagesse divine a ordonnée, et qui dirige chaque pas de notre vie dans un âge plus avancé, nous est entièrement inconnue jusqu'à ce que l'expérience nous la découvre par degrés.

Comme les leçons de l'expérience précèdent celles de la raison qui ne s'éveille que tard, nous devons tomber dans beaucoup de méprises; mais, dans cette première époque de la vie, la raison ne serait qu'un présent funeste de la nature. Si l'enfant savait réfléchir, et qu'il connût parfaitement sa condition, il ressemblerait à un homme entouré de dangers, au sein des plus profondes ténèbres, et que chaque pas peut précipiter dans un abîme. Que lui conseillerait la raison? De s'asseoir, et d'attendre la clarté du jour.

La raison conseillerait de même à l'enfant de ne rien tenter qu'avec sûreté; or la sûreté est le fruit de l'expérience, et l'expérience est dangereuse : la raison avertit encore de ne point s'exposer au danger, sans des motifs pressants; l'enfant serait donc tourmenté d'incertitudes, et arrêté dans ses progrès.

La nature a suivi une autre marche; elle laisse ignorer à l'enfant le danger, et lui inspire de déployer toutes ses facultés, de tout oser sans attendre les conseils de la raison, et d'ajouter foi à tout ce qu'on lui dit. Il est puni quelquefois de sa témérité, et la raison aurait sans doute prévenu cette souffrance; mais cela même est une discipline salutaire qui lui enseigne la prudence; on abuse aussi de sa crédulité, mais le bien qu'elle lui vaut surpasse de beaucoup le mal qu'elle lui cause. L'activité et la crédulité lui sont plus utiles que la raison, et lui apprennent plus en un jour qu'elle ne lui apprendrait en une année. Gouverné par ce double principe, il amasse, avec sécurité, tous les matériaux dont il aura besoin plus tard ; et sous la bienfaisante influence des lois de sa constitution, il est heureux à cette période de la vie, où la raison ne servirait qu'à le glacer de frayeurs ou à l'embarrasser de délibérations épineuses. Il obéit à la nature même lorsqu'il fait et qu'il croit ce que la raison désapprouve ; en sorte que la sagesse et la bonté de Dieu n'éclatent pas moins à lui refuser l'usage de la raison, qu'à l'accorder à l'homme qui est mûr pour un si grand bienfait.

(Th. Reid, *Essais sur les facultés intellectuelles*, Essai II, ch. xxii.)

La faculté d'observer se manifeste chez les enfants longtemps avant qu'ils aient l'usage de la parole, ou plutôt dès les premiers moments de leur vie ; et lorsque la nature n'est point entravée dans sa marche, cette faculté se maintient jusqu'à la mort dans un état de vigueur et d'activité. L'intention de la nature est donc manifestement que l'observation occupe l'enfance et la jeunesse d'une manière presque exclusive, et que nous fassions par cette voie toutes les acquisitions nécessaires, avant de nous livrer à des spéculations abstraites.

(Dugald Stewart, *Éléments de la philosophie de l'esprit humain*, ch. vi, section vii.)

Je voulus savoir à quel moment remonte le premier enseignement que reçoit l'enfant, et j'acquis bientôt la conviction que la première heure de l'enseignement est l'heure de la naissance. A partir de l'instant où ses sens s'ouvrent aux impressions de la nature, la nature l'instruit.

Ainsi, tout enseignement donné à l'homme consiste uniquement dans l'art de prêter la main à cette tendance naturelle vers son propre développement, et cet art repose essentiellement sur les moyens de mettre les impressions de l'enfant en rapport et en harmonie avec le degré précis de développement auquel il est parvenu. Il y a donc nécessairement, dans les impressions qui doivent lui être communiquées par l'enseignement, une gradation à suivre, et le début et la progression de ses connaissances doivent correspondre exactement au début et à la progression de ses forces, à mesure qu'elles se développent...

L'enfant, de très bonne heure, a donc besoin d'une direction psychologique pour avoir une juste intuition des choses. L'art doit donc intervenir,... l'art, basé sur la psychologie... Ah! que je reposerai bien dans mon tombeau, si je suis parvenu à réunir, dans l'enseignement populaire, la nature et l'art!...

(PESTALOZZI, *Comment Gertrude instruit ses enfants*, Lettre I.)

Pour les enfants, le monde est le nouveau monde, ils y marchent de découverte en découverte, avec cette curiosité sérieuse et infatigable qu'excite la perspective d'un horizon infini.

(GUIZOT, *Lettres*, p. 158.)

C'était l'opinion de Pestalozzi, et cette opinion gagne tous les jours du terrain, qu'il y a une sorte d'éducation qui doit commencer au berceau. Quiconque a vu les yeux grands ouverts d'un petit enfant se fixer sur tout ce qui l'entoure, sait bien que son éducation commence, en fait, de bonne beure, que nous le voulions ou non; et que ses petits doigts qui touchent à tout, qui portent à la bouche tous les objets qu'ils peuvent saisir, servent à faire faire à son esprit les premiers pas dans la voie qui mène à la découverte des planètes invisibles, à l'invention des machines à calculer, à la production des grandes œuvres de peinture, à la composition des symphonies et des opéras. Cette activité des facultés étant dès le début spontanée et irrépressible, la question est de savoir si nous lui fournirons une variété de matériaux sur lesquels elle puisse s'exercer; et à cette question on ne peut faire qu'une réponse affirmative. Toutefois, on peut être d'accord avec la théorie de Pestalozzi, sans être d'accord avec sa pratique.

(M. HERBERT SPENCER, *De l'éducation*, ch. II.)

A quel âge l'éducation[1] doit-elle commencer? Nous la commençons trop tôt si nous gênons le développement des forces nécessaires à la croissance; et même en supposant que cela n'ait pas lieu, nous la commençons trop tôt encore si les impressions que nous voulons produire exigent une dépense de force intellectuelle beaucoup plus grande qu'il n'en faudrait un peu plus tard. Au contraire, nous la commençons trop tard si nous

1. Il s'agit ici spécialement de l'instruction.

laissons passer le moment où des impressions bonnes et utiles pourraient être produites sans le moindre inconvénient pour la santé générale. L'erreur est tout aussi possible dans ce sens que dans l'autre.

Ici, le seul guide possible est l'observation. Il faut d'abord rejeter les cas exceptionnels au point de vue soit de la force, soit de la faiblesse de l'intelligence. Nous savons que bien des enfants ont appris à lire dès l'âge de trois ans, sans que leur santé et leur vigueur en ait souffert le moins du monde. Mais ce que nous ne savons pas, c'est si, en commençant à quatre ou cinq ans, ils ne se seraient pas trouvés aussi avancés à quinze qu'ils le sont après avoir débuté plus tôt.

Cependant si un nombre considérable d'enfants ont commencé à étudier entre trois et quatre ans sans inconvénients constatés, sauf quelques cas accidentels, alors un an plus tard doit être une limite sans danger pour tous, à part les cas exceptionnels. Rien ne prouve qu'il soit nécessaire et utile de retarder jusqu'à six ou sept ans le commencement du travail intellectuel. Il faudrait d'abord qu'il fût démontré d'une façon positive que les enfants qui commencent aussi tard avancent ensuite avec une rapidité qui triomphe de toutes les difficultés.

(M. Bain, *La science de l'éducation*, liv. II, ch. I.)

La différence qui existe réellement (entre le petit enfant et les animaux les plus intelligents) porte sur ce point : ces derniers n'ont ni des notions aussi nombreuses, claires et abstraites, ni des associations d'idées aussi nombreuses et développées qu'elles le sont chez l'enfant, avant même qu'il sache parler. Après qu'il sait parler, il se creuse un abîme tel, que l'être qui, auparavant, égalait presque l'enfant à beaucoup de points de vue, en paraît devenir simplement une déplaisante caricature.

En somme, il faut placer le nourrisson ou l'enfant déjà sevré, arrivé à ce point de développement psychique, au-dessus des animaux intelligents... La période durant laquelle l'enfant est comparable à l'animal au point de vue de l'intelligence dure tout au plus jusqu'à la fin de la première année.

(M. Preyer, *L'âme de l'enfant*, p. 305, 352-353.)

CHAPITRE II

L'ÉDUCATION DES SENS

La première forme de l'éducation intellectuelle. Elle se fait d'abord spontanément, par le contact des objets extérieurs. C'est à l'éducation de tirer parti de ce fait naturel, de diriger la curiosité de l'enfant, de lui rendre l'exercice de chacun de ses sens facile, habituel et instructif. — L'apprentissage du langage rentre, à certains égards, dans l'éducation des sens.

EXTRAITS DE : **Quintilien;**
Érasme ;
Coménius;
Rousseau, Reid;
Mme Necker de Saussure, Fonssagrives, Egger, Bain.

On doit, autant qu'il est possible, présenter toutes choses aux sens qui leur correspondent : que l'élève apprenne à connaître les choses visibles par la vue, les sons par l'ouïe, les odeurs par l'odorat, les saveurs par le goût, les choses tangibles par le toucher.

Les enfants aiment à faire toujours quelque chose. Ils sont semblables aux fourmis, qui vont sans cesse courant çà et là, portant ou traînant quelque chose, rangeant et dérangeant. Il faut les aider et leur montrer comment ils doivent s'y prendre. Qu'on leur donne des jouets, tels que des chevaux de bois, de petits chariots, des maisonnettes, etc. Ils aiment aussi à construire des maisons, avec de l'argile, des copeaux et des pierres. Dès la seconde et la troisième année, ils pourront déjà faire quelques progrès dans ce que nous appelons la mécanique : ils apprennent ce que c'est que courir, sauter, porter une chose d'un endroit à un autre, lever, abaisser, abattre, attacher, courber, redresser, briser, couper, etc. La quatrième et la cinquième année seront toutes remplies de travaux manuels. Il faut les laisser faire tout ce qu'ils auront envie d'essayer et les y aider, comme je l'ai dit, afin qu'il y ait quelque méthode dans ce qu'ils font et que cela leur soit utile pour les choses plus importantes qui viendront plus tard.

(Coménius, *Grande Didactique.*)

Un enfant est moins grand qu'un homme; il n'a ni sa force, ni sa raison : mais il voit et entend aussi bien que lui, ou à très peu près; il a le goût aussi sensible, quoiqu'il l'ait moins délicat, et distingue aussi bien les odeurs, quoiqu'il n'y mette pas la même sensualité. Les premières facultés qui se forment et se perfectionnent en nous sont les sens. Ce sont donc les premières qu'il faudrait cultiver; ce sont les seules qu'on oublie, ou celles qu'on néglige le plus.

Exercer les sens n'est pas seulement en faire usage, c'est apprendre à bien juger par eux, c'est apprendre, pour ainsi dire, à sentir; car nous ne savons ni toucher, ni voir, ni entendre, que comme nous avons appris.

N'exercez pas seulement les forces, exercez tous les sens qui les dirigent; tirez de chacun d'eux tout le parti possible, puis vérifiez l'impression de l'un par l'autre. Mesurez, pesez, comptez, comparez. N'employez la force qu'après avoir estimé la résistance : faites toujours en sorte que l'estimation de l'effet précède l'usage des moyens. Intéressez l'enfant à ne jamais faire d'efforts insuffisants ou superflus. Si vous l'accoutumez à prévoir ainsi l'effet de tous ses mouvements, et à redresser ses erreurs par l'expérience, n'est-il pas clair que, plus il agira, plus il deviendra judicieux?

S'agit-il d'ébranler une masse, s'il prend un levier trop long il dépensera trop de mouvement; s'il le prend trop court, il n'aura pas assez de force : l'expérience peut lui apprendre à choisir précisément le bâton qu'il lui faut. Cette sagesse n'est pas au-dessus de son âge.

Pourquoi ne nous exerce-t-on pas à marcher comme les aveugles dans l'obscurité, à connaître (par le toucher) les corps que nous pouvons atteindre, à juger des objets qui nous environnent?... J'aime mieux qu'Émile ait des yeux au bout des doigts que dans la boutique d'un chandelier.

Êtes-vous enfermé dans un édifice au milieu de la nuit, frappez des mains; vous apercevez, au résonnement du lieu, si l'espace est grand ou petit, si vous êtes au milieu ou dans un coin. A demi-pied d'un mur, l'air moins ambiant et plus réfléchi vous porte une autre sensation au visage. Restez en place et tournez-vous successivement de tous les côtés; s'il y a une porte ouverte, un léger courant d'air vous l'indiquera.

(ROUSSEAU, *Émile*, liv. II.)

Les sens considérés comme source d'instruction sont susceptibles d'un perfectionnement étendu et qui mérite toute l'attention du philosophe; car si nous avons des facultés plus nobles, nous n'en avons pas de plus utiles : tout ce qu'il nous est donné de savoir du monde matériel les suppose, et le philosophe leur doit comme le pâtre la plus grande partie de ses connaissances.

Quelques-unes de nos perceptions peuvent être appelées originelles ou primitives, parce qu'elles n'impliquent point l'intervention de l'expérience; le plus grand nombre sont acquises... L'expérience et l'habitude perfectionnent nos facultés naturelles de perception. Sans ce perfectionnement, elles seraient insuffisantes aux besoins de la vie.

Outre ce perfectionnement que la nature donne à nos facultés perceptives, nous avons des moyens à nous de les améliorer et de corriger leurs défauts. Nous indiquerons les suivants :

1° Veiller à la conservation des organes par lesquels ces facultés s'exercent, et faire qu'ils se maintiennent dans un état sain et naturel : ceci est du ressort de l'hygiène [1].

2° Appliquer fortement son attention aux objets de la perception.

3° Les instruments, inventés par l'art, étendent le champ de nos facultés perceptives.

4° Un quatrième moyen de perfectionner nos sens consiste à découvrir les rapports que la nature a établis entre les qualités sensibles et les qualités cachées des objets.

J'entends par qualités sensibles des corps celles que nous percevons immédiatement, telles que la figure, les couleurs, les sons, les saveurs, les odeurs, les différents degrés de résistance.

1. Rapport entre l'éducation intellectuelle et l'éducation physique.

Les qualités cachées sont celles que nous ne percevons pas immédiatement par les sens, et dont nous devons la découverte tantôt au hasard, tantôt à l'expérience et à l'observation... Cette connaissance est le fondement de la médecine, de l'agriculture, et de tous les arts utiles... Linné a essayé de déterminer les qualités sensibles qui peuvent indiquer avec probabilité qu'une plante est vénéneuse, à quelque genre qu'elle appartienne. Il a cité plusieurs exemples où certaines vertus médicales et économiques des plantes sont caractérisées par des signes extérieurs. Newton a pensé que la couleur des corps pourrait nous conduire à des conjectures probables sur la grandeur des molécules qui les composent et qui réfléchissent les rayons de la lumière.

Il y aurait de la témérité à assigner des limites à ce vaste champ.

(Th. Reid, *Essais sur les facultés intellectuelles*, Essai II, ch. xxi.)

Un sens est un enfant à élever. Il a une valeur native qui varie suivant les dispositions originelles et héréditaires, mais cette valeur est une quantité essentiellement mobile; elle augmente ou diminue suivant l'éducation de ce sens, suivant aussi l'usage raisonnable ou indiscret qu'on en fait.

L'éducation d'un sens est complexe comme celle d'un enfant: elle a son côté physique, comme elle a son côté intellectuel, comme son côté moral. La comparaison se soutient sans effort sous ce triple point de vue. Il faut maintenir l'instrument dans son intégrité, et l'on n'y parvient qu'à la double condition que, inaltéré dans sa structure, il trouve aussi dans une bonne santé générale les conditions dont il a besoin pour un fonctionnement régulier. L'instrument agissant bien, il faut aussi que l'esprit apprenne par l'éducation à élaborer les impressions qu'il lui apporte; c'est l'éducation intellectuelle du sens. Reste enfin à le mettre au service de l'ordre moral et de la justice, en faisant tourner au profit du bien et du beau la sagacité qu'il a acquise. N'avais-je pas raison de dire tout à l'heure qu'un sens est un enfant à élever? Santé, instruction, éducation, constituent des deux côtés un faisceau commun d'intérêts.

(Fonssagrives, *Éducation physique des garçons*, p. 227-230.)

On parle beaucoup d'exercer les sens et de faire leur éducation, sans bien définir ce que l'on entend par là. Ici encore, il y a une éducation générale qui convient à tous, et une éducation spéciale pour certains arts. Exercer un sens, c'est accroître sa facilité naturelle de discernement : ainsi on apprend à distinguer les nuances les plus délicates de couleur, de ton, d'odeur, de goût, et de sensations fournies par le toucher. Un artiste qui s'occupe de couleurs commence par s'exercer à en bien distinguer toutes les différences ; un musicien, un orateur arrive par l'exercice à acquérir une grande délicatesse d'oreille ; un cuisinier fait l'éducation de son palais. Telle est la signification la plus précise de l'expression « éducation des sens ». Cette faculté supérieure de saisir les nuances des sensations donnera une meilleure mémoire pour tout ce que l'on peut voir, entendre et goûter, de sorte que la faculté concrète de conception se trouvera en même temps accrue.

L'éducation première des sens, telle qu'on la conseille et qu'on la pratique ordinairement, peut donner plusieurs résultats différents. Elle peut augmenter chez eux la faculté de discerner les nuances des couleurs ; elle peut également développer chez eux l'aptitude à distinguer les formes et les grandeurs visibles, de manière à leur donner un sentiment plus délicat des grandeurs et des propriétés des objets. On veut par là jeter les bases de trois talents au moins : premièrement, de celui de juger avec exactitude et par les yeux des couleurs, des formes et des dimensions des objets ; secondement, de celui d'arranger les couleurs et les formes en groupes symétriques, de manière à satisfaire le goût artistique ; troisièmement enfin, de celui de comprendre les figures géométriques.

L'éducation mécanique comprend l'adaptation des organes à tous les actes de la vie ordinaire, et l'éducation spéciale en vue d'aptitudes spéciales. L'éducation spontanée de l'enfant commence l'œuvre, que l'imitation et l'instruction viennent achever... Une des idées de la théorie de l'éducation première donnée aux enfants dans les *Kindergartens*, est évidemment de développer en eux les talents manuels, c'est-à-dire de leur apprendre de bonne heure à se servir de leurs mains. Sans parler de tel ou tel art spécial, on sait que tout le monde n'a pas la même adresse manuelle dans toutes les petites circonstances de la vie, et que c'est un grand avantage d'être adroit. Toutefois, c'est là un point dont le maître d'école ne doit s'occuper qu'en vue de son enseignement régulier. Si les enfants prennent intérêt à une occupation manuelle, ils y deviendront adroits; mais ce serait une erreur que de permettre à leur esprit d'être absorbé par des travaux inférieurs, au détriment d'occupations plus élevées.

(M. Bain, *La science de l'éducation*, liv. I, ch. VII.)

L'apprentissage du langage.

Faites choix de nourrices vertueuses et sages; savantes, comme le veut Chrysippe, c'est beaucoup demander; du moins que leur langage soit irréprochable. Car il faut que les enfants apprennent à parler d'une manière pure et correcte; or les premières impressions ne s'effacent pas. Un vase qui n'a pas encore servi garde le goût de la liqueur qu'on y a versée la première, et la laine une fois teinte ne retrouvera jamais sa blancheur première.

(Quintilien, *L'éducation de l'orateur*, liv. I, ch. I.)

L'homme se distingue des autres êtres non seulement par la raison, mais par la parole. Or, il y a nombre d'humains qui semblent ne pas employer la voix humaine, mais aboyer avec les chiens, hennir avec les chevaux, grogner avec les porcs, meugler avec les bœufs, glapir avec les renards, rugir avec les léopards, gémir avec les ours, braire avec les ânes, bêler avec les moutons, croasser avec les corbeaux, siffler avec les oies, reproduire le cri strident de la cigale, celui de l'éléphant, du chameau, du sanglier, celui de la pie, de la cigogne, de la corneille, en un mot de toute espèce d'animal plutôt que la voix de l'homme. Une bonne prononciation donne du prix au discours, à tel point que, deux personnes disant les mêmes choses, mais l'une prononçant bien et l'autre mal, il semble qu'il s'agisse de choses toutes différentes.

Or, il n'est jamais trop tôt pour commencer l'éducation et l'instruction, dans des matières pour lesquelles la nature a formé l'homme. Le langage est de ce nombre. L'enfant est naturellement porté à reproduire les sons qu'il entend, c'est un plaisir pour lui, à tel point qu'il reconnaît les gens à la voix avant de les reconnaître à leur visage. Eh bien, étant donnée la ténacité des premières impressions, les enfants garderont toute leur vie les caractères du parler auquel ils se sont dès lors accoutumés. Il faut donc les confier à des maîtres capables de leur apprendre à bien parler, à bien prononcer.

(Érasme, *De la bonne prononciation*; Œuvres, t. I, p. 764, 765.)

Des facultés physiques, tout aussi remarquables dans leur genre que les facultés morales, contribuent à faciliter à l'enfant l'apprentissage du langage.

Avec quel plaisir, quelle étonnante rapidité, l'enfant n'avance-t-il pas dans cette étude, une fois qu'il en a franchi les premiers pas! Tous les jours il se sert de termes nouveaux, il s'engage dans de plus longues phrases. L'amusement qu'il trouve à parler est intarissable. Quand il voit une chose qui l'intéresse, il répète vingt fois qu'il la voit, avec une satisfaction dont nous n'avons pas l'idée. Il se raconte à lui-même ce qui le frappe; le pouvoir qu'il a de prolonger ainsi son impression le ravit, et une fierté mêlée de joie éclate dans ses yeux. Si c'est la difficulté d'articuler les sons qui l'arrête, il se tourmente, devient rouge, jusqu'à ce que le mot ait pris l'essor. Au commencement, il se contente à peu de frais, mais peu à peu il devient plus difficile.

Il semble donc qu'il y a une disposition particulière de la Providence pour que l'enfant puisse apprendre à parler.

La facilité à s'exprimer, qui est très inégale chez les enfants, n'est point généralement proportionnée à leur intelligence. Souvent une élocution agréable et rapide ne procure autre chose que le talent de retenir des phrases faites, tandis qu'une manière de parler plus laborieuse et moins régulière dénote un travail intérieur, et le soin de confronter l'expression avec la pensée. Ce dernier cas n'est pas celui où il y a le moins à espérer de l'avenir, non que la mémoire des mots ne soit en elle-même une faculté précieuse, mais parce qu'elle dispense souvent de la combinaison des idées ceux qui n'ont pas un goût particulier pour cet exercice d'esprit.

L'habitude de parler correctement la langue maternelle sera toujours la plus essentielle pour les enfants. Une faute qui, pour ne pas être grave, n'en est pas moins très difficile à réparer en éducation, c'est celle de négliger à cet égard l'emploi des dons si particuliers du premier âge. Les anciens n'avaient pas ce tort à se reprocher, et les soins qu'ils donnaient dès le berceau à l'énonciation paraîtraient actuellement minutieux et pédantesques. Mais dans les pays surtout où la prononciation est vicieuse et où les locutions le sont souvent, des soins pareils seraient un correctif heureux au mauvais effet de l'exemple. Il ne s'agit pas seulement ici d'un agrément; ce qui tient au plus puissant moyen d'influer sur l'imagination ne saurait être envisagé comme frivole. Le langage est l'extérieur de l'âme, et quel empire sur le bonheur et la moralité des autres n'exerce-t-on pas par ce moyen!

(Mme Necker de Saussure, *L'éducation progressive*, liv. II, ch. vi.)

Le travail intellectuel, chez l'enfant, est très actif, son langage suit ce travail, avec une facilité d'invention qui déroute quelquefois notre attention la plus sagace. Marie s'évertue par moments à me *dire* des choses que je ne comprends pas; elle s'impatiente, s'irrite de ma maladresse. Si, par bonheur, je viens à la deviner, ce sont des transports de joie. Quand un des signes de son langage enfantin, à force d'être répété, est devenu volontaire, quand elle le reproduit constamment à son gré, il ne tiendrait qu'à moi de me l'approprier aussi, puisque je le comprends, et, si je l'employais toujours pour les mêmes idées que l'enfant, celle-ci n'apprendrait jamais le français; elle ne saurait que sa propre langue.

Comment donc s'opère la transition de ce langage de l'enfance, langage déjà artificiel, mais encore purement individuel, au langage national, véritable instrument de sociabilité?

L'enfant trouve autour de lui une société toute faite, avec un vocabulaire tout fait. Cette société ne reconnaît pas qu'il *parle* tant qu'elle ne l'entend que bégayer son langage enfantin. *Faire parler* un enfant, pour elle, c'est lui faire dire à propos les mots que disent *les grandes personnes* pour exprimer leurs sentiments et leurs idées. Comme je veux que ma fille parle français et n'inspire pas trop longtemps à ceux qui l'écoutent la torture de deviner ses petits mots à elle, je lui impose la fatigue de s'approprier notre langue. Au son par lequel elle désignait arbitrairement tel objet d'un usage familier, je la force à substituer celui que nous employons. Cela n'est pas toujours aisé pour elle ; il ne lui suffit pas de m'entendre pour suivre mon exemple ; ce son que je lui impose, qu'elle entend, qu'elle comprend assez pour m'obéir quelquefois et accomplir l'acte ou apporter l'objet désigné, ce son, elle ne peut le reproduire qu'à deux conditions : 1° c'est que son organe vocal soit assez développé pour le bien articuler ; 2° c'est que, l'ayant articulé souvent, elle s'en soit emparé, en quelque sorte, qu'elle l'ait soumis à son commandement et qu'elle puisse le renouveler à volonté.

S'il y a, même pour l'homme fait, certains actes organiques qui sont difficiles ou impossibles, parce que sa volonté ne parvient pas à s'emparer sûrement des ressorts par lesquels ces actes se produisent, cette infirmité doit être bien plus grande chez l'enfant. L'enfant nous entend dire *confiture*, *armoire*, etc. ; il a peut-être déjà prononcé mille fois les syllabes dont ces mots se composent ; mais les actes par lesquels il les a prononcés ne sont pas encore tombés sous l'empire de sa volonté : il *veut* les reproduire, il ne *peut* pas. Il essaye, il tâtonne. Il n'y réussit que très lentement, d'autant plus lentement qu'il a une invincible tendance à faire lui-même son propre langage, et que, pour lui, *apprendre le nôtre* c'est *désapprendre le sien*. Double effort, double fatigue. Conbien est laborieuse cette prétendue oisiveté des premières années !

(EGGER, *Observations*, 1re partie.)

CHAPITRE III

L'ATTENTION

L'attention chez l'enfant. Mesure à garder dans l'effort qu'on exige. Moyens de culture. Commencer par appliquer l'attention de l'enfant aux objets qui l'intéressent. Les progrès du langage en rapport avec ceux de l'attention. Dispositions défavorables à l'attention : la paresse de l'esprit ou l'excès de vivacité; moyens de les combattre.

EXTRAITS DE : **Fénelon, Mme de Maintenon; Mme Necker de Saussure, Guizot.**

Le cerveau des enfants est comme une bougie allumée dans un lieu exposé au vent. Sa lumière vacille toujours. L'enfant vous fait une question; et avant que vous répondiez, ses yeux s'élèvent vers le plancher, il compte toutes les figures qui y sont peintes, ou tous les morceaux de vitres qui sont aux fenêtres : si vous voulez le ramener à son premier objet, vous le gênez comme si vous le teniez en prison. Ainsi, il faut ménager avec grand soin les organes, en attendant qu'ils s'affermissent; répondez-lui promptement à sa question, et laissez-lui en faire d'autres à son gré. Entretenez seulement sa curiosité, et faites dans sa mémoire un amas de bons matériaux. Viendra le temps qu'ils s'assembleront d'eux-mêmes.

(FÉNELON, *De l'éducation des filles*, ch. v.)

Je ne dis pas qu'on n'oblige point les enfants d'apprendre tout ce qu'il faut qu'ils sachent, parce que cela leur fait de la peine, mais je ne voudrais pas qu'on en fût étonné, qu'on les pressât trop, qu'on ne leur donnât jamais de relâche, ou qu'on jugeât qu'une fille est légère parce qu'elle sort volontiers de son banc, ou qu'après avoir lu quelques lignes, elle regarde un oiseau qui vole. Cette vive vaudra peut-être mieux qu'une sournoise qui vous paraît plus sage. Ce n'est pas même parler juste de dire qu'elle est légère, car cette joie, cette vivacité, ce pétillement des enfants qui fait qu'ils ne peuvent demeurer en place, est un effet de la jeunesse : on est ravi de se sentir jeune, d'avoir de la santé, on n'a rien dans l'esprit; si quelque chose fâche, cela ne dure guère.

(Mme de Maintenon, *Lettres et Instructions*, t. II, p. 117.)

Les premiers et les principaux efforts de l'éducation intellectuelle tendent à rendre les enfants toujours plus capables d'attention.

A son premier éveil, l'attention est involontaire, une seule sensation vive peut occuper l'âme entière et empêcher les autres sensations de lui parvenir. Ainsi une musique agréable, un objet frappant suspendent toute autre impression chez les petits enfants et souvent encore chez les hommes. Il ne semblerait pas que l'éducation dût avoir rien à faire avec un exercice aussi naturel de l'attention, et cependant il n'en est pas ainsi. J'ai déjà recommandé qu'on fît régner le calme autour du nouveau-né, afin que les impressions qu'il reçoit par les sens fussent distinctes et bien prononcées, sans avoir besoin d'être trop fortes. Ce degré inférieur d'attention décide en effet du suivant; quand il n'y a pas eu d'attention involontaire, il n'y en a pas de volontaire non plus. Si l'enfant regarde vaguement, s'il écoute avec distraction, il y aura quelque chose de vacillant et dans sa propre existence et dans toutes les notions qu'il pourra se former. La confusion de ses perceptions passera dans son langage. Comme les idées sensibles servent pour ainsi dire de moule aux idées morales, comme tous les termes abstraits ont une racine matérielle, et ne deviennent intelligibles qu'en suscitant des images d'objets réels, l y a peu à espérer d'un enfant qui n'a pas commencé par se former des représentations nettes des choses.

Faire sortir chaque objet du brouillard qui l'enveloppait, est l'éducation du premier âge. L'univers est d'une seule pièce pour le petit enfant et pour l'animal. Il s'agit de tout détacher, de tout isoler au moyen d'une attention concentrée. Les impressions grossies et fixées sont alors les sources de l'intérêt qui donne le mouvement et la direction à la pensée.

Cela reste vrai durant le cours entier de l'enfance. Les mobiles de tout exercice libre de l'esprit, ce sont les goûts, c'est l'intérêt inspiré par certains objets, c'est le plaisir enfin, seule nécessité de cet âge. D'autres ressorts sans doute agiront plus tard, mais ceux-là n'ont pas encore de force par eux-mêmes, il faut que nous les fassions encore voir... Attachez-vous à exciter ces goûts et ces intérêts qui sont des mobiles pour l'esprit. Une fois qu'il prendra plaisir à sa propre action, vous le dirigerez aisément vers les objets qui répondront le mieux à vos vues.

Une faute qu'on commet souvent, c'est d'exiger les premiers efforts d'une attention qui n'a pas encore été exercée, en l'appliquant à des objets tout à fait étrangers aux goûts de l'enfant. Vous n'avez jamais rien fait examiner à votre fils, et tout à coup vous lui demandez de distinguer un A d'un B, chose qui ne l'intéresse pas le moins du monde. Comme il est pour vous deux difficultés, l'une de fixer son attention sur quoi que ce soit, l'autre de l'occuper des objets qui n'ont nulle chance de lui plaire, il faudrait les surmonter séparément. Engagez-le d'abord à considérer dans la nature mille détails propres à l'amuser; montrez-lui des formes connues, des marteaux, des coupes, des casques dans la configuration de certaines fleurs; inventez des arrangements qui fassent ressortir ces figures, puis exercez-le à reconnaître dans des gravures les choses qui auront fixé ses regards. Quand il s'amusera à en retrouver les moindres traits, il aura passé par les gradations qui lui faciliteront l'apprentissage de la lecture.

(Mme Necker de Saussure, *L'éducation progressive*, liv. V, ch. i.)

C'était déjà un moyen de fortifier cette faculté (l'attention) que d'engager l'enfant à observer les faits avec exactitude; mais il n'y a encore là qu'un premier pas. Pour juger que ce pas a été fait, et pour en provoquer d'autres, il devient nécessaire de soigner chez lui l'emploi du langage, véritable instrument de la réflexion et du raisonnement.

Le langage en effet ne nous sert pas seulement à transmettre nos idées au dehors, il les arrête, il les fixe au dedans de nous, il les met à notre disposition, en quelque sorte. La facilité qu'acquiert notre intelligence à se servir de mots dans ses plus secrètes opérations, paraît se lier au pouvoir de diriger ces opérations mêmes; ces deux développements du moins se manifestent à la fois. Dès qu'il en est ainsi, l'enfant jouit du plus grand privilège de l'humanité, celui de gouverner son attention.

Ce qui distingue l'homme de la brute, selon Kant, c'est l'influence de sa volonté sur ses pensées. Les animaux pensent, dit-il, malgré eux; telle suite d'idées se forme sans leur consentement dans leur cerveau, et ils en subissent l'action sans la diriger comme sans chercher à s'y soustraire. L'homme, au contraire, peut donner cours à telle suite d'idées plutôt qu'à telle autre, et en faire volontairement le sujet de son examen. L'éducation intellectuelle, qui accoutume l'enfant à maîtriser de plus en plus son attention, lui rend donc d'abord un service immense, un service qui s'étend presque sur le domaine de la moralité. Nous ne sommes point assez convaincus du pouvoir que nous pourrions exercer sur nos pensées; ce pouvoir existe cependant. Il n'est aucun moment où un appel un peu vif à notre attention ne la trouve prête à répondre. Elle est donc à nos ordres plus que nous ne croyons. Si l'enfant apprenait à l'exciter, à la soutenir en la dirigeant vers les idées les plus salutaires, il aurait le secret de cet empire sur soi-même auquel nous ne sommes que trop sujets à renoncer.

Les progrès de l'esprit d'examen s'unissent très aisément chez l'enfant avec ceux qu'il fait dans l'art de parler. Avide comme il l'est de sympathie, il ne demande pas mieux que de communiquer ses observations... Parvenu à ce point, un exercice utile pour lui est celui des descriptions pures et simples. En questionnant l'enfant sur ce qu'il voit, on l'oblige à bien regarder et à énoncer avec précision ce qu'il remarque... Les questions ont la double utilité de faire porter l'attention sur le sujet de l'interrogation et sur les mots dont on se sert pour y répondre. Cela seul suppose déjà la réflexion.

(Mme Necker de Saussure, *L'éducation progressive*, liv. V, ch. ii.)

La faiblesse de l'attention dans l'enfance tient ordinairement à l'une ou à l'autre de deux causes opposées, à la paresse ou à la trop grande ardeur de l'esprit; ces deux dispositions ne sauraient être traitées de la même manière. Un esprit indolent et paresseux se plait à errer sur une multitude d'objets; comme pour s'arrêter il aurait à faire un effort, il se laisse aller à ces faciles associations d'idées qui, loin de le contraindre à tourner autour d'un même point, ce qui le fatiguerait, le font glisser doucement sur une longue suite d'objets divers, mais liés entre eux, dont il ne sent et ne voit que la surface. On devine sans peine que la qualité qui manque à une attention disposée à agir de la sorte, et qu'il faut lui donner, c'est l'*exigence*. En retenant l'attention sur un seul et même objet, en l'obligeant à le considérer fixement et sous divers points de vue, on diminuera cette disposition vagabonde qui lui ôtait sa force en lui donnant le plaisir de s'occuper sans avoir pour ainsi dire besoin d'agir. Les esprits de ce genre sont ceux dont il faut le moins étendre et disséminer les études : plus on agrandit le champ qu'on leur fait parcourir, plus on diminue le degré d'attention qu'ils donnent à chaque pas; on entretient leur jeune tête dans un état presque continuel de rêverie, singulièrement propre à augmenter son indolence. Arrêtez-les au contraire sur un seul point, contraignez-les à y concentrer toute leur attention, et vous leur ferez prendre une habitude dont l'heureux effet contre-balancera ou du moins affaiblira leur disposition naturelle. Cette disposition a un avantage dont vous pourrez profiter; elle s'allie presque toujours à la patience, qualité très favorable à l'observation : aussi n'aurez-vous aucune peine à rendre *patiente* cette attention que vous voulez rendre exigeante et difficile : vous ne la presserez point, car vous n'avez pas à craindre que le temps qu'elle emploie à l'examen d'un seul objet la rebute ou la fatigue; sa pente actuelle est la lenteur; permettez-lui de la suivre. Vous aviez à combattre son indolence; il fallait la contraindre à se fixer, à agir; dès que vous y êtes parvenu, laissez-la agir et se fixer à sa manière : vous êtes trop heureux d'avoir trouvé à côté d'un défaut dangereux, tel que la paresse, une excellente qualité, la patience.

Avez-vous à lutter contre la disposition contraire, contre une excessive vivacité d'esprit? des phénomènes correspondants s'offriront à vous, bien qu'en sens opposé. Ce n'est plus de l'*exigence* que vous avez principalement besoin de donner à une attention empressée, quoique mobile : quand elle ne s'arrête pas assez longtemps sur le même objet, ce n'est pas qu'elle redoute la fatigue d'un examen approfondi; c'est qu'elle est attirée ailleurs par quelque impression plus vive. Elle ne se laisse pas aller à des associations d'idées lointaines; elle est ébranlée, distraite, saccadée, à chaque instant, par les objets qui l'environnent, et sur lesquels elle est appelée tour à tour par le désir de jouir ou de connaître. Vous devez donc tâcher de la rendre *patiente* et *soutenue*, afin de ne pas laisser perdre en efforts jetés au hasard cette activité qui produira les plus beaux effets si elle se concentre. Pour l'y engager, servez-vous de la curiosité, de l'ardeur qui se joignent à cette disposition; combattez la distraction, c'est-à-dire des impressions nouvelles et étrangères, en présentant à ce jeune esprit d'une manière vive, nouvelle et saillante, chaque point de vue de l'objet que vous voulez lui faire examiner dans son entier. Que votre instruction soit rapide, animée; excitez sa curiosité pour retenir sa mobilité et soutenir sa patience : votre méthode fournira ainsi à son ardeur naturelle assez d'aliments pour qu'il n'aille pas chercher de quoi la satisfaire hors du sujet dont vous l'occupez.

Ce qui empêche les enfants de faire attention, c'est ou la fatigue que ce travail leur cause, ou la distraction qui appelle ailleurs cette faculté. Quand elle est fatiguée, n'espérez pas de rien gagner en cherchant à l'exercer encore : le dégoût viendra à la suite de la lassitude, et une aversion volontaire se joindra à une incapacité réelle. Quand l'attention est errante et mobile, ne croyez pas que vous la retiendrez en lui ordonnant de se fixer : les enfants ont sur le jeu de leurs facultés intellectuelles moins d'empire que les hommes; et qui de nous pourrait se vanter de savoir maîtriser son attention selon l'ordre qu'il en recevrait? L'attention se fatigue lorsqu'elle est trop faible pour suffire à la tâche qu'on lui impose; elle se promène au hasard lorsque les objets qui se présentent à elle ont plus d'attraits que celui sur lequel on voudrait la retenir : proportionner son devoir à sa force, et rendre l'objet sur lequel elle s'exerce assez intéressant pour l'occuper tout entière, de sorte que les objets étrangers n'aient plus de prise sur elle, tels sont donc les moyens d'atteindre le but qu'on doit se proposer en la dirigeant, c'est-à-dire de la fortifier et de la fixer.

(GUIZOT, *Méditations et études morales*, Comment on peut remédier à l'inégalité des facultés.)

CHAPITRE IV

LA MÉMOIRE ET L'ASSOCIATION DES IDÉES

I. *La mémoire.* — Nécessité de l'exercice pour le développement de la mémoire. Cultiver à la fois la mémoire et le jugement. Qualités qu'il faut développer dans la mémoire. Secours qu'elle reçoit de l'habitude de classer les idées. Conditions physiques et extérieures favorables au travail de la mémoire.
II. *L'association des idées.* — Importance de cette faculté au point de vue intellectuel et au point de vue moral. Secours qu'elle prête à la mémoire.

EXTRAITS DE : **Quintilien;**
Érasme;
Mme de Maintenon;
Kant, D. Stewart, Élisabeth Hamilton;
Maine de Biran, Bain.

I. — La mémoire.

Quelques-uns ont pensé que la mémoire est un pur don de la nature. Sans doute, la nature y est pour beaucoup, mais la mémoire s'accroît par la culture comme toutes les autres facultés... Toute éducation serait impossible sans elle; en vain nous apprendrions, si tout ce que nous avons appris nous échappait aussitôt.

Si l'on me demande en quoi consiste la culture de la mémoire, je répondrai que c'est dans l'exercice et le travail : apprendre beaucoup, réfléchir beaucoup, et autant que possible tous les jours, rien de plus efficace.

(QUINTILIEN, *L'éducation de l'orateur*, liv. XI, ch. II.)

Les premiers éléments exigent particulièrement le travail de la mémoire qui, chez les enfants, est prodigieusement tenace.

(ÉRASME, *De l'éducation précoce et libérale*, p. 421.)

6.

La plupart retiennent plutôt par mémoire qu'elles ne comprennent ce qu'elles entendent : une preuve de cela, c'est que ces mémoires prodigieuses, qui savent tant de choses par cœur, ne peuvent rapporter ce qu'il y a de principal dans une lecture qu'on leur fait, au lieu qu'on en voit d'autres qui apprennent difficilement et qui redisent d'une manière fort juste les meilleurs endroits de l'instruction et des lectures qu'elles ont entendues. C'est une marque que les premières ont plus de mémoire que de jugement, et les secondes plus de jugement que de mémoire, et en cela elles leur sont préférables.

(Mme de Maintenon, *Lettres et Entretiens*, t. II, p. 231.)

La sentence : *Tantum scimus quantum memoria tenemus*, a sans doute sa justesse, et la culture de la mémoire est très nécessaire. Les choses sont tellement ordonnées, que l'entendement ne vient qu'à la suite des impressions sensibles, et que la mémoire doit les garder. C'est, par exemple, ce qui se passe dans le langage... On enseigne très bien aussi la géographie par un certain mécanisme. La mémoire a une prédilection spéciale pour ce mécanisme qui a sa grande utilité encore dans une foule de cas.

Il faut cultiver la mémoire de bonne heure, mais sans jamais négliger l'entendement.

La mémoire est cultivée : 1° par le souvenir des noms qui se rencontrent dans les récits ; 2° par la lecture et l'écriture ; mais la lecture doit être faite de tête, et non machinalement et comme en épelant ; 3° par l'étude des langues, qu'il faut enseigner aux enfants par l'ouïe avant même qu'ils puissent lire.

(Kant, *De la pédagogique*, § 36, 37.)

Trois qualités constituent ce que l'on peut appeler une bonne mémoire. Elle doit être en premier lieu facile, pour apprendre ; en second lieu, tenace ; et troisièmement enfin, prompte au rappel.

Il est rare que ces trois qualités se trouvent réunies dans le même individu. On rencontre souvent des mémoires qui ont tout à la fois la facilité pour apprendre et la promptitude au rappel ; mais je doute qu'en général de telles mémoires soient tenaces. En effet, la facilité et la promptitude dépendent du penchant à associer les idées par les relations qui s'offrent à l'esprit d'elles-mêmes. Au contraire, la ténacité de la mémoire dépend d'une disposition presque toujours en opposition avec la précédente; je veux dire d'un esprit systématique, d'un goût et d'une habitude d'arranger nos idées philosophiquement.

(Dugald Stewart, *Eléments de la philosophie de l'esprit humain*, ch. VI, sect. II.)

Le perfectionnement dont l'esprit humain est susceptible, et qui dépend de la culture, est plus remarquable peut-être à l'égard de la mémoire qu'à l'égard des autres facultés dont il est doué. On a souvent remarqué ce fait d'une manière générale; mais je ne sais si les philosophes ont observé avec l'attention requise la manière dont la culture opère ces grands effets.

Il y a sans doute une sorte de culture dont la mémoire est susceptible, et dont il est impossible de donner une explication satisfaisante. Je veux parler de l'amélioration de cette faculté par le seul effet de l'exercice; ou en d'autres termes, de la plus grande facilité d'associer nos idées, que la pratique produit en nous. L'effet de la pratique sur la mémoire paraît une loi primitive de notre nature, ou plutôt un cas particulier de cette loi générale, en vertu de laquelle toutes nos facultés du corps et de l'âme se fortifient en s'appliquant à l'objet auquel elles ont été destinées.

Mais indépendamment des progrès dont la mémoire est susceptible par l'effet que produit l'exercice sur cette faculté primitive, elle peut être aidée dans ses opérations par certains procédés que la raison ou l'expérience suggèrent et au moyen desquels on l'emploie avec plus de succès.

L'habitude de classer et d'ordonner les idées est la principale source des progrès dont la mémoire est susceptible... Les avantages qui résultent pour la mémoire d'une bonne classification de nos idées seront mieux compris, si l'on fait attention aux effets que produit cet ordre dans la conduite des affaires communes de la vie. Dans quelle confusion inextricable un marchand ou un homme d'affaires ne se trouverait-il pas enveloppé, s'il plaçait au hasard dans son bureau ou dans son cabinet tous les titres et tous les papiers qui passent par ses mains? La force naturelle de sa mémoire ne pourrait, quelque grande qu'on la suppose, suffire seule à prévenir cette confusion. Au contraire, lorsque ces divers papiers ou documents sont bien distribués, lorsqu'ils sont rangés sous un petit nombre de chefs ou d'étiquettes générales, une mémoire médiocre suffit pour les faire retrouver et opère beaucoup plus sûrement que ne pourrait faire une mémoire plus forte privée d'un tel secours. On sait où il faut chercher chaque pièce, et la place qu'elle doit occuper, si réellement on la possède. La recherche est donc contenue dans d'étroites limites au lieu de se répandre dans un chaos d'objets sans rapports qui la faisait paraître désespérée.

Ce n'est pas tout. Si l'on veut retenir ce qu'on sait, et le retenir d'une manière distincte et permanente, il faut le rappeler souvent à son souvenir. Mais comment opérer ce rappel sans un ordre et un arrangement méthodique? ou, en supposant qu'on pût l'opérer sans ce secours, que de temps et de peine ne faudrait-il pas pour passer en revue les objets si variés de nos connaissances, en les envisageant en détail et d'une manière isolée! Ce temps et ce travail diminuent à mesure qu'on réduit ces objets en système. L'esprit est habituellement occupé, non de faits détachés, mais de principes généraux en beaucoup plus petit nombre. Il peut à l'aide de ceux-ci, et dès que l'occasion le requiert, se rappeler une infinité de faits particuliers qui leur sont associés, et dont chacun, envisagé comme une vérité isolée, aurait été pour la mémoire un fardeau tout aussi pénible que peut l'être le principe général qui les renferme tous.

(Dugald Stewart, *Éléments de la philosophie de l'esprit humain*, ch. VI, section III.)

La mémoire mécanique roule dans la sphère uniforme des mouvements articulés.

(Maine de Biran, *Influence de l'habitude sur la faculté de penser*, p. 200 [1].)

1. Nous ne reproduisons pas ici un morceau remarquable du même philosophe sur la mémoire, et que nous avons cité dans notre *Pédagogie* (5e édition), Éducation intellectuelle, ch. IV.

Bien que ce sujet n'ait pas encore été suffisamment étudié, les faits déjà connus semblent nous autoriser à affirmer que la fonction plastique ou rétentive est *la plus haute énergie* du cerveau, le comble de l'activité nerveuse. Pour enraciner une tendance nouvelle, pour mettre une impression en état de se suffire à elle-même et de se reproduire à volonté, nous sommes en droit de supposer qu'il faut consommer plus de force nerveuse que pour toute autre espèce d'exercice intellectuel. Les moments propices à l'accumulation des connaissances par la mémoire, à la formation des habitudes et des acquisitions nouvelles, sont donc ceux du maximum de force en réserve [1].

On peut admettre qu'aux premières heures de la journée, l'énergie totale de l'organisme est à son maximum, tandis qu'elle baisse vers le soir; ainsi la matinée est le moment des acquisitions intellectuelles. Pendant les deux ou trois heures qui suivent le repas du matin, la force de l'organisme est probablement à son maximum; un repos complet d'une heure ou deux et un second repas, suivi d'exercice physique, lorsque le travail a été sédentaire, préparent le cerveau à un nouvel effort, qui ne vaudra probablement pas le premier, si ce n'est dans la jeunesse; enfin, quand la vivacité de ce second mouvement sera émoussée, il pourra y avoir, après un temps de repos, une troisième phase d'application, mais avec des résultats bien inférieurs à ceux de la première ou même de la seconde.

(M. Bain, *La science de l'éducation*, liv. I, ch. III.)

Apprendre par cœur est une expression qui désigne l'action d'apprendre ou d'acquérir les connaissances qui semblent ne pas exiger l'exercice des facultés plus élevées auxquelles nous donnons les noms de raison et de jugement : par exemple, les noms, les listes de mots dans la grammaire et dans l'étude des langues en général. De même, les événements dont nous avons

1. L'auteur considère ici la mémoire dans ses rapports avec les facultés d'acquisition de l'intelligence; par conséquent la dépense de force intellectuelle et cérébrale dont il parle porte, non seulement sur le plus ou moins de difficulté de retenir des notions acquises, mais encore et surtout sur la difficulté de les acquérir. Un élève peut comprendre plusieurs théorèmes de géométrie, cela ne suffit pas, il faut qu'il les retienne, ce qui exige un effort beaucoup plus considérable. C'est le rôle sérieux de la mémoire.

été témoins se gravent dans notre mémoire, par le seul fait qu'ils ont attiré notre attention. Nous savons aussi qu'une grande partie de la première éducation des enfants consiste à retenir la disposition ordinaire des objets, au milieu desquels ils vivent habituellement. Enfin, les rapports les plus simples de cause à effet ne sont d'abord saisis que par l'action de la mémoire.

Pour rendre ces acquisitions plus rapides, il faut remplir certaines conditions que nous avons déjà indiquées, comme étant les conditions de la rétentivité ou mémoire. Lorsqu'on les remplit, on dit quelquefois qu'on exerce, qu'on cultive la mémoire. Alors se pose naturellement cette question : Pouvons-nous par quelque artifice cultiver ou fortifier la mémoire, ou la faculté de rétentivité dans son ensemble? Nous pouvons acquérir des connaissances, c'est là un fait admis. Pouvons-nous fortifier ou accroître la faculté naturelle d'acquisition? Sans doute, et l'on dit avec raison que toute faculté peut être fortifiée par l'exercice; mais pour les facultés intellectuelles cet effet est loin d'être simple.

La puissance absolue de la rétentivité dans un esprit donné est une quantité limitée. Le seul moyen d'étendre cette limite est d'empiéter sur une des autres facultés de l'esprit, ou encore de surexciter tout l'ensemble des facultés intellectuelles, aux dépens des fonctions du corps. On peut obtenir une mémoire extraordinaire aux dépens de la raison, du jugement et de l'imagination, ou aussi en sacrifiant la sensibilité. Ce n'est pas là un résultat à désirer.

La forme la plus ordinaire que prend le développement anormal de la mémoire, est la spécialisation qui provient de l'application à tel ou tel ordre de faits, et résulte des habitudes d'attention que nous contractons pour nos études principales.

(M. Bain, *La science de l'éducation*, ch. vi.)

II. — L'association des idées.

L'éducation doit s'appliquer à diriger vers un but utile les lois de notre constitution naturelle, et non à lutter contre elles et à leur faire violence. L'influence qu'ont sur l'âme les associations d'idées formées dans le premier âge de la vie pourrait être employée, d'une manière très efficace, à aider et à soutenir nos principes moraux. C'est ce qui paraît assez évident, lorsqu'on observe les effets que ces associations produisent à d'autres égards; puisque souvent elles engagent les hommes dans une suite d'actions que leur raison les force à condamner. Il est également manifeste qu'en travaillant sur ces associations, on pourrait augmenter la somme du bonheur ou diminuer les peines de la vie. Ces idées, ces sentiments agréables que les enfants sont naturellement disposés à associer à des événements et à des situations soumises à tous les caprices de la fortune, pourraient être associés, d'une manière ferme et constante, dans leurs jeunes esprits, à tous les devoirs de leur état, aux recherches de la science, et à ces beautés de la nature qui sont à la portée de tous.

(D. Stewart, *Éléments de la philosophie de l'esprit humain*, ch. v, 2e partie, sect. III.)

Les idées que l'esprit reçoit s'arrangent par ordre avec les idées de la même classe : elles s'associent avec elles, et c'est au moyen de cette association qu'on se les rappelle à volonté... Ceux qui ne connaissent point ces lois d'ordre et d'association sont souvent découragés en s'apercevant combien ils retiennent peu dans leur mémoire ce qu'ils ont lu, même avec la plus grande attention, mais qu'ils ne se découragent pas; ils peuvent être assurés que s'ils ont eu des conceptions claires et distinctes du sujet et si elles leur ont donné ce degré d'attention qui est essentiel à la mémoire, les idées qu'ils ont reçues ne se perdront jamais entièrement : elles se mêleront avec d'autres idées, et reviendront avec elles quand l'occasion s'en présentera.

(Élisabeth Hamilton, *Lettres sur les principes élémentaires d'éducation*, t. II, lettre V.)

L'analogie des sons, des mots, comme celle de toute espèce d'impressions, d'idées, etc., ne peut être fondée que sur leur identité partielle, sur la reproduction fréquente des éléments semblables qui les composent. Y a-t-il plusieurs de ces éléments communs entre deux termes ou deux suites de termes, l'organe préoccupé de l'une est déjà tout disposé à se prêter à l'autre. C'est tout à la fois changement et constance, variété et uniformité; de là, la facilité, l'attrait. Au contraire, faut-il passer d'une série familière à une autre opposée, ou qui ne renferme aucun élément commun, il faut faire violence à toutes ses habitudes; de là, les difficultés, la peine. Lorsqu'on est accoutumé, par exemple, à ne réciter que des vers, on apprend en général assez difficilement la prose; et en général on a bien plus de dispositions pour retenir les poètes. Les désinences semblables, le retour périodique des mêmes syllabes, surtout le rythme, la mesure, sont autant d'analogies, qui donnent des ailes à la mémoire; l'oreille, frappée comme par une suite de coups égaux et répétés, dans les mêmes intervalles, transmet ces vibrations *isochrones* au centre moteur, qui, naturellement disposé à les admettre, y coordonne son action propre, et contracte aisément l'habitude de les reproduire, avec une précision, une régularité particulières.

Quoique le rythme de la poésie ne soit qu'un résultat du choix et de l'arrangement des mots, il est remarquable qu'il se retient souvent indépendamment de ces mots, se transforme avant eux en habitude, et devient ainsi le premier mobile de la mémoire. Le rythme est aux habitudes de l'oreille, ce que la symétrie est à celles de l'œil.

(Maine de Biran, Œuvres, t. I, *Influence de l'habitude sur la faculté de penser*, p. 193-195.)

CHAPITRE V

L'IMAGINATION

L'imagination chez les enfants. Importance de cette faculté. Ses bons et mauvais effets. Ses rapports avec le goût. Le sentiment du beau chez les enfants. Le défaut d'imagination aussi fâcheux que l'excès. Deux procédés simultanés dans l'éducation de cette faculté : la contenir et l'exercer, ou plutôt la contenir en l'exerçant.

Extraits de : La Bruyère;
Reid, Condorcet;
Mme Necker de Saussure, Bain, Renan.

Les enfants ont déjà de leur âme l'imagination et la mémoire, c'est-à-dire ce que les vieillards n'ont plus, et ils en tirent un merveilleux usage pour leurs petits jeux, et pour tous leurs amusements : c'est par elles qu'ils répètent ce qu'ils ont entendu dire, qu'ils contrefont ce qu'ils ont vu faire, qu'ils sont de tous métiers, soit qu'ils s'occupent en effet à mille petits ouvrages, soit qu'ils imitent les divers artisans par le mouvement et par le geste, qu'ils se trouvent à un grand festin et y font bonne chère, qu'ils se transportent dans des palais et des lieux enchantés, que bien que seuls ils se voient un riche équipage et un grand cortège, qu'ils conduisent des armées, livrent bataille et jouissent du plaisir de la victoire, qu'ils parlent aux rois et aux plus grands princes, qu'ils sont rois eux-mêmes, ont des sujets, possèdent des trésors qu'ils peuvent faire de feuilles d'arbre ou de grains de sable, et, ce qu'ils ignorent dans la suite de leur vie, savent à cet âge être les arbitres de leur fortune et les maîtres de leur propre félicité.

(La Bruyère, *Caractères*, ch. xi.)

Il faut, sans doute, parler à l'imagination des enfants, car il est bon d'exercer cette faculté comme toutes les autres; mais il serait coupable de vouloir s'en emparer, même en faveur de ce qu'au fond de notre conscience nous croyons être la vérité.

L'imagination est la faculté de saisir une suite plus ou moins étendue d'idées sous des formes sensibles.

Si ces formes sensibles, au lieu de donner seulement plus de force ou de fixité aux idées, les corrompent et les dénaturent; si elles excitent dans l'âme des sentiments ou des passions qui peuvent séduire la raison, alors, au lieu d'exercer une faculté utile, on en abuse, on la pervertit.

Si vous appelez une école un *temple national*, si votre instituteur est un *magistrat*, vous ajoutez aux propositions énoncées dans ce lieu, présentées par cet homme, une autorité étrangère non seulement aux preuves qui doivent établir la vérité, mais à cette espèce d'autorité qui peut, sans nuire aux progrès des connaissances, influer sur notre croyance provisoire, celle que donne la supériorité connue des lumières.

(CONDORCET, *Rapport à l'Assemblée nationale.*)

Je n'oserais assurer que les enfants, au premier éveil de l'imagination, démêlent toujours avec exactitude ce qu'ils conçoivent simplement et ce que la mémoire leur retrace.

(TH. REID, *Essais sur les facultés intellectuelles*, IV, ch. I.)

On peut commencer à remarquer quelque suite dans les pensées des enfants lorsqu'ils atteignent l'âge de deux ans... Dès lors, chose bien remarquable, les facultés des enfants surpassent celles des animaux les plus sages. Ils peuvent apercevoir le dessein et la régularité dans les œuvres des autres, surtout dans les amusements de leurs compagnons plus âgés. Cette découverte les enflamme; ils brûlent de les imiter, et ne connaissent plus de repos qu'il n'aient aussi produit quelque chose de pareil.

Quels transports quand ils ont réussi! L'enfant qui est parvenu pour la première fois à faire quelque chose qui exigeait un plan n'est ni moins heureux ni moins fier de son adresse que ne le fut Pythagore de la découverte de son fameux théorème. Il semble acquérir alors la conscience de lui-même et s'enorgueillir de sa propre estime; ses yeux pétillent; il brûle d'impatience de montrer son ouvrage à tous ceux qui l'entourent ; il se croit digne de leurs applaudissements ; et, quand les éloges viennent justifier son attente, quelle émotion !... Plus tard, les différents jeux auxquels les enfants s'exercent, les plans et les ruses qu'ils suggèrent, les récits et les contes dont on les amuse, introduisent dans leur esprit de nouvelles suites de pensées qui leur deviennent assez familières pour que chaque partie entraîne les autres à sa suite. La faculté n'est pas encore née, mais elle s'annonce déjà, et semblable au jeune bourgeon dans les premiers jours du printemps, elle est prête à percer son enveloppe, dès qu'une occasion viendra déterminer son éruption.

De toutes les facultés de l'entendement, il n'y en a point dont l'exercice procure d'aussi vives jouissances, soit qu'elle s'applique aux arts mécaniques, aux sciences, à la conduite de la vie, à la poésie, à la conversation ou aux beaux-arts. L'enfant, à qui elle se révèle, acquiert à ses propres yeux une dignité et une importance qu'il n'avait point auparavant ; il lui semble que jusque-là il n'a dû son existence qu'à la bienveillance et à la générosité des autres, et qu'il vient seulement de naître à l'indépendance et au sentiment de la propriété. Cette nouvelle faculté lui plaît de toutes manières ; outre ses charmes naturels, elle est belle de sa nouveauté, elle lui devient chère comme le dernier-né d'une famille au cœur de sa mère.

Assurons-nous donc qu'aussitôt que les enfants auront le sentiment de cette faculté, ils en feront usage selon la force de leur esprit et l'étendue de leurs connaissances. De là des suites nouvelles de pensées et des associations innombrables, qui se gravent d'autant plus profondément dans leur imagination, qu'elles leur appartiennent et sont leur propre ouvrage.

De même que l'imagination a ses facultés naturelles plus ou moins énergiques selon les individus, elle acquiert de la facilité par l'exercice et par une sorte de discipline...

On ne saurait douter que le bonheur de chaque homme, ses progrès dans l'art qu'il exerce ou dans la science qu'il cultive, son perfectionnement moral enfin, ne dépendent en grande partie des suites de pensées qui occupent habituellement son esprit... Il est donc de la plus haute importance que nous employions tout le pouvoir que nous pouvons avoir sur nos pensées, et nous en avons certainement un très considérable, à leur donner la direction la plus favorable à notre bonheur et à notre perfectionnement intellectuel et moral.

Quelles jouissances peut goûter celui dont l'imagination ne se repait que de pensées basses et vulgaires, et qui, toujours occupé d'objets sans beauté et sans intérêt, demeure étranger à ces sentiments plus nobles et plus délicats, à ces vues plus libérales et plus grandes, qui élèvent l'âme et lui donnent la conscience de sa dignité ?

Qu'il y a loin de sa condition à celle de l'homme dont la pensée, semblable à l'aigle qui plane dans les airs, embrasse de vastes perspectives et les varie à chaque instant, parcourant d'un vol rapide tantôt les régions enchantées de l'esprit et de l'imagination, tantôt les sentiers plus réguliers et plus paisibles de la philosophie et de la science, et moissonnant partout ce qu'elle rencontre de grand et de beau.

La majesté de la nature et la beauté des productions de l'art excitent en lui les vives et délicieuses émotions du goût; les grands caractères qui ont illustré l'humanité touchent son cœur plus profondément encore; non seulement ils lui donnent le sentiment de la beauté morale, la plus pure et la plus ravissante de toutes, mais ils éveillent dans son sein le jugement moral, et y allument le feu sacré de la vertu.

En admirant ce qu'il y a de glorieux et de sublime dans les actions des héros, son âme reçoit la divine étincelle, et s'enflamme du désir d'imiter ce qu'elle admire.

L'homme dont l'imagination connaît de pareils hôtes, est nécessairement éclairé, nécessairement bon, nécessairement heureux.

(Th. Reid, *Essais sur les facultés intellectuelles*, IV, ch. iv.)

Le goût a son progrès comme l'homme lui-même. Quand les enfants ont bien dormi, qu'ils n'ont ni faim ni soif, et qu'ils ne souffrent point, leur attention se porte naturellement sur les objets qui les entourent; on remarque alors que les couleurs brillantes, les ornements éclatants, les formes régulières, le bruit, les figures de bonne humeur et les expressions d'une gaieté folle sont les choses qui ont pour eux le plus d'attrait.

Tel est le goût chez les enfants, et nous devons croire que ce n'est pas sans de bonnes raisons qu'il a été soumis à ces lois. Ils doivent à ces penchants une grande partie de leur bonheur. Par là d'ailleurs leur attention est attirée sur des objets qui la mériteront plus tard; leurs facultés corporelles et mentales sont puissamment excitées, et se fortifient et grandissent par l'exercice.

A mesure que les progrès de l'âge développent leur intelligence, d'autres beautés attirent leur attention, qui par leur supériorité et leur nouveauté éclipsent et leur font oublier les premiers objets de leur admiration. Les tours d'agilité, de force et d'adresse, s'emparent de leur curiosité ; ils aiment ceux qui y excellent et s'efforcent de les égaler. Ils se plaisent aux fables et aux histoires qu'on leur raconte, et commencent à entrevoir dans ces récits la beauté morale; certains caractères, certaines actions leur paraissent aimables; d'autres excitent leur aversion; leurs facultés intellectuelles et morales commencent à s'éveiller, et si ce mouvement est secondé par des secours convenables, elles se développent peu à peu et par degrés, jusqu'au point de perfection qu'il leur est donné d'atteindre dans cette vie.

Dans le progrès qui se fait en nous depuis l'enfance jusqu'à la maturité, nos facultés s'éveillent dans un ordre régulier, déterminé par la nature; celles du plus bas étage les premières, puis celles qui sont d'un ordre plus relevé, jusqu'à ce qu'enfin l'apparition des facultés morales et rationnelles vienne compléter l'homme. Chaque faculté, produisant de nouvelles idées, met en lumière de nouvelles beautés, et agrandit la sphère du goût.

C'est à juste titre que les facultés rationnelles et morales réclament la supériorité en nous. Même le goût reconnaît leur autorité; il leur rend hommage, en les invoquant toutes les fois que nous raisonnons et disputons sur la beauté.

(Th. Reid, *Essais*, VIII, ch. iv.)

Il est un sentiment que j'ose à peine nommer, tant il paraît plus élevé que la portée du premier âge; c'est le sentiment du beau dont je veux parler.

Rien ne révèle mieux l'origine céleste de l'âme humaine que les émotions qui sont sans rapport avec la conservation de la vie matérielle. Ces émotions, que n'éprouvent jamais les créatures inférieures, semblent être l'introduction à une existence plus relevée. Il est bien naturel que l'éducation s'attache de préférence à cultiver les grands attributs qui n'appartiennent en propre qu'à l'homme, et ce devrait être pour elle un sujet de joie que de les voir briller chez l'enfant.

Pourquoi donc ne développons-nous pas avec quelque soin cette faculté d'admiration si vive dans l'âge tendre, ce penchant à goûter des plaisirs indépendants des instincts physiques et du mobile égoïste de la vanité?...

La faculté d'admiration est salutaire, elle dilate, elle améliore le cœur.

Pour développer le goût du beau, le mieux est de porter d'abord l'attention sur les choses plutôt que sur les idées. Le passage d'un de ces exercices à l'autre s'opère naturellement lorsqu'on engage l'enfant à bien exprimer ce qu'il éprouve. L'objet auquel il pense est matériel; mais quand il cherche à définir ses sensations, il se livre à un travail approchant de la rédaction littéraire. Après s'être souvent exercé à de tels essais, il commence à prendre plaisir aux descriptions écrites. La nature elle-même et les œuvres d'esprit qui la dépeignent ont acquis plus d'intérêt pour lui.

(Mme Necker de Saussure, *L'éducation progressive*, liv. V, ch. III.)

Exercer innocemment l'imagination est aussi nécessaire que la contenir, et peut-être ne la contient-on que lorsqu'on l'exerce. L'œuvre de la répression et celle de la culture doivent donc, à ce qu'il semble, marcher de front; mais, dans les différentes branches de l'éducation, l'une ou l'autre prend plus d'importance.

Ici l'on voit le prix infini de l'éducation intellectuelle. L'instruction, de même que l'industrie, donne de la valeur à des objets qui ne semblaient pas destinés à en avoir par eux-mêmes. Et puisque le propre de l'imagination est de grossir à nos yeux l'importance de ce qui l'occupe, il faut soumettre à son miroir amplifiant des intérêts légers plutôt que des intérêts graves. En la détournant de s'exercer sur ce qui nous touche de trop près, nous n'aurons que les bienfaits qu'elle dispense.

Ainsi, plus l'importance réelle d'un objet est grande, plus il est à redouter que l'imagination, en s'y attachant, ne fasse lâcher prise à la raison, à la conscience. Dérobons le plus possible à ses caprices tout ce qui est en nous principe de conduite, mobile d'action, tout ce qui dans un cœur trop faible et trop inflammable peut prendre le caractère de la passion. Si donc la religion, bonheur de l'éternité, si les tendres affections, notre consolation sur cette terre, sont des intérêts trop sacrés pour qu'on ose en occuper l'imagination, n'est-il pas heureux de pouvoir donner à la plus dangereuse de nos facultés un innocent exercice? Ne l'est-il pas d'avoir à lui livrer une grande variété d'objets, lorsqu'en se fixant sur un seul elle prend un caractère de folie? Quand elle a jeté sur la nature entière un brillant réseau, partout elle trouve des fils auxquels s'attacher, et ce qui semble un luxe dans la création, cette profusion de beautés dont s'emparent des arts jugés inutiles, n'est-il pas destiné à employer salutairement ce qu'on se plaît à regarder en nous comme un autre luxe, l'imagination?

Gardons-nous donc de la fausse sagesse, ou de l'austérité mal placée, qui nous porteraient à négliger les bienfaits de Dieu. Que de douces études, que des goûts intéressants préparent à nos enfants des ressources contre l'infortune. Ménageons d'avance quelques distractions à ces âmes tendres, chez lesquelles les peines du cœur ont une énergie dévorante. Et pour les âmes qui se laisseraient aisément préoccuper par les tristes conditions imposées à la vie humaine, tâchons qu'une instruction agréable et variée porte leur imagination au dehors, et les empêche de se renfermer dans une personnalité à la fois souffrante et méprisable.

(Mme Necker de Saussure, *L'éducation progressive*, VI, ch. viii.)

Le mot imagination a un sens fort étendu. Il s'applique à des actes de nature très diverse, et en s'en servant on risque de rendre obscurs quelques-uns des procédés les plus délicats de l'éducation.

La première acception du mot imagination est également exprimée par les mots conception, faculté de concevoir, grâce à laquelle nous pouvons nous représenter l'image d'un objet que nous n'avons pas vu, mais qui nous a été décrit verbalement, avec ou sans le secours de moyens graphiques. Cette faculté croît avec le nombre de scènes et de situations que nous avons pu voir, et dépend de la bonté de notre mémoire pittoresque. L'accroissement des connaissances semble être à peu près le seul moyen de cultiver ou d'augmenter cette faculté; le maître ne pourrait faire que bien peu pour elle, s'il l'essayait. On peut exercer un élève à concevoir des objets d'après leur description; mais l'art véritable auquel il faut arriver est celui de la description elle-même... Le seul résultat de cette manière de cultiver la faculté de concevoir, c'est de faire qu'un heureux effort en facilite d'autres de même nature. Comme système pratique, elle n'entre dans aucun mode d'enseignement actuellement employé; quoique ce soit un accessoire d'un assez grand nombre de nos exercices scolaires, ce procédé n'est appliqué à aucun d'une manière suivie.

L'acception la plus élevée du mot imagination est celle qui représente la faculté créatrice du poète ou de l'artiste, laquelle échappe absolument à l'enseignement direct, bien que toutes les manières d'enrichir notre intelligence puissent y contribuer. Le développement de cette faculté n'entre dans aucun plan d'éducation, parce que c'est un travail au-dessus de celui de l'écolé. Mais elle a avec les efforts les moins élevés et les plus faciles de l'imagination un élément commun, le sentiment ou l'émotion, qui distingue les créations de l'art de celles de la science. Toute œuvre d'art satisfait quelqu'un de nos sentiments les plus vifs : amour, colère, esprit de vengeance, sentiment du sublime ou du ridicule, et bien d'autres encore. Une invention scientifique est une affaire de pure utilité, et sa valeur se mesure en francs et centimes... Se livrer à son imagination, c'est se livrer à ses émotions, et la seule chose à demander, c'est : quelles sont ces émotions?...

L'intervention du maître dans la culture de l'imagination doit servir à réprimer toute préférence émotionnelle exagérée, et à favoriser l'exercice complet et impartial de la grande fonction intellectuelle — conception, dans toute l'exactitude de leurs proportions et de leurs détails, de scènes et d'événements que nous n'avons pas vus, — que l'on nomme imagination historique, par opposition à l'imagination poétique. Sans dédaigner le secours de l'intérêt émotionel, le maître cherchera à en combattre les tendances injustes et la partialité, sans parler de la manière dont il dénature et fausse trop souvent la réalité. La faculté de rendre les faits pour ainsi dire présents à l'esprit exige un grand effort intellectuel, qui n'est donné que bien rarement même à ceux dont l'éducation est complète : elle constitue un talent véritable, et les tableaux fécriques que nous fait quelquefois entrevoir l'émotion du merveilleux ne sont que de bien faibles manifestations de cette faculté.

(M. Bain, *La science de l'éducation*, liv. I, ch. vi.)

L'enfant projette sur toutes choses le merveilleux qu'il trouve en son âme. Sa curiosité, le vif intérêt qu'il prend à toute combinaison nouvelle viennent de sa foi au merveilleux. Blasés par l'expérience, nous n'attendons rien de bien extraordinaire, mais l'enfant ne sait ce qui va sortir. Il croit plus au possible, parce qu'il connaît moins le réel. Cette charmante petite ivresse de la vie qu'il porte en lui-même lui donne le vertige; il ne voit le monde qu'à travers une lueur doucement colorée; jetant sur toutes choses un curieux et joyeux regard, il sourit à tout, tout lui sourit. De là ses joies et aussi ses terreurs : il se fait un monde fantastique qui l'enchante ou qui l'effraye; il n'a pas cette distinction qui, dans l'âge de la réflexion, sépare si nettement le moi et le non-moi, et nous pose en froids observateurs vis-à-vis de la réalité. Il se mêle à tous ses récits : le narré simple et objectif du fait lui est impossible; il ne sait point l'isoler du jugement qu'il en a porté et de l'impression personnelle qui lui en est restée. Il ne raconte pas les choses, mais les imaginations qu'il s'est faites à propos des choses ou plutôt il se raconte lui-même. L'enfant se crée à son tour tous les mythes que l'humanité s'est créés : toute fable qui frappe son imagination est par lui acceptée; lui-même s'en improvise d'étranges, et puis se les affirme.

(M. Renan, *L'avenir de la science*, p. 262-263.)

CHAPITRE VI

L'ABSTRACTION ET LA GÉNÉRALISATION

Les enfants sont capables d'abstraire et de généraliser; dans quelle mesure. Danger de généraliser et d'abstraire à l'excès, ou trop peu; ce double défaut tient souvent à l'éducation.

EXTRAITS DE : **Reid, Dugald Stewart, Maine de Biran.**

Il y a, à la vérité, quelques conceptions abstraites pour lesquelles il ne suffit pas d'une intelligence commune ou peu exercée; mais il y en a prodigieusement qui ne surpassent point la capacité des enfants. On ne parle point sans conceptions générales ; car il entre nécessairement des termes généraux dans le tissu de la phrase la plus courte et la plus simple. La difficulté de former des conceptions générales est très exactement mesurée par la difficulté d'apprendre à parler; car elle est, avec celle d'articuler les sons, la seule que les enfants aient à vaincre.

Or, nous surmontons cette difficulté de si bonne heure, que nous ne nous souvenons pas même de ce qu'elle nous a coûté d'application et d'efforts. Les enfants, ayant le plus grand intérêt à comprendre et à être compris, déploient pour atteindre ce double but tout ce qu'ils ont d'activité et d'intelligence; et ce travail de comprendre et d'être compris n'est autre que celui de former des notions abstraites.

Comme tous les mots d'une langue, à l'exception des noms propres, sont des termes généraux, à mesure que l'enfant acquiert l'intelligence de ces termes, il acquiert des notions générales. La plupart des hommes n'ont guère d'autres conceptions générales que celles qui sont attachées aux termes dont l'usage leur est familier... « Quoi! dit Berkeley, deux enfants ne pourront causer hochets et bonbons, s'ils n'ont rassemblé et comparé d'innombrables dissimilitudes; s'ils n'en ont extrait, par l'abstraction, des idées générales, et s'ils n'ont attaché ces idées à tous les noms dont ils se servent? »

J'en demande pardon à Berkeley, mais quelque étrange que cela lui paraisse, il est évident que deux enfants, qui s'entretiennent de hochets et de bonbons et qui se comprennent, attachent le même sens aux termes généraux qu'ils emploient, et les comprennent par conséquent; ils ont donc des conceptions générales.

(TH. REID, *Essais*, V, ch. VI.)

Il y a deux extrêmes opposés, également dangereux pour ceux qui se disposent à remplir les devoirs d'une vie active. L'un est l'habitude d'abstraire et de généraliser à l'excès; l'autre, une attention minutieuse, exclusive, bornée aux objets et aux événements qui constituent l'expérience personnelle.

Un bon système d'éducation doit garantir de ce double écueil, et opérer la réunion de l'habitude d'abstraire et de l'habitude des détails; de manière à rendre l'esprit capable de considérer chaque chose sous un point de vue général, ou sous l'aspect particulier qu'exige la circonstance où l'on se trouve placé. Quelle que soit celle de ces habitudes qui prenne sur l'autre un ascendant illimité, elle ne peut manquer de nuire à l'intelligence et de borner ses facultés. C'est à cette cause qu'il faut attribuer la disproportion qu'on observe dans la capacité d'un même homme pour différents genres d'objets. Celui qui s'est livré de bonne heure aux spéculations abstraites s'est fait des principes, possède l'art de suivre les raisonnements généraux, emploie avec facilité, même avec éloquence, les termes qui expriment les idées les plus étendues, et persuade aisément, à la plupart de ceux qui l'écoutent, qu'il possède tous les talents nécessaires à la conduite des affaires. Mis à l'épreuve, dans les affaires les plus simples, il manifeste une irrésolution fâcheuse et donne des preuves évidentes de son incapacité. Un autre, au contraire, agit d'une manière convenable et avec beaucoup d'habileté dans toutes les circonstances où l'attention doit se fixer sur les détails; il raisonne même avec justesse sur ces objets particuliers, et sait exposer nettement ce qu'il pense à cet égard. Mais sur les objets généraux, il ne sait plus raisonner ni former de jugement.

L'un et l'autre des défauts que je viens de faire observer tendent à rendre les hommes moins utiles à la société qu'ils n'auraient pu l'être.

(Dugald Stewart, *Éléments*, ch. iv, section vii.)

Le rappel des éléments les plus disparates à l'unité de représentation ou de conception, encore bien vague sans doute, est déjà un procédé de généralisation. Ainsi l'enfant a déjà dans la tête l'archétype confus de l'idée générale *homme*, quand il appelle tous les hommes *papa*.

(Maine de Biran, *Fondements de la psychologie*, t. II, p. 65.)

CHAPITRE VII

LE JUGEMENT ET LE RAISONNEMENT

Culture du jugement. En quoi elle consiste. Le jugement et la mémoire. Le raisonnement chez les enfants; nécessité de le diriger et de l'exercer. Importance de ces facultés dans la conduite de la vie.

EXTRAITS DE : **Marnix de Sainte-Aldegonde;**
Nicole, La Bruyère;
Kant, Reid;
Pestalozzi, Mme Necker de Saussure.

Il faut employer le plus grand soin possible à cultiver et à exercer le jugement des enfants, et dans toutes leurs études, dans toutes leurs actions, dans tous leurs exercices, soit sérieux, soit récréatifs, ne jamais perdre de vue cette faculté.

On cultivera le jugement dans les études, si l'on a surtout soin d'éviter que les enfants en bas âge n'apprennent rien qui ne soit d'une manière ou d'une autre en rapport avec le faible moule de leur intelligence. Qu'on ne les surcharge pas d'une quantité de choses, mais que l'on verse goutte à goutte, pour ainsi dire, tout ce qu'ils apprennent.

(MARNIX DE SAINTE-ALDEGONDE, *Méthode d'instruire la jeunesse*, p. 56.)

Former le jugement, c'est donner à un esprit le goût et le discernement du vrai; c'est le rendre délicat à reconnaître les faux raisonnements un peu cachés; lui apprendre à ne se pas éblouir par un vain éclat de paroles vides de sens, à ne se payer pas de mots ou de principes obscurs, à ne se satisfaire jamais qu'il n'ait pénétré jusques au fond des choses; c'est le rendre subtil à prendre le point dans les matières embarrassées, et à discerner ceux qui s'en écartent; c'est le remplir de principes de vérité qui lui servent à la trouver dans toutes choses, et principalement dans celles dont il a le plus besoin.

(NICOLE, *De l'éducation d'un prince*, 1re partie, XIX.)

Les plus petits enfants ont de la raison aussi bien que les hommes faits, quoiqu'ils n'aient pas d'expérience : ils ont aussi les mêmes inclinations naturelles, quoiqu'ils se portent à des objets bien différents. Il faut donc les accoutumer à se conduire par la raison, puisqu'ils en ont; et il faut les exciter à leur devoir en ménageant adroitement leurs bonnes inclinations.

(MALEBRANCHE, *Recherche de la vérité*, liv. II, ch. VIII.)

Qui doute que les enfants ne conçoivent, qu'ils ne jugent, qu'ils ne raisonnent conséquemment? Si c'est seulement sur de petites choses, c'est qu'ils sont enfants et sans une longue expérience; et si c'est en mauvais termes, c'est moins leur faute que celle de leurs parents ou de leurs maîtres.

(LA BRUYÈRE, *Caractères*, ch. XI, De l'homme.)

L'esprit seul, ou sans jugement, ne produit que des sottises. L'entendement est la connaissance du général. Le jugement est l'application du général en particulier. La raison est la faculté d'apercevoir la liaison du général au particulier. Cette libre culture se produit depuis l'enfance jusqu'au temps où l'adolescent est affranchi des liens de toute éducation. Si un jeune homme, par exemple, allègue une règle générale, on peut lui citer des traits historiques, des fables où cette règle se trouve comme incorporée, des passages de poètes où elle se trouve déjà exprimée, et lui fournir ainsi l'occasion d'exercer son jugement, sa mémoire, etc.

La raison donne les principes. Mais il faut faire attention qu'il s'agit ici d'une raison qui est encore dirigée. Elle ne doit donc pas vouloir toujours raisonner; mais il ne faut pas non plus lui trop raisonner ce qui dépasse les idées générales de l'ordre sensible. Ce n'est pas encore ici la place de la raison spéculative; il n'y a lieu pour le moment qu'à la réflexion sur ce qui se passe, en fait de causes et d'effets. C'est une raison pratique dans son ménage et dans son arrangement.

Il n'est pas nécessaire que les enfants raisonnent sur tout. Ils n'ont pas besoin de savoir les principes de ce qui doit faire d'eux des enfants bien élevés; mais s'il est question de devoir, les principes doivent leur en être connus. Il faut cependant faire attention, en général, de ne pas leur inculquer, comme prises du dehors, les connaissances rationnelles, mais au contraire de les tirer de leur propre fond.

(KANT, *De la pédagogique*, § 36, 37.)

Sans les leçons de l'instruction et de l'exemple, il y a tout lieu de croire que la faculté du raisonnement ne se développerait point en nous.

(TH. REID, *Essais*, VI, ch. v.)

C'est à la nature que nous devons la capacité de raisonner; ni l'art ni l'éducation ne peuvent nous la donner si elle nous a été refusée. Mais elle peut sommeiller en nous durant toute la vie, comme une semence que l'humidité et la chaleur ne développent point.

Mais si la capacité de raisonner vient de la nature qui la distribue probablement dans des proportions inégales, la faculté de raisonner se développe par l'usage comme celle de marcher ou de courir. Faible d'abord, elle a besoin d'être soutenue par l'exemple et enhardie par l'autorité; peu à peu l'imitation et l'exercice lui donnent de la confiance et des forces.

Non seulement la faculté gagne à s'exercer sur des sujets variés, mais l'esprit s'enrichit par là de matériaux précieux.

(TH. REID, *Essais*, VII, ch. I.)

Pour apprendre aux enfants à raisonner et pour les mettre à même de devenir capables de penser par eux-mêmes, il faut les empêcher autant que possible d'ouvrir la bouche à tort et à travers, et de prendre l'habitude de se prononcer sur des questions qu'ils ne connaissent que superficiellement. Je crois que le moment où l'on étudie n'est pas le moment de juger, que ce dernier commence seulement à l'instant où l'on a fini d'étudier, et où l'on a mûri les raisons qui permettent et qui donnent le droit de porter un jugement. Je crois aussi qu'un jugement ne peut être que l'expression de la conviction intime de celui qui le prononce, et doit sortir en quelque sorte de la connaissance complète de tous les motifs, aussi mûr et aussi parfait que le noyau arrivé à maturité et qui, de lui-même, librement et sans violence, s'échappe entier de son enveloppe.

(Pestalozzi, *Comment Gertrude instruit ses enfants*, Lettre I.)

Ce qu'il est bien essentiel de développer, c'est cette branche particulière de la faculté de raisonnement qui s'applique à la conduite de la vie, celle qu'on a coutume de nommer *jugement*. Les occasions de l'exercer sont bien fréquentes; mais il faut que l'éducation ait à cet égard quelque chose à se reprocher, puisque le vrai bon sens est si rare. Peut-être même, quand il existe, est-il l'effet d'un heureux instinct plus que d'une culture bien entendue.

Un premier obstacle à la formation du jugement, c'est la disposition naturelle qui porte à décider de toutes choses par passion. L'enfant délibère peu, il veut ou il ne veut pas, il accueille ou il repousse. Chez lui, les raisonnements ne sont que le prétexte de la volonté, et c'est aussi là ce qu'il croit des nôtres.

Tâchons donc, à force de vérité et d'impartialité, de donner nous-mêmes à l'enfant l'exemple du sang-froid. Alors c'est dans ce qui le concerne personnellement qu'il apprend à se former l'idée des choses humaines.

Ce qui manque à la plupart des hommes, c'est moins l'habitude d'examiner une chose sous toutes ses faces, que de savoir fixer ses regards sur la considération décisive, sur l'avantage auquel toute utilité secondaire doit céder. L'importance principale des choses mêmes et leur urgence dans le moment sont continuellement mal jugées. Tirer une conclusion juste d'une donnée unique, chacun le fait; voir très loin et très fin dans une direction particulière, plusieurs le font; mais aller à l'essentiel, mais connaître où est le danger dans chaque affaire, voilà qui est rare; voilà, s'il se peut, à quoi il faut exercer l'enfant en le redressant, lorsqu'il se perd dans des considérations accessoires.

Puisque l'essentiel, pour la justesse d'esprit, n'est pas de raisonner beaucoup, mais de ne conclure qu'avec certitude, c'est évidemment fausser le jugement d'un enfant que de l'engager à se prononcer sur les questions encore débattues parmi les hommes. Voilà pourtant ce que nous faisons constamment, entraînés par l'envie de propager nos opinions, et particulièrement nos opinions politiques... Si, pour laisser plus de liberté à nos enfants, nous leur exposions gravement les raisons pour et contre de chaque système, nous ne ferions que les jeter dans une étrange perplexité. Les enfants ne peuvent souffrir le doute, et la raison s'en conçoit aisément. Ce n'est pas la recherche de la vérité qui les intéresse, c'est l'idée d'agir; et pour se voir agir dans l'avenir, ils veulent prendre parti d'avance. Ainsi, après avoir longtemps cherché dans nos yeux ce que nous pensons, ils finiraient par nous demander : *Que faut-il croire?* Autant vouloir le leur dire au commencement...

Inspirons donc à nos enfants ces sentiments élevés qui ne permettent jamais d'adopter des principes équivoques, des systèmes moralement mauvais, et confions au temps et au progrès de la raison le soin de décider toutes les questions compliquées.

(Mme Necker de Saussure, *L'éducation progressive*, liv. VI, ch. vi.)

CHAPITRE VIII

LA MÉTHODE

I. *La question des méthodes attrayantes; les arguments pour et contre.* — L'idée de rendre le travail relativement facile, et l'étude aussi peu rebutante que possible, date de loin. Elle est bonne en soi, mais elle doit être appliquée avec ménagements. Elle a eu des défenseurs et des adversaires dont quelques-uns sont tombés, de part et d'autre, dans l'exagération.

II. *L'objet et les principes de la méthode.* — Nécessité de la méthode. En quoi consiste la méthode en général. Les diverses méthodes. La méthode progressive, la méthode intuitive dans leurs rapports avec l'évolution intellectuelle. La méthode didactique. La méthode dite socratique. Préceptes et procédés méthodiques.

Extraits de : **Platon, Aristote;**
S. Jérôme;
Érasme, Vivès, Montaigne, Ramus;
Bacon, Coménius, Descartes, Arnauld, le P. Lami, Locke, Fénelon, Mme de Maintenon;
Dumarsais, Lhomond, Crousaz, Kant;
Pestalozzi, Maine de Biran, Mme de Staël, Mme Necker de Saussure, le P. Girard, John Stuart Mill, Herbert Spencer.

I. — La question des méthodes attrayantes. Les arguments pour et contre.

Une discipline bien entendue est celle qui, par voie d'amusement, conduit l'âme d'un enfant à aimer ce qui, lorsqu'il sera devenu grand, doit le rendre accompli dans le genre qu'il aura embrassé.

(Platon, *Lois*, I.)

L'attention à flatter les goûts des enfants est la chose la plus propre à les corrompre... Mon opinion est que, pour bien vivre, il ne faut point courir après le plaisir, ni mettre tous ses soins à éviter la douleur... d'autant plus que nous ne serons jamais tout à fait exempts de douleur, ni souffrir que qui que ce soit, homme ou femme, jeune ou vieux, se trouve dans cette disposition, et encore moins que tout autre l'enfant, parce qu'à cet âge le caractère se forme principalement sous l'influence de l'habitude.

(Platon, *Lois*, I.)

On conviendra sans peine qu'il ne faut point faire un jeu de l'instruction qu'on donne aux enfants. On ne s'instruit pas en badinant, et l'étude est toujours pénible. Nous ajoutons que le loisir ne convient point à l'enfance, ni aux années qui la suivent : le loisir est le terme d'une carrière, et un être incomplet ne doit point s'arrêter.

(Aristote, *Politique*, liv. V, ch. iv, § 4.)

Encouragez l'enfant par des récompenses, par des louanges... Ayez soin de ne pas le laisser concevoir pour l'étude un dégoût qui serait incurable.

(Saint Jérôme, *Lettre à Paula sur l'éducation de sa fille Læta.* Œuvres, t. I, f° 20.)

De même qu'on donne à l'enfant, dans son premier âge, des aliments à petites doses et par intervalles, de même on doit donner à son esprit une nourriture en rapport avec sa faiblesse, bien graduée et présentée d'une manière attrayante. Peu à peu il s'accoutume à une instruction plus sérieuse; la fatigue lui est ainsi épargnée,... l'ennui également, par l'emploi d'une méthode agréable.

(Érasme, *De l'éducation précoce et libérale des enfants*, p. 443.)

Où est leur profit, que là fust aussi leur esbat. On doit ensucrer les viandes salubres à l'enfant, et enfieller celles qui sont nuisibles. C'est merveille combien Platon se monstre soigneux en ses loix de la gayeté et passe-temps de la jeunesse de sa cité.

(Montaigne, *Essais*, liv. I, ch. xxv.)

L'étude sera rendue agréable aux élèves, si le maître est bienveillant et sait les traiter conformément à leur naturel, s'il leur fait entrevoir un but à leurs travaux, si de spectateurs et d'auditeurs, il parvient à les rendre auxiliaires et acteurs, et à les intéresser par la variété des exercices et des leçons. La répétition, l'interrogation sont nécessaires.

(Coménius, *Nouvelle méthode*.)

J'ai toujours cru qu'on pourrait amener les enfants à se faire un plaisir et un divertissement de leurs études... On ne doit charger les petits enfants de rien qui sente le travail ou qui soit fort sérieux.

(Locke, *Pensées sur l'éducation*, § 148.)

Laissez donc jouer un enfant, et mêlez l'instruction avec le jeu; que la sagesse ne se montre à lui que par intervalles et avec un visage riant : gardez-vous de le fatiguer par une exactitude indiscrète.

En même temps il faut chercher tous les moyens de rendre agréables à l'enfant les choses que vous exigez de lui : en avez-vous quelqu'une de fâcheuse à proposer, faites-lui entendre que la peine sera bientôt suivie du plaisir; montrez-lui l'utilité des choses que vous lui enseignez; faites-lui en voir l'usage par rapport au commerce du monde et aux devoirs des conditions. Sans cela, l'étude lui paraît un travail abstrait, stérile et épineux.

(Fénelon, *De l'éducation des filles*, ch. v.)

Chercher des inventions ou quelque intérêt pour leur donner le goût du travail.

Réjouir leur éducation.

Diversifier leurs instructions.

Qu'on égaye souvent leurs instructions et qu'on ne leur en fasse pas de trop longues.

(Mme de Maintenon, *Lettres et entretiens*, t. I, p. 34.)

Il est de la plus haute importance d'apprendre à travailler aux enfants. L'homme est le seul animal qui soit dans la nécessité de le faire.

L'homme doit être occupé de telle façon que, plein du but qu'il se propose, il soit comme arraché à lui-même, et que le meilleur repos soit pour lui celui qui succède au travail. L'enfant doit donc être habitué à travailler. Où donc l'inclination au travail doit-elle être cultivée, si ce n'est à l'école? L'école est une culture de contrainte. C'est une chose funeste d'habituer l'enfant à tout regarder comme un jeu; il doit avoir le temps de se récréer, mais il doit en avoir un autre pour travailler. Et quand même l'enfant ne verrait pas encore à quoi sert cette gêne, il en apercevra plus tard la grande utilité.

On dit toujours qu'il faut tout présenter aux enfants de telle sorte qu'ils le fassent par plaisir. C'est assurément bon en bien des cas, mais beaucoup de choses doivent aussi leur être prescrites à titre de devoir : c'est fort utile pour le reste de la vie... Tout en supposant que l'enfant n'aperçoive pas le devoir, mieux vaut cependant qu'il sache que quelque chose est son devoir d'enfant.

(Kant, *De la pédagogique*, § 35, 37.)

On connaît tous les soins que prennent depuis plusieurs années les auteurs de certaines méthodes prétendues appropriées à l'instruction de la première enfance, pour écarter toutes les épines et exciter ce qu'ils appellent l'attention par des images, des figures, des cartes coloriées, des jeux, etc. Tout cela est très conséquent à la doctrine de la sensation transformée; reste à savoir si ces moyens ne seront pas plus propres à paralyser qu'à développer les facultés vraiment actives de l'intelligence.

(Maine de Biran, *Fragments de psychologie*, t. I, p. 117-118.)

Parmi les systèmes d'éducation, il en est qui conseillent de commencer l'enseignement par les sciences naturelles : elles ne sont dans l'enfance qu'un simple divertissement; ce sont des hochets savants qui accoutument à s'amuser avec méthode et à étudier superficiellement. On s'est imaginé qu'il fallait, autant qu'on le pouvait, éviter de la peine aux enfants, changer en délassements toutes leurs études, leur donner de bonne heure des collections d'histoire naturelle pour jouets, des expériences de physique pour spectacle. Il me semble que cela aussi est un système erroné. S'il était possible qu'un enfant apprît bien quelque chose en s'amusant, je regretterais encore pour lui le développement d'une faculté, l'attention, faculté qui est beaucoup plus essentielle qu'une connaissance de plus.

L'éducation faite en s'amusant disperse la pensée; la peine

en tout genre est un des grands secrets de la nature : l'esprit de l'enfant doit s'accoutumer aux efforts de l'étude, comme notre âme à la souffrance. Le perfectionnement du premier âge tient au travail, comme le perfectionnement du second à la douleur : il est à souhaiter, sans doute, que les parents et la destinée n'abusent pas trop de ce double secret; mais il n'y a d'important à toutes les époques de la vie que ce qui agit sur le centre même de l'existence, et l'on considère trop souvent l'être moral en détail. Vous enseignerez avec des tableaux, avec des cartes une quantité de choses à votre enfant, mais vous ne lui apprendrez pas à apprendre; et l'habitude de s'amuser, que vous dirigez sur les sciences, prendra bientôt un autre cours, quand l'enfant ne sera plus dans votre dépendance.

(Mme de Staël, *De l'Allemagne*, 1re partie, ch. xviii.)

On est également dépourvu de dignité et de grâce lorsqu'on prétend avoir un but qu'on n'a pas. Que fait la mère quand il s'agit d'introduire l'enseignement, à commencer par celui de la lecture? Elle annonce un jeu nouveau et charmant, dont les préparatifs ont été faits d'avance... L'enfant d'abord est complètement dupe, il se met avec joie à sa leçon tant que l'attrait de la nouveauté dure encore; mais bientôt il trouve plus gai de varier le son des lettres, de dire *o* quand on lui montre *a*, puis de faire une gambade entre chaque mot... La mère tâche de ramener l'esprit vagabond, mais l'enfant voit son intention et la déjoue... Quand vous avouez hautement la résolution d'enseigner, l'enfant s'y soumet à la longue et la respecte; mais si vous prenez un prétexte, il s'en empare avec opiniâtreté, il vous force à être d'accord avec vous-mêmes, et à jouer en effet si vous avez annoncé un jeu.

On peut en dire autant, avec les nuances propres à chaque âge, de cet immense attirail de jeux instructifs, avec lesquels on croit pouvoir dérober aux enfants les difficultés de l'étude. Employer de tels moyens, ce n'est pas saisir l'esprit qui doit animer l'éducation intellectuelle. A son début, l'essentiel c'est, d'une part, d'inspirer à l'enfant les goûts qui lui feront trouver du plaisir à l'étude, d'autre part, de lui donner ce pouvoir sur lui-même, qui le rendra capable d'application indépendamment de ses goûts. L'un et l'autre de ces buts est manqué, si l'on a recours à des jeux... Loin de lui épargner l'effort, il faut le lui demander en le proportionnant à ses forces. La route vaut mieux pour lui que le but, et une application sans résultat lui serait mille fois plus utile que le résultat sans application.

(Mme Necker de Saussure, *L'éducation progressive*, liv. V, ch. v.)

Assurément, ce n'est pas la sévérité de mon père qui m'a empêché d'être heureux dans mon enfance. Je ne crois pas qu'on puisse, uniquement par la persuasion et la douceur des paroles, amener les enfants à s'appliquer avec énergie, et, ce qui est plus difficile encore, avec persévérance. Il y a beaucoup de choses que les enfants doivent faire et beaucoup qu'ils doivent apprendre, qu'ils ne font et n'apprennent que par la contrainte d'une discipline sévère et de la perspective des punitions. Sans doute, on fait de louables efforts dans l'enseignement moderne pour rendre autant qu'il est possible les études des enfants faciles et intéressantes. Mais si l'on voulait aller jusqu'à ne leur demander d'apprendre que ce qu'on peut rendre facile et intéressant, on sacrifierait l'un des principaux objets de l'éducation. Je vois avec plaisir tomber en désuétude la brutalité et la tyrannie de l'ancien système d'enseignement, qui pourtant réussissait à donner des habitudes d'application; mais le nouveau, à ce qu'il me semble, concourt à former une génération qui sera incapable de rien faire de ce qui lui sera désagréable. Je ne pense donc pas qu'on puisse renoncer à se servir de la crainte comme d'un instrument d'éducation; mais je sais bien qu'il ne faut pas lui accorder le rôle principal.

(John Stuart Mill, *Mes mémoires*, p. 50.)

II. — L'objet et les principes de la méthode.

Lorsque l'on enseigne, il faut avoir soin de ne rien proposer aux enfants qui ne soit à la portée de leur esprit... Le maître doit toujours se mettre au niveau de son auditoire. Cela ne veut pas dire qu'il doive dénaturer la science et enseigner des faussetés comme vérités, mais il ne dira que des choses que ses élèves puissent comprendre.

(Vivès, *De la communication de la science.*)

Nostre charge, ce n'est que redire ce qu'on nous a dit. Je voudrais que le maître corrigeât cette partie, et que de belle arrivée, selon la portée de l'âme qu'il a en main, il commençât à la mettre sur la montre, lui faisant goûter les choses, les choisir et discerner d'elle-même, quelquefois lui ouvrant le chemin, quelquefois le lui laissant ouvrir. Je ne veux pas qu'il invente et parle seul : je veux qu'il écoute son disciple parler à son tour. Socrate, et puis Arcesilaüs, faisaient premièrement parler leurs disciples, et puis ils parlaient à eux. Il est bon qu'il le fasse trotter devant lui pour juger de son train, et juger jusques à quel point il se doit ravaller, pour s'accommoder à sa force. A faute de cette proportion, nous gâtons tout. Et de la savoir choisir, et s'y conduire bien mesurément, c'est une des plus ardues besognes que je sache. Et c'est l'effet d'une haute âme et bien forte, savoir condescendre à ces allures puériles et les guider... Qu'il ne lui demande pas seulement compte des mots de sa leçon, mais du sens et de la substance; et qu'il juge du profit qu'il aura fait, non par le témoignage de sa mémoire, mais de sa vie. Que ce qu'il viendra d'apprendre, il le lui fasse mettre en cent visages et accommoder à autant de divers sujets, pour voir s'il l'a encore bien pris et bien fait sien... C'est témoignage de crudité et indigestion, que de regorger la viande comme on l'a avalée : l'estomac n'a pas fait son opération, s'il n'a fait changer la façon et la forme à ce qu'on lui avait donné à cuire.

(MONTAIGNE, *Essais*, liv. I, ch. XXV.)

Autant que l'homme surmonte les bestes par le syllogisme, d'autant luy-mesme excelle entre les hommes par la méthode.

Sçavoir seullement les règles universelles, sans sçavoir l'usage particulier, n'est point sçavoir absolument et actuellement, mais l'homme peut errer souvent es choses spéciales, combien qu'il en ayt la science generalle : et à ce propos dict Aristote, au huictiesme livre de la philosophie, qu'il n'est possible que celuy soit maçon qui oncques ne maçonna, ny soit harpeur qui oncques ne joua de la harpe... Partant que nul n'estime estre grammairien, rhétoricien, logicien, pour avoir appris les lois et ordonnances de grammaire, rhétorique, logique, et pour sçavoir caqueter en l'eschole des reigles d'icelle, comme par grande follie communement nous estimons; mais ainsi que nous voyons en tous arts voire mechaniques, que l'apprenty est certain temps à observer et considérer non seulement les mandemans (les préceptes) du maistre, mais beaucoup davantage les exemples et les œuvres d'iceluy en l'enseignant petit à petit, et par cette méditation et imitation enfin de son apprentissage faict quelque chef-d'œuvre, pour approuver sa diligence et acquérir le degré de maistrise. Ainsy faut-il exercer et pratiquer les aultres arts es poètes, orateurs, philosophes, c'est-à-dire en toute espèce d'esprits... Et vaudroit beaucoup mieux avoir l'usage sans art, que l'art sans usage.

(Ramus, *De la dialectique.*)

Pour moi, c'est une loi immuable de la méthode que l'entendement et le langage marchent sans cesse de front : autant d'idées acquises, autant de mots pour les exprimer. Des idées, sans des mots pour les rendre, c'est le sort d'une statue muette; des mots, sans des idées dessous, c'est le rôle du perroquet.

Les mots sont les signes des choses : si l'on ignore les choses, que signifient les mots? Qu'un enfant sache réciter des milliers de mots, s'il ne sait pas les appliquer aux choses, à quoi lui sert tout cet attirail? Espérer que les mots isolés formeront d'eux-mêmes le discours, c'est espérer que des grains de sable se rangeront tout seuls en tas, ou que des pierres formeront toutes seules un mur.

(Coménius, Préface de la *Porte des langues.*)

Apprendre, c'est aller du connu à l'inconnu. Trois choses sont en présence : une chose connue, une chose inconnue et l'activité d'esprit nécessaire pour passer d'une chose à l'autre. Tout doit être appris au moyen d'exemples, de règles et d'exercices.

La nature ne va pas par sauts et par bonds. On ne doit jamais passer à une seconde chose avant d'avoir saisi et encore répété la première après l'avoir saisie.

(Coménius, *Nouvelle méthode.*)

Je conseillerai de se garder de ces méthodes qui abrègent excessivement, et d'une certaine précocité de doctrine, dont tout l'effet est d'inspirer de la présomption aux élèves, et qui tend plus à les faire briller qu'à leur faire faire de véritables progrès. Il faut aussi favoriser quelque peu la liberté des esprits; et si quelque élève, tout en remplissant la tâche que lui impose la règle, dérobe quelque temps pour des études qui soient plus de son goût, il ne faut pas s'y opposer; mais ce qui doit surtout fixer l'attention (et c'est une observation qui n'a peut-être pas encore été faite), c'est qu'il est des manières d'accoutumer, d'exercer et de préparer les esprits, manières dont chacune est pour ainsi dire le pendant de l'autre. L'une commence par les choses les plus faciles et conduit peu à peu aux choses plus difficiles; l'autre commande d'abord la tâche la plus rude et presse de la remplir, afin qu'ensuite on ne trouve plus que du plaisir dans les choses les plus faciles. Car autre chose est la méthode d'apprendre à nager avec des outres qui aident à flotter, autre chose d'apprendre à danser avec des semelles de plomb qui appesantissent; et il n'est pas aisé de faire sentir combien une judicieuse combinaison de ces deux méthodes contribue à perfectionner les facultés, tant de l'âme que du corps. De la même manière, le soin d'appliquer et d'approprier les études à la nature des divers esprits qu'on a à instruire, est un point d'une éminente utilité et qui exige le plus grand discernement... Mais l'effet d'une bonne méthode n'est pas seulement d'accélérer les progrès des élèves dans les genres auxquels ils se portent naturellement; de plus, par rapport aux genres auxquels ils sont le plus inhabiles, elle doit procurer un remède, une sorte de traitement pour cette espèce de maladie.

(Bacon, *De la dignité et de l'accroissement des sciences*, liv. VI, ch. IV.)

La méthode est l'ordre dans la suite de nos pensées.

C'est en cela qu'est renfermée la perfection de l'habileté humaine.

L'observation de cette règle n'est pas moins nécessaire que le fil de Thésée à celui qui voudrait pénétrer dans le labyrinthe.

Il faut tourner toutes les forces de son esprit sur les choses les plus faciles et de la moindre importance, et s'y arrêter longtemps, jusqu'à ce que nous soyons accoutumés à voir clairement et distinctement la vérité.

(Descartes, *Règles pour la direction de l'esprit*, V, IX.)

On peut appeler généralement méthode, l'art de disposer une suite de plusieurs pensées, ou pour découvrir la vérité quand nous l'ignorons, ou pour la prouver aux autres quand nous la connaissons déjà.

(*Logique* de Port-Royal, 4e partie, ch. II.)

La méthode est une opération qui dispose et ordonne les connaissances qu'on a acquises ou qu'on a reçues de la nature, de sorte qu'on découvre les vérités qu'on recherchait, et qu'on les puisse faire connaître, ce qui s'appelle agir avec méthode.

La méthode consiste premièrement à bien savoir ce que l'on cherche. Car on ne trouve point quand on ne sait pas bien ce qu'on veut trouver. Il faut donc avoir l'esprit rempli de son sujet, afin de l'envisager de tous les côtés, et d'en avoir une notion claire et parfaite.

Ensuite, il faut considérer tous les rapports qu'a ce sujet, en examinant tous les endroits avec l'attention la plus scrupuleuse, afin de connaître par où on peut l'attaquer, c'est-à-dire qui sont les choses avec qui il est lié; lesquelles étant bien connues peuvent aussi le faire connaître.

On examine toutes les conséquences qui se peuvent tirer de ce qu'on connaît, se servant de ses premières connaissances comme d'échelons pour monter plus haut.

(Le P. Lami, *Entretiens sur les sciences,* Idée de la logique, ch. V, 1.)

Quand on parle à des enfants, il y a une mesure de connaissances à laquelle on doit se borner, parce qu'ils ne sont pas capables d'en recevoir davantage. Il est surtout important de ne pas leur présenter plusieurs objets à la fois; il faut, pour ainsi dire, faire entrer dans leur esprit les idées une à une, comme on introduit une liqueur goutte à goutte dans un vase dont l'embouchure est étroite : si vous en versez trop en même temps, la liqueur se répand et n'entre point dans le vase. Il y a aussi un ordre à garder; cet ordre consiste principalement à ne pas supposer des choses que vous n'avez pas encore dites, et à commencer par les connaissances qui ne dépendent point de celles qui suivent. Enfin, il y a une manière de s'énoncer, proportionnée à leur faiblesse : ce n'est point par des définitions abstraites qu'on leur fera connaître les objets dont on leur parle, mais par des caractères sensibles, et qui les rendent faciles à distinguer.

(LHOMOND, *Eléments de grammaire française*, Préface.)

Nous ne parvenons aux idées générales qu'après avoir passé par les idées particulières... Avant que de parler de *dizaine*, sachez si votre jeune homme a l'idée d'*un*; avant de lui parler d'*armée*, montrez-lui un *soldat*...

Il y a un ordre à observer dans l'acquisition des connaissances. Le grand point de la didactique, c'est-à-dire de l'art d'enseigner, c'est de connaître les connaissances qui doivent précéder et celles qui doivent suivre.

(*Encyclopédie*, art. *Éducation*, de DUMARSAIS.)

Je pense que, pour se rendre utile le plus qu'il est possible à ceux qu'on enseigne, il faut surtout les aider à s'instruire, c'est-à-dire les conduire de manière qu'ils s'instruisent et s'éclairent eux-mêmes. La plus grande habileté d'un homme qui enseigne, c'est, à mon avis, d'apprendre à son disciple à chercher et à trouver lui-même la vérité, c'est de le placer dans des points de vue d'où il aperçoive de lui-même tout ce qu'on souhaite de lui faire voir. Si on lui fournit des principes d'où il tire lui-même les conséquences, il regarde ces principes comme siens par la facilité avec laquelle il les conçoit d'abord, et il ne croit pas moins siennes les conséquences parce que c'est lui-même qui les tire. Comme ceux qui sont ainsi enseignés se doivent en quelque sorte à eux-mêmes leurs lumières et leurs connaissances, qu'ils ont eux-mêmes vu et qu'ils ont eux-mêmes découvert, ils regardent leur érudition comme leur propre ouvrage. Par là leur affection s'y attache tout autrement. On voit avec plaisir ses propres productions, et ce plaisir dédommage de tout ce qu'on essuie de fatigue en cherchant et en étudiant. Un homme qui sent ses forces est ravi d'en faire usage. Ce qu'on sait non seulement pour l'avoir lu, mais pour l'avoir cherché, ou pour l'avoir sérieusement examiné, on le possède tout autrement, on se le rend propre, on le lie avec le reste de ses connaissances, on le transforme en sa nature, on n'y sent rien d'étranger. La nature transforme ainsi les aliments et les abeilles forment ainsi leur miel des sucs qu'elles ramassent, mais qu'elles digèrent... La bonne méthode d'enseigner, en même temps qu'elle enrichit l'esprit de nouvelles connaissances, perfectionne les facultés de l'homme, leur donne de la justesse et la fécondité.

(De Crousaz, *La logique*, t. IV, p. 323-326.)

La meilleure manière de cultiver les facultés de l'âme, c'est de faire tout ce qu'on veut savoir; par exemple, d'appliquer immédiatement les règles de la grammaire qu'on apprend. On possède très bien une carte géographique, si l'on peut l'exécuter soi-même. Le meilleur auxiliaire du comprendre, c'est le faire. Ce qu'on apprend le plus solidement et qu'on retient le mieux, c'est ce qu'on apprend par soi-même.

(Kant, *De la pédagogique*, § 36, 37.)

C'est par l'analogie, et par elle seule, que la sphère de nos habitudes (intellectuelles) s'étend, et embrasse successivement différents systèmes d'idées; c'est l'analogie qui rend si douce la pente qui mène du connu à l'inconnu, de ce qui est familier à ce qui est nouveau, que la pensée y glisse pour ainsi dire sans s'en apercevoir : on apprend et on croit ne faire que se ressouvenir; on est dans un monde nouveau, et il semble qu'on ne soit pas sorti de l'enceinte de ses habitudes. C'est ainsi que les bons maîtres, imitant la sage nature, nous conduisent par degrés de l'ombre à la lumière, et accoutument insensiblement nos faibles yeux à fixer la vérité.

(Maine de Biran, *Influence de l'habitude*, p. 274.)

Tout enseignement scientifique dicté, expliqué, analysé par des hommes qui n'ont pas appris à parler et à penser conformément aux lois de la nature; tout enseignement scientifique qui, semblable à un *Deus ex machinâ*, fera entrer comme par magie ses définitions dans l'intelligence des enfants, ou plutôt les leur soufflera à la façon des souffleurs de théâtre, tombera nécessairement et misérablement, tant qu'il suivra cette voie, au rang d'un système propre à former des comédiens. En effet, quand on laisse dormir les facultés fondamentales de l'esprit humain et quand, sur ces facultés endormies, on vient greffer des mots, on ne fait que des rêveurs, dont les visions sont d'autant plus chimériques que les mots greffés sur leur pauvre intelligence assoupie sont plus grands et plus expressifs.

La marche suivie par la nature dans le développement de notre espèce est invariable. Il n'y a pas, il ne peut pas y avoir deux bonnes méthodes d'enseignement; il n'y en a qu'une, et c'est celle qui s'appuie absolument sur les lois éternelles de la nature. Mais il en existe une infinité de mauvaises, et chacune de celles-ci l'est d'autant plus qu'elle s'éloigne davantage des lois naturelles et d'autant moins qu'elle les observe de plus près. Je sais bien que ni moi, ni personne, ne sommes en possession de l'unique méthode qui soit la bonne; mais je fais tous les efforts qui sont en mon pouvoir pour en approcher.

Quant aux autres méthodes, je n'ai, pour les apprécier, qu'une seule et unique règle : *Vous les reconnaîtrez à leurs fruits.* Virilité et bon sens, virilité et sens commun, tels sont les résultats que je demande à une méthode, telles sont pour moi les seules garanties de sa valeur propre. Mais lorsque l'élève porte au front la marque ineffaçable qu'y impriment l'étouffement général des facultés naturelles, l'absence de virilité et de sens commun, je condamne la méthode, quels que soient d'ailleurs les avantages qu'elle présente. Je ne veux pas dire qu'une méthode de ce genre ne puisse former de bons tailleurs, de bons cordonniers, de bons marchands ou de bons soldats, mais je dis qu'elle ne peut former un soldat ou un marchand qui soit un homme, dans le sens élevé du mot.

Dans tout le cours de ces expériences, les principes de ma méthode se déroulèrent et se précisèrent peu à peu dans mon esprit, et je vis de jour en jour plus clairement qu'il ne s'agit pas de raisonner avec les petits enfants, mais que, pour développer leur intelligence, il faut s'en tenir aux points suivants :

1° Étendre graduellement le cercle de leurs intuitions;

2° Graver dans leur mémoire, en caractères nets, clairs et distincts, les intuitions dont ils ont conscience;

3° Leur apprendre un langage qui embrasse toutes les notions que l'art et la nature leur ont déjà fournies, et même une partie de celles qu'ils doivent encore leur fournir.

(Pestalozzi, *Comment Gertrude instruit ses enfants*, Lettres, I, X.)

Les principes de la méthode de Pestalozzi, d'après son disciple Fischer.

1° Il veut donner à l'esprit une culture intensive et non pas seulement extensive, le fortifier et non pas seulement le meubler.

2° Il rattache tout son enseignement à l'étude du langage.

3° Il cherche à fournir à l'esprit, pour toutes ses opérations, des données, des formules ou rubriques, ou idées-mères.

4° Il veut simplifier le mécanisme de l'enseignement et de l'étude.

5° Il veut populariser la science.

(Lettre de Fischer à Steinmüller, citée dans *Gertrude*, Lettre I.)

Que peut-on exiger d'une bonne méthode dans chaque étude? On peut demander qu'elle serve à faire arriver dans le moindre espace de temps au plus haut degré d'avancement pour la théorie et la pratique. Comme toute espèce d'instrument, elle doit opérer vite et bien. C'est là son but prochain applicable à l'instruction de tous les âges. Mais, relativement à l'enfance, elle en a un autre plus éloigné qui n'est pas entièrement renfermé dans le précédent. On veut qu'elle serve à développer les facultés le plus possible.

La considération du temps est très importante. Non seulement il faut que l'enfant avance, mais qu'il se sente distinctement avancer. Ainsi la portée de chaque méthode doit à cet égard être assez connue pour qu'on sache si des intelligences de force moyenne ont la chance de retirer quelque fruit heureux du temps toujours limité qui peut être consacré à une étude particulière.

Il semble qu'en exigeant l'avancement dans la théorie et dans la pratique, on pourvoit par cela seul au développement des facultés. Les connaissances théoriques excluent, j'en conviens, l'aveugle routine, et pourtant on peut les acquérir sans que l'intelligence ait tout son essor. La faculté d'investigation n'est pas exercée quand l'élève ne fait autre chose que comprendre ce qu'on lui explique. Les efforts d'attention peuvent être grands chez lui, excessifs même, sans que tout son esprit soit exercé.

Pour lui donner une véritable activité, il faut avoir à lui proposer une recherche.

L'application de cette vérité, aujourd'hui bien reconnue, est l'objet de nombreux essais d'éducation. Depuis que Pestalozzi a donné l'impulsion, la voie analytique est tentée de toutes parts. On veut faire découvrir à l'enfant les principes de chaque science, et on le met par conséquent dans la situation des inventeurs. Placé en regard des faits par un maître qui se suppose ignorant lui-même, il est invité à les comparer. Quand il ne remarque rien ou ne fait que des rapprochements insignifiants, de nombreuses questions servent à le mettre sur le bon chemin, jusqu'à ce qu'une idée heureuse vienne à l'éclairer et le conduise enfin au principe. Mais pendant cette longue route, l'enfant, qui ne sait pas à quoi l'on en veut venir, et qui n'a pas de but bien distinct en vue, malgré l'honneur de la découverte dont on le flatte, n'est pas toujours traité en être doué de sens. Il ignore pourquoi on l'applaudit ou on le rebute, selon qu'il indique une ressemblance ou une autre entre les faits; et comme il ne croit pas à l'ignorance du maître, et qu'il ne doit pas y croire pour le respecter, il s'étonne qu'on lui fasse si longtemps chercher ce qu'il serait plus simple de lui dire.

Il faut convenir que, dans la méthode inverse, où le principe général commence par être établi, les rôles sont plus naturellement distribués. L'homme instruit parle, l'ignorant écoute et demande des explications s'il ne comprend pas. N'ayant rien encore à démêler avec la masse immense et confuse des faits particuliers qu'il ignore, il ne prend d'abord connaissance que des faits généraux, significatifs, propres à en rallier un grand nombre d'autres, et il ne charge pas prématurément sa mémoire d'un trop lourd fardeau. Il croit voir clairement la route qu'il suit, et un ordre lumineux semble présider à sa marche.

A la vérité, il peut y avoir de l'illusion; le premier principe et ses dérivés sont longtemps admis sur parole, et comme ils ne représentent rien de sensible et de réel, on n'est pas toujours sûr que l'élève y attache un sens. L'application de la règle peut ensuite mettre à l'épreuve son discernement; mais, lors même qu'il rencontre juste, jamais il ne cherche à rien découvrir. Son jugement peut être exercé, non sa faculté inventive.

La supériorité de la méthode d'investigation pour tenir l'esprit en haleine est bien évidente... Cette marche est-elle applicable universellement? c'est ce dont il est permis de douter; mais sa combinaison avec l'autre méthode me paraitrait avantageuse à plusieurs égards... Pourquoi éviter de varier les moyens avec l'enfance? L'unité de principe dans les méthodes vaut-elle l'avantage d'une bonne disposition morale ou intellectuelle de plus?

En examinant ce sujet, on voit que les meilleures conditions exigées dans une méthode doivent se modifier réciproquement, et qu'aucun des avantages qu'elle peut offrir ne doit être séparé des autres... Mais l'on devrait condamner toute méthode qui ne ferait pas pénétrer le jeune esprit jusqu'au cœur même de la science, jusqu'à ces idées théoriques ou centrales qui seules donnent aux connaissances de la consistance et de l'unité. Les efforts pour parvenir à cette profondeur sont salutaires et fortifiants, la peine et le travail ont leur récompense. Il y a une satisfaction infinie à bien comprendre ce qu'on sait, à le saisir au moyen des facultés pensantes les plus relevées; satisfaction qui n'est pas sans rapport avec le contentement de la conscience.

(Mme Necker de Saussure, *L'éducation progressive*, liv. IV, ch. VII.)

Il est des instituteurs qui n'ont aucune confiance dans la capacité des enfants. Ils se croient dans la nécessité de leur apprendre tout mot pour mot, et les réduisent au rôle triste et abject d'écouter, de lire, d'apprendre de mémoire ce qu'ils lisent ou entendent, pour le réciter fidèlement, comme ils viennent de le lire ou de l'entendre. Les jeunes têtes ne sont donc à leurs yeux que des vases où l'on peut mettre tout ce qu'on veut, et que l'on renverse ensuite pour trouver ce que l'on y a jeté. Cette méthode, si toutefois il est permis de lui donner ce nom, n'a que trop de partisans parmi les instituteurs de tous les pays. C'est elle qui nous produit tant d'adultes qui, incapables de penser eux-mêmes, ne sont que les échos des paroles d'autrui.

Le système opposé refuse toute instruction directe aux enfants. Il veut que l'on s'en tienne à exciter leurs facultés intellectuelles, pour qu'ils trouvent d'eux-mêmes tout ce que l'on désire leur apprendre. Sa maxime est que l'homme ne sait bien que ce qu'il sait de lui-même. Les instituteurs qui en ont fait leur règle donnent à leur procédé le nom de méthode socratique, tout enchantés qu'ils sont de n'être, comme le sage d'Athènes, que des accoucheurs de l'esprit. Mais ne se trompent-ils pas? Socrate n'avait pas des enfants devant lui dans ses conversations; il avait des hommes d'âge mûr qui avaient fait des études, et qui étaient dans les affaires. Les interlocuteurs comprenaient les questions que leur adressait le philosophe, tout comme celui-ci connaissait les opinions qu'il voulait redresser ou développer chez ceux qui conversaient avec lui. Il ne s'agissait donc que de mettre plus d'ordre et de conséquence dans leurs idées, ou de les conduire plus loin qu'elles n'étaient allées. Or, il n'en est pas ainsi chez les enfants. Si par la pensée vous les remettez au berceau, vous trouverez sans doute que, conduits principalement par les soins maternels, ils ont fait pour leur âge beaucoup de chemin dans la culture intellectuelle : mais si vous envisagez le terme où il faut les conduire par l'éducation, vous verrez que ce qui reste à faire pour le développement de l'esprit ne peut pas se réduire à de simples questions qui ne font que demander, et qui ne donnent rien. Où en seraient les sciences, les arts et les métiers, si chacun était obligé de commencer à neuf et de tout inventer?

Il y a un juste milieu entre les deux extrêmes qui nous occupent, et c'est dans ce milieu que se rencontrent le bien et le vrai. La culture que l'on destine à l'enfance doit être le produit commun des leçons directes qu'on lui donne, et de ce qu'elle est capable de trouver elle-même sur le chemin qu'on lui fraye.

(Le P. Girard, *De l'enseignement régulier de la langue maternelle*, liv. III, ch. III.)

En matière d'éducation, on ne peut réussir qu'en mettant son activité aux ordres de la nature, et en secondant le développement spontané de l'esprit dans son progrès vers la maturité.

Il va sans dire que ce principe fondamental de l'éducation, à savoir que la distribution des études et leur méthode doivent correspondre à l'ordre d'évolution et au mode d'activité des facultés, principe si visiblement vrai qu'une fois énoncé il semble clair comme la lumière, n'a jamais été complètement mis en oubli. Les maîtres y ont nécessairement eu égard dans leurs cours d'études scolaires, par la bonne raison que l'éducation n'est possible qu'à cette condition. On n'a jamais enseigné la règle de trois à des enfants avant qu'ils eussent appris à faire des additions. On ne leur a jamais fait faire de compositions avant qu'ils sussent écrire. Les sections coniques ont toujours été précédées des éléments d'Euclide. Mais l'erreur des vieilles méthodes consiste en ceci qu'elles n'admettent point dans le détail ce qu'elles admettent dans le général. Cependant le principe s'applique à tout. Si, depuis le moment où l'enfant peut concevoir le rapport de position entre deux objets, jusqu'au moment où il peut concevoir la terre comme une sphère formée de continents et de mers, couverte de montagnes, de forêts, de rivières et de villes, roulant sur son axe et tournant autour du soleil, il doit s'écouler des années; s'il passe d'un concept à l'autre par degrés; si les concepts intermédiaires sont de plus en plus larges, de plus en plus composés : n'est-il pas évident qu'il existe un ordre général de succession par lequel il doit passer; que chaque concept est formé par la réunion de concepts plus bornés et les présuppose; et que présenter un concept à l'enfant, avant qu'il possède ceux qui en composent les éléments, est à peu près aussi absurde qu'il le serait de proposer à l'esprit le concept final de la série avant le concept initial? Pour se rendre maître d'un sujet, il faut passer par une suite d'idées de plus en plus complexes. L'évolution des facultés correspondantes consiste dans l'assimilation de ces idées : ce qui en réalité est impossible, si elles ne sont pas présentées à l'esprit dans l'ordre normal. Et quand cet ordre n'est pas observé, il en résulte qu'elles sont reçues avec apathie, avec dégoût; et qu'à moins que l'élève ne soit assez intelligent pour combler lui-même au besoin les lacunes, ces idées restent dans sa mémoire à l'état de faits morts dont il ne peut guère se servir.

1° Qu'en matière d'éducation spontanée, nous procédions du simple au composé, c'est là une vérité sur laquelle on s'est, dans une certaine mesure, toujours fondé. L'esprit se développe. Comme toutes les choses qui se développent, il progresse de l'homogène à l'hétérogène : un système normal d'éducation est la contre-partie objective de cette marche subjective, il doit contenir la même progression... Ce n'est pas seulement dans les détails que l'éducation doit procéder du simple au composé, c'est aussi dans l'ensemble.

2° Le développement de l'esprit, comme tous les autres développements, est un progrès de l'indéfini au défini... Les premières perceptions et les premières idées sont vagues, comme les premiers essais de langage, comme les premiers mouvements. De même que d'un œil rudimentaire, distinguant seulement la lumière des ténèbres, le progrès est à un œil qui distingue les nuances et les détails de forme avec une grande exactitude; de même l'intelligence, considérée dans son ensemble ou dans chacune de ses facultés, commence par les distinctions les plus grossières entre les objets et les actions, pour finir par des distinctions d'une finesse et d'une netteté croissantes. Nos cours d'études et nos méthodes d'éducation doivent se conformer à cette loi générale... Ainsi nous devons nous contenter, dans l'éducation, de commencer par des notions grossières [1], puis tendre à les éclaircir graduellement, en facilitant l'acquisition d'une expérience qui corrigera d'abord les plus grosses erreurs, et ensuite successivement les erreurs moindres. La formule scientifique ne doit être donnée que lorsque les conceptions sont arrivées à leur perfection.

3° Dire que les leçons doivent partir du concret pour aller à l'abstrait, c'est, en apparence, répéter en partie le premier principe que nous avons posé. Cependant c'est une maxime qu'il faut énoncer, au moins dans le but de montrer ce que sont réellement, en certains cas, le simple et le composé; car malheureusement il y a eu beaucoup de malentendus sur ce point. Les hommes croient que, parce que les formules générales qu'ils ont trouvées pour exprimer des groupes de cas particuliers ont simplifié leurs conceptions l'une après l'autre en réunissant plusieurs faits en un seul, ces mêmes formules simplifieront de même les conceptions d'un enfant. Ils oublient qu'une généralisation n'est simple qu'en comparaison de la masse des vérités particulières qu'elle comprend, mais qu'elle est plus complexe

1. C'est-à-dire n'ayant pas encore une *précision scientifique.*

qu'aucune de ces vérités prises isolément; que ce n'est qu'après qu'un certain nombre de ces vérités isolées ont été acquises que la généralisation soulage l'esprit et aide la raison, et que, pour un esprit qui ne possède point les vérités isolées, la généralisation reste nécessairement un mystère. C'est ainsi que, confondant deux espèces de simplification, les maîtres ont constamment erré en commençant par les « premiers principes » : manière de procéder, essentiellement, sinon en apparence, contraire à la règle principale, qui est de présenter à l'esprit les principes par l'intermédiaire des exemples, de le conduire du particulier au général, du concret à l'abstrait.

4° L'éducation de l'enfant doit s'accorder, dans le mode et dans l'ordre suivis, avec l'éducation de l'humanité, considérée au point de vue historique.

Puisque l'intelligence humaine, placée au milieu des phénomènes et s'efforçant de les comprendre, est, après une suite infinie de comparaisons, de spéculations, d'expériences, de théories, arrivée à la science de chaque objet par une route particulière, on peut inférer raisonnablement de là que le rapport de l'esprit aux phénomènes est tel, qu'il ne peut acquérir cette science par aucune autre route. De là vient que, pour trouver la bonne méthode d'éducation, il faut consulter la marche qu'a suivie la civilisation.

5° Une des conclusions auxquelles on est conduit par là, c'est que, dans chaque branche de connaissances, il faut procéder de l'empirique au rationnel. Dans la marche du progrès humain, chaque science sort de l'art qui lui correspond. Il résulte de la nécessité où nous sommes, comme individus et comme races, d'arriver à l'abstrait par la voie du concret, qu'une expérience répétée et des généralisations empiriques doivent exister avant que la science puisse être. La science est la connaissance organisée; et pour que la connaissance puisse être organisée, il faut d'abord qu'elle existe.

6° Un second corollaire du principe général que nous venons d'énoncer, corollaire sur lequel on ne saurait trop insister, c'est qu'en matière d'éducation, il faut encourager de toutes ses forces le développement spontané... Nous pouvons suivre jusqu'au bout avec confiance la discipline de la nature; nous pouvons, en exerçant habilement notre ministère, faire en sorte que l'esprit se développe aussi spontanément dans ses dernières phases que dans les premières, et à cette condition seulement nous lui ferons porter tous ses fruits.

7° Comme une dernière pierre de touche, qui peut nous faire juger de l'excellence d'un plan d'éducation, vient cette question : y a-t-il chez un enfant excitation agréable? Toutes les fois qu'il y a du doute sur la question de savoir lequel de deux modes ou de deux ordres d'études est le plus en harmonie avec les principes précédemment posés, nous pouvons avec sûreté nous servir de ce critérium. Même lorsque l'un des deux paraît meilleur en théorie, du moment où il n'excite point l'intérêt, ou bien l'excite à un moindre degré que l'autre, il faut y renoncer; car les instincts intellectuels d'un enfant sont plus sûrs que nos raisonnements...

(M. HERBERT SPENCER, *De l'éducation,* ch. II.)

TROISIÈME PARTIE

LES MÉTHODES D'ENSEIGNEMENT

CHAPITRE PREMIER

LES LEÇONS DE CHOSES

I. *L'objet et la méthode des leçons de choses.* — Nature et objet propre des leçons de choses. Leur utilité. Difficultés de cet enseignement; nécessité d'une préparation minutieuse. Marche à suivre. Manière d'y intéresser l'élève.
II. *Exemples de leçons de choses.*

Extraits de : **Rabelais, Montaigne;**
Coménius, l'abbé Fleury, Fénelon;
Carpentier;
Herbert Spencer, Bain.

I. — L'objet et la méthode des leçons de choses.

Commençoyent a deviser joyeusement ensemble, parlans, pour les premiers mots, de la vertu, propriété, efficace et nature de tout ce qui leur estoit servi a table. Du pain, du vin, de l'eau, du sel, des viandes, poissons, fruictz, herbes, racines et de l'apprest d'ycelles. Ce que faisant, apprint en peu de temps tous les passaiges a ce competens en Pline, Athenée, Dioscorides, Aristoteles, Elian et aultres.

(Rabelais, *Gargantua*, liv. I, ch. xxiii.)

A cet apprentisage (à parler et à juger), tout ce qui se présente à nos yeux sert de livre suffisant : la malice d'un page, la sottise d'un valet, un propos de table, ce sont autant de nouvelles matières.

(Montaigne, *Essais*, liv. I, ch. xxv.)

Comme les premiers objets dont les enfants sont frappés sont le dedans d'une maison, ses diverses parties, les meubles et les ustensiles du ménage, il n'y a qu'à suivre leur curiosité naturelle pour leur apprendre agréablement l'usage de toutes ces choses et leur faire entendre, autant qu'ils en sont capables, les raisons solides qui les ont fait inventer.

Les enfants ne vivront ni en l'air ni parmi les astres, encore moins dans les espaces imaginaires, au pays des êtres imaginaires, ou de secondes intentions; ils vivront sur la terre, dans ce bas monde, tel qu'il est aujourd'hui.

Il faut qu'ils connaissent la terre qu'ils habitent, le pain qu'ils mangent, les animaux qui les servent, et surtout les hommes avec qui ils doivent vivre et avoir affaire.

(FLEURY, *Traité du choix et de la méthode des études*, ch. XXVI.)

La curiosité des enfants est un penchant de la nature qui va comme au-devant de l'instruction; ne manquez pas d'en profiter. Par exemple : à la campagne ils voient un moulin, et ils veulent savoir ce que c'est; il faut leur montrer comment se prépare l'aliment qui nourrit l'homme. Ils aperçoivent des moissonneurs, il faut leur expliquer ce qu'ils font, comment on sème le blé, et comment il se multiplie dans la terre. A la ville, ils voient des boutiques, où s'exercent plusieurs arts, et où l'on vend diverses marchandises. Il ne faut jamais être importuné de leurs demandes : ce sont des ouvertures que la nature vous offre pour faciliter l'instruction : témoignez y prendre plaisir; par là vous leur enseignerez insensiblement comment se font toutes choses qui servent à l'homme, et sur lesquelles roule le commerce. Peu à peu, sans étude particulière, ils connaîtront la bonne manière de faire toutes ces choses qui sont de leur usage, et le juste prix de chacune, ce qui est le vrai fond de l'économie. Ces connaissances, qui ne doivent être méprisées de personne, puisque tout le monde a besoin de ne se pas laisser tromper dans sa dépense, sont principalement nécessaires aux filles.

(FÉNELON, *Education des filles*, ch. IV.)

Je veux que mon fils sache comment se font les bas, les souliers, les draps pour les habits, les toiles, les différents apprêts nécessaires avant de mettre en emploi les matières dont on se sert, et autant qu'il est possible la manière d'employer ces matières. Les jours de congé, nous le mènerons, lui et ses petits collègues, dans des manufactures, dans les différents ateliers, chez les ouvriers.

J'entends par *nomenclature* la dénomination des choses et l'explication de leurs usages. Autant que nous le pourrons, nous présenterons dans cet exercice les objets dont nous voudrons dire les noms et expliquer les propriétés... A la promenade ou à la maison, aux champs ou à la ville, on trouve partout des choses. Toutes ces choses ont des noms, des usages, des propriétés : aussi cet exercice peut se faire partout.

(Carpentier, *Nouveau plan d'éducation pour former des hommes instruits et des citoyens utiles*, articles vi et vii.)

Passant aux leçons de choses, qui forment évidemment une continuation naturelle de la première culture des sens, nous ferons remarquer que le système communément suivi est complètement différent de celui de la nature, tel qu'il apparaît dans l'enfance, dans la vie adulte et dans l'histoire de la civilisation... Tout manuel de leçons de choses contient une liste de faits qu'on *dira* à l'enfant au sujet de chaque objet mis devant lui. Or nous savons par la plus légère observation de la vie journalière d'un enfant, que tout ce qu'il apprend avant de savoir parler, il l'apprend de lui-même... Dans l'âge adulte, quand on n'a plus de maîtres sous la main, on fait soi-même, heure par heure, ses observations; l'on tire soi-même, jour par jour, les conclusions dont on a besoin pour se conduire... Est-il donc probable que, lorsque nous voyons la marche suivie dans l'évolution de l'humanité tout entière se reproduire chez l'enfant et chez l'homme, une marche opposée doive être suivie pendant la période qui s'étend de l'enfance à la maturité, et cela dans une chose aussi simple que d'apprendre à connaître les propriétés des objets? N'est-il pas clair, au contraire, qu'il faut suivre en tout et toujours la même méthode? Et la nature ne nous y conduit-elle pas continuellement, si nous avons seulement l'esprit de le voir et l'humilité de nous y soumettre? Qu'y a-t-il de plus manifeste que le désir de sympathie intellectuelle qu'éprouvent les enfants?... Écoutez l'ardente volubilité avec laquelle tout marmot raconte les choses nouvelles qu'il a vues, si seulement il peut trouver quelqu'un pour lui prêter l'oreille. Devant de pareils faits, l'induction est toute tirée. N'est-il pas clair que nous devons conformer notre marche à ces instincts intellectuels, que nous devons systématiser le procédé de la nature, écouter tout ce que l'enfant a à nous dire sur chaque objet, l'encourager à dire le plus qu'il peut, attirer quelquefois son attention sur des faits qui lui ont échappé (cela en vue de le mettre sur la voie de les observer de lui-même quand ils se représenteront), et bientôt lui fournir ou lui indiquer de nouvelles séries d'objets sur lesquels il puisse de lui-même s'exercer par un examen complet?... Il est évident que cette manière est la plus propre à lui donner l'habitude d'observer à fond, ce qui est l'objet déclaré des leçons de choses. *Dire* les choses à un enfant et les lui *montrer*, ce n'est pas là lui apprendre à observer, c'est faire de lui un simple réceptable des observations des autres; c'est affaiblir plutôt que fortifier sa disposition naturelle à s'instruire spontanément; c'est le priver du plaisir que procure l'activité couronnée de succès; c'est lui présenter l'attrayante acquisition des connaissances sous la forme d'un enseignement formel, et produire par là l'indifférence, le dégoût, que montrent souvent les enfants pour ces sortes de leçons. Au contraire, procéder de la manière que nous avons indiquée, c'est apporter à l'esprit la nourriture qu'il désire, c'est ajouter aux appétits intellectuels les sentiments qui leur sont naturellement associés : l'amour-propre et le besoin de sympathie ; c'est amener par la réunion de tous ces motifs une intensité d'attention qui procure des perceptions fortes et complètes; c'est enfin habituer l'esprit, dès le commencement, à s'aider lui-même, habitude qu'il conservera toute la vie.

(M. HERBERT SPENCER, *De l'éducation*, ch. II.)

Je veux examiner en détail les leçons de choses, qui servent d'introduction à l'étude plus régulière des différentes branches des connaissances naturelles, et dont le caractère vague les expose à dévier quelquefois de la bonne route.

Les leçons de choses doivent s'étendre à tout ce qui sert à la vie et à toutes les actions de la nature. Elles portent d'abord sur des objets familiers aux élèves, et complètent les idées qu'ils en ont en y ajoutant les qualités que ceux-ci n'avaient pas remarquées. Elles passent ensuite à des objets que les élèves ne peuvent apprendre à connaître que par des descriptions ou des figures, et finissent par l'étude des actions les plus cachées des forces naturelles.

Voici les inconvénients que peuvent présenter ces leçons : elles peuvent être superflues, et occuper un temps précieux à des choses que les enfants savent très bien ou qu'ils apprendront bientôt de leur propre mouvement, par leurs observations personnelles et par leurs conversations avec leurs parents et leurs camarades. En second lieu, le maître regardera peut-être comme connus des faits que les élèves ne peuvent encore comprendre, ou qu'ils ne comprennent pas assez pour en faire le point de départ de quelque connaissance nouvelle; c'est là une erreur qui est à craindre à tous les moments de l'éducation. En troisième lieu, ces leçons mènent souvent à des digressions intempestives et sans règle. Enfin il n'existe pas de liaison entre les leçons, et par conséquent point de rapports instructifs ni d'appui mutuel.

Toutes les considérations de choix, d'ordre et d'habileté d'exposition doivent ici céder le pas aux lois fondamentales d'explication par les accords et les différences, à celle des idées abstraites, et à la règle qui prescrit de passer du connu à l'inconnu, du simple au composé, de l'empirique au rationnel. Tout maître doit être pénétré de ces vérités de manière à les avoir toujours sous les yeux dans tous les détails de son enseignement.

Pour donner les règles des leçons de choses, il faut d'abord en distinguer les différentes formes, et déterminer la tendance exacte de chacune d'elles. Evidemment nous devons observer un ordre qui corresponde à l'âge des élèves, et cet ordre suppose un classement bien défini.

Pestalozzi, l'un des premiers qui se soient servis des leçons de choses, les regardait uniquement comme un moyen d'enseigner aux enfants l'emploi des mots, c'est-à-dire de leur donner les moyens de connaître les objets exprimés par les mots. Mais la connaissance des choses a une valeur supérieure et indépendante, et n'est pas seulement un accessoire de la correction du langage; aussi devons-nous considérer les leçons de choses uniquement comme des moyens d'instruction.

La leçon de choses laisse de côté l'arithmétique ou la considération des nombres ainsi que les exercices sur la forme et la couleur, sur la géographie et l'histoire.

Elle ouvre aux élèves trois vastes domaines, l'histoire naturelle, les sciences physiques et les arts utiles, ou tout ce qui sert aux besoins journaliers de la vie ordinaire...

Si l'on se borne à ce que savent les élèves, on ne leur apprend rien; si l'on cherche à ajouter à leurs connaissances, on finit par arriver à quelque chose d'inintelligible pour eux... Au début, il faut ne parcourir qu'une très faible distance, et ne demander que fort peu de choses aux connaissances déjà acquises par l'enfant. Mais cette prudence même ne pare pas à tout inconvénient. Le vrai remède consiste à faire le plan d'une série de leçons arrangées de telle sorte que chacune prépare la suivante, et se guider, à mesure qu'on avance, sur ce qu'on a déjà enseigné. Sans doute, il est impossible de le faire avec une exactitude rigoureuse à l'âge des connaissances décousues, mais on y réussit dans une certaine mesure...

La seconde condition essentielle pour une leçon de choses, c'est qu'elle ait un but défini, une portée limitée. Le maître devra réfléchir à la direction qu'il doit lui imprimer. Que les leçons soient d'abord un peu décousues, c'est ce qu'il est peut-être impossible d'empêcher; mais il faut que peu à peu il leur donne une certaine unité. Or, une leçon de choses peut avoir bien des buts différents, auxquels on n'arrive pas par la même voie...

La troisième loi des leçons de choses se rapporte à leur emploi pour augmenter le nombre des conceptions concrètes, fait que l'on exprime d'ordinaire en disant qu'elles cultivent ou développent la faculté de conception ou imagination... Il peut arriver que le maître s'exagère le pouvoir qu'il a d'augmenter par ses descriptions le nombre des conceptions concrètes contenues dans l'esprit de ses élèves; il se peut surtout qu'il se trompe sur le rapport réel des leçons de choses avec ce développement...

Si nous examinons plus à fond les règles de ce mode d'enseignement, nous verrons qu'il appartient à la forme empirique, ce qui veut dire un enseignement dans lequel les faits sont énoncés d'une manière complète, fidèle et exacte, mais sans être expliqués ou ramenés aux premiers principes dont ils dépendent... L'empirisme est l'essence même de la leçon de choses.

(M. Bain, *La science de l'éducation*, liv. II, ch. iv.)

II. — Exemples de leçons de choses.

1. *Le gros bestail.*

Les bestes de somme sont animaux privez et domestiques, qui nous aident et rendent service.

Car le chameau bossu nous sert au lieu de char ou chariot, pour porter autre part les choses pesantes.

Le cheval, remarquable pour son crin, et le plus généreux des bestes brutes, bien que brusque, fougueux et farouche de nature, est toutesfois domté et dressé, pour obéir à celuy qui le monte.

Mais neantmoins il s'effarouche aucunesfois, principalement lorsqu'il est sans frein ou sans bride, jette le cavalier par terre, et le blesse en ruant et regimbant.

Tandis qu'il est poullain, on ne luy met point de fer à la corne, c'est-à-dire on ne le ferre pas encor.

L'asne et asnon courbé estant frappé du baston de l'asnier ou du muletier, il brait et recane.

Le taureau avec son fanon pendillant mugle et mugit ; l'agneau bécle.

Le chien avec ses petits cagnets abboye l'estranger, qui s'approchant trop près de luy, il le mord, mesmes à la desrobée ou en cachette, et gronde contre luy.

Si tu l'irrites et le fasches, il grince les dents, en refroignant et entrouvrant la gueule; et gronde; si tu le bats, il se plaint autrement, il glappit et clapaude.

Espris de rage ou enragé, il court partout de çà de là, il mord et déchire tout ce qu'il rencontre, et par sa morsure rend hydrophobe ou craignant l'eau.

(Coménius, *La porte des Langues ouverte*, titre xvi.)

2. *Le chameau.*

Pour mieux faire comprendre les différentes règles des leçons de choses, je prendrai pour exemple une leçon sur le chameau.

Les élèves n'ont pas vu cet animal, mais on leur en montrera une image. Ce ne doit pas être une des premières leçons. Les animaux domestiques utiles, qui vivent avec l'homme, — le cheval, l'âne, la vache, le mouton, le daim, — doivent venir avant. Sans doute nous ne sommes pas tenus de suivre l'ordre rigoureux d'une description zoologique ; mais il y a une méthode à observer dans les détails. Nous pouvons d'abord désigner le chameau comme étant une bête de somme; non seulement c'est là un détail assez général et qui donnera la clef de bien des choses qui vont suivre, mais encore ce détail constate l'utilité effective de l'animal en question. On peut à ce propos faire une comparaison rapide entre le chameau et les autres animaux qui servent au même usage — le cheval, l'âne, le renne, l'éléphant —; mais il ne faut pas insister sur cette propriété comme si elle faisait le sujet de la leçon. Le véritable intérêt que présente le chameau dépend de son organisation particulière pour le désert. Nous avons là un double sujet avec action mutuelle ; c'est un cas de corrélation où l'ordre n'est nullement imposé. Nous pouvons commencer par la situation, c'est-à-dire par le désert, mais en ne décrivant celui-ci *que dans ses rapports avec le chameau*; nous pouvons en donner les traits sans aborder la question des causes, laquelle forme une leçon à part, qui appartient strictement au domaine de la géographie. « Dans plusieurs parties de l'Afrique, de l'Arabie et de la Syrie, se trouvent de vastes espaces qui n'ont d'eau et de végétation que sur des points fort éloignés les uns des autres, et présentent presque partout une surface de sable aride ou de rochers dénudés; les points sur lesquels on trouve de l'eau et de la végétation sont appelés oasis. » Il ne faudrait pas remonter aux causes du manque d'eau, et dire qu'il vient de la rareté des pluies, laquelle est due à l'éloignement des océans, et ainsi de suite. Ensuite viennent la forme et la structure du chameau. La bosse singulière qu'il porte est un point important dans la description de l'animal ; il faut dire aussi que quand celui-ci manque de nourriture, la bosse diminue, parce qu'elle lui sert de réserve alimentaire. Ensuite vient l'estomac, qui, par sa structure générale, ressemble à celui du bœuf, du mouton, du daim, — c'est un estomac ruminant, — mais qui en diffère en ce qu'il peut emmagasiner de la nourriture et de l'eau pour un temps assez long. Ses pieds sont larges, au lieu d'être compacts comme ceux du cheval; ils conviennent donc à la marche dans le sable; l'œil est protégé contre le sable qui s'élève en tourbillons dans le désert. Le genou permet à l'animal de s'agenouiller pour recevoir sa charge. Toute cette description tire son intérêt et sa raison d'être du seul point de vue de l'utilité. La description d'un naturaliste serait bien plus complète, et indiquerait certains points dont la raison immédiate échappe à l'observateur.

(M. Bain, *La science de l'éducation*, liv. II, ch. iv.)

CHAPITRE II

LA LANGUE MATERNELLE

I. *Le caractère de cet enseignement.* — Les idées et les mots; l'éducation et l'instruction. La méthode du P. Girard.
II. *L'écriture et la lecture.* — Simultanéité de ces deux enseignements. Description des procédés.
III. *L'enseignement de l'écriture.* — Règles de cet enseignement. Exemples pris à différentes époques.
IV. *L'enseignement de la lecture.* — Les divers procédés. Préceptes pédagogiques.
V. *La lecture expressive et la lecture expliquée.* En quoi elle consiste. Diverses manières d'expliquer le sens des mots.
VI. *Le goût de la lecture et les livres de lecture.* — Savoir lire, c'est aimer à lire. Les bons et les mauvais livres
VII. *Les exercices de récitation.* — Leur utilité. Valeur respective des morceaux de poésie et des morceaux de prose.
VIII. *Les exercices de composition.* — Leur caractère simple; exemples de sujets.
IX. *L'enseignement grammatical.* — Quel doit être son caractère et son but. La syntaxe. L'orthographe. La méthode historique.

Extraits de : **Cicéron, Quintilien;**
S. Jérôme;
Érasme, Vivès;
Descartes, Coustel, Nicole, Fénelon, Mme de Maintenon, Mme de Sévigné, l'abbé de la Salle;
Delaunay, Dupont de Nemours;
Butet de la Sarthe, Maria Edgeworth, Mme Campan, Mme Guizot, Damiron, le P. Girard, Matter, Burnouf, Horace Mann, Michelet, Dupanloup, Buisson, Gréard, Brachet, Bain, Legouvé.

I. — Le caractère de cet enseignement.

L'enseignement régulier de la langue pourrait, sans rien perdre, se calculer tout entier sur la culture intellectuelle, morale et religieuse des enfants. La raison en est palpable. D'un côté, tout est du domaine de la langue; car elle exprime tout ce que l'homme pense, sent, aime, désire, veut, fait et souffre. Elle a des expressions pour tout. D'un autre côté, l'enseignement régulier de la langue n'exige pas plus telle matière qu'une autre. Tout lui est indifférent, pourvu qu'il ait ce qu'il lui faut pour pouvoir appliquer et régler toutes les formes du langage que l'usage a établies. Ainsi rien n'empêche que l'instituteur, prenant la place de la mère dans ses leçons de langue, ne saisisse le fil de l'instruction éducative de la mère pour la développer de plus en plus, tout comme pour la rendre indélébile dans la pensée et les sentiments de l'enfance.

Au reste, quand bien même un instituteur ne se croirait pas tenu de faire servir l'enseignement de la langue à la culture de l'esprit et du cœur, et bornerait ses obligations à l'enseignement de la grammaire, il trouverait dans la définition même de l'art qu'il professe le précepte de s'occuper avant tout du développement de la pensée de son élève. Cet art ne se proclame-t-il pas celui qui apprend à parler et à écrire correctement la langue? Mais pour tenir parole, ne devrait-il pas commencer par apprendre à penser clairement et raisonnablement [1]?

(Le P. Girard, *De l'enseignement régulier de la langue maternelle*, liv. I, ch. II.)

1. « Le père Girard était moine (franciscain, si j'ai bonne mémoire); engagé dès sa première jeunesse dans l'ordre auquel il appartenait, il n'avait jamais quitté, que je sache, ni sa ville, ni sa cellule, qui n'était guère en vérité que sa ville au petit pied. A l'époque dont je parle (en 1819), il était déjà très âgé, mais tout plein de feu, de vie, et en même temps de finesse et de mesure. Je ne sache point que dans les vicissitudes de son existence cloîtrée, aucun reproche, voire même aucun soupçon se soit jamais élevé, ou sur la régularité de ses mœurs, ou sur la fidélité de son orthodoxie. Sa bonté envers sa famille, sa tendresse pour les enfants confiés à ses soins, sa charité envers les pauvres ont également toujours été au-dessus de toute atteinte; et pourtant en l'écoutant, en le suivant de l'œil, en le pressant de questions, il n'était guère possible de ne voir en lui qu'un simple religieux; l'homme de ce monde, sinon l'homme du monde, s'y trahissait sous le froc et le capuchon. Le bon sens pratique, la sagacité prudente, la prompte décision, une certaine liberté d'après un certain dégagé de pensée et de langage, dirai-je, un certain tour français y contrastait avec son accent national et sa profession, expliquant, sans la justifier en rien, la défiance qu'il inspirait à ses supérieurs, pour ne rien dire des ordres rivaux, et au gouvernement encroûté de son pays. Aussi son école tour à tour fermée, rouverte, tour à tour approuvée, dénoncée, n'a-t-elle pu porter tous ses fruits sur le sol natal et ses travaux ont-ils été plus utiles en France qu'en Suisse.

« Son école, on le sait, était une simple école primaire, mais une école

Parmi les résultats attendus de l'enseignement élémentaire, s'en trouve-t-il un qui soit intrinséquemment supérieur aux autres, qui doive être l'objet de l'intérêt incessant, de la sollicitude attentive du maître, comme étant une force centrale d'une remarquable puissance sur l'éducation? Je réponds hardiment : *oui, c'est la connaissance de la langue maternelle.* Car le langage est non seulement le vêtement, mais aussi le véhicule de la pensée.

Nous devons fonder l'enseignement de la langue sur ce fait que l'enfant connaît beaucoup plus de choses qu'il n'en peut exprimer, qu'il y a au fond de son intelligence une masse de vagues et incomplètes conceptions qu'il faut, au moyen des mots, faire passer de l'inconnu à la lumière et à la réalité. Provoquer la naissance des idées, les exprimer par des mots convenables, donner à l'enfant le sentiment de l'harmonie du langage, enfin l'élever de la simple notion des besoins physiques à la connaissance d'un monde plus élevé, tel est le but de nos leçons de langue.

L'enseignement de la langue doit commencer avec la lecture en obtenant une prononciation correcte et en donnant le sens exact des mots. Il comprend ensuite le choix des termes, la construction des phrases et leur liaison pour exprimer la suite des idées. A mesure que l'enfant apprend à penser, il doit apprendre à rendre ses idées en un langage correct.

Il n'est pas besoin d'une grammaire technique, sinon pour les élèves intelligents vers l'âge de quatorze ans, afin de leur

primaire de haute volée, une école préparatoire, mais une école préparatoire qui portait presque au-delà de l'enseignement supérieur. Le principe dirigeant de sa méthode, on le sait également, c'était l'exposition raisonnée des règles de la grammaire générale, exposition qui pouvait s'étendre à volonté, et qui s'étendait effectivement, entre ses mains, de l'abécédaire aux éléments de la psychologie par l'entremise souple, élastique, variée de la philosophie du langage. Je n'entrerai dans aucun détail ici, sur les diverses applications de cette méthode; on peut consulter, pour s'en instruire, les travaux de MM. Naville père et fils, de M. Rappet, aujourd'hui inspecteur général des écoles primaires en France, et plusieurs autres non moins dignes d'intérêt. J'ai rapporté moi-même, de notre entrevue, cinq petits cahiers dont ma femme s'est servie avec fruit pour l'éducation de mes enfants. »

(*Souvenirs du feu duc de Broglie*, t. II, p. 49-51.)

apprendre ce qui est généralement utile, l'analyse logique et grammaticale. Il faut très peu de temps pour acquérir alors la connaissance de la grammaire, mais le langage doit être cultivé à tous les degrés de l'école, et c'est par cet enseignement plus ou moins parfait, mieux que par toute autre chose, qu'on jugera de la valeur du maître.

(Méthodes américaines, citées par M. Buisson, *Rapport sur l'instruction primaire à l'Exposition universelle de Philadelphie.*)

II. — L'écriture et la lecture.

Il faut enseigner simultanément la lecture et l'écriture.

(Érasme, *Dialogue de la bonne prononciation*, p. 774.)

Une chose essentielle, que je conseille aux parents... est de leur mettre la plume à la main dès qu'ils commencent la lecture, et de les faire écrire quelque jeunes qu'ils puissent être; cet exercice les avancera extraordinairement.

(P. Delaunay, *Méthode pour apprendre à lire le français et le latin.*)

Dans cet ordre d'études, on avait oublié l'instinct de l'enfance qui aime plus à occuper ses mains que sa tête, qui n'occupe bien sa tête que lorsqu'elle exerce ses doigts. On l'avait tellement oublié, on se le rappelle si peu, que je vais paraître paradoxal en disant qu'il faut commencer l'instruction littéraire des enfants par leur apprendre à écrire, et qu'on ne doit s'embarrasser aucunement de la lecture, dont on n'aura pas besoin de faire une étude à part, si l'écriture est bien enseignée. Je me hâte de repousser la prévention qui fera d'abord regarder cette méthode comme absurde, et comme une rêverie de l'esprit innovateur, en ajoutant que j'ai eu le bonheur d'avoir à élever plusieurs enfants qui sont aujourd'hui des hommes de mérite, d'excellents citoyens, et qui n'ont jamais appris spécialement à lire. Je renouvelle l'expérience auprès d'une seconde génération. Il ne s'agit donc pas d'une *idée*, mais d'un fait constaté avec succès sur un assez grand nombre d'individus.

(Dupont de Nemours, *Vues sur l'éducation nationale par un cultivateur*, 1er cahier.)

On a parlé avant d'écrire, et on a écrit avant de lire, car on ne lit que ce qui a été écrit, et l'on n'écrit que ce qui a été préalablement dit. Or l'ordre suivi dans les écoles est absolument opposé à la marche de l'instruction primaire : on n'y enseigne à écrire qu'après avoir enseigné à lire, et l'on n'y enseigne à parler qu'après avoir enseigné à lire et à écrire.

(BUTET DE LA SARTHE, *Cours théorique d'instruction élémentaire.*)

On sépare ordinairement ces deux études, et c'est par la lecture qu'on commence; l'écriture vient plus tard. Nous croyons que sous ce rapport il convient de faire un changement : quelqu'un a écrit avant qu'un autre ait lu; on doit faire écrire avant de faire lire; c'est là l'ordre naturel et c'est l'ordre le plus avantageux.

(MATTER, *Nouveau manuel des écoles primaires.*)

L'enfant arrive à l'école; il sort du jardin d'enfants. Il ne sait pas encore ses lettres, mais il a la vue et l'ouïe exercées, il a une bonne prononciation, il sait tenir un crayon, tracer des lignes droites et courbes, imiter les figures régulières; par-dessus tout, il a l'intelligence ouverte et curieuse; on s'est appliqué à développer chez lui ce que la langue vulgaire appelle si bien « l'esprit naturel » : il arrive donc bien préparé, et, pour ainsi dire, armé de toutes pièces.

D'après l'ancienne méthode, on le mettrait avec un moniteur ou sous la surveillance directe du maître en face d'un tableau de lecture où il apprendrait ses lettres. Au contraire, dans le nouveau système d'enseignement que nous essayons de décrire, on lui donne un joli petit livre illustré. C'est son premier livre, et cependant il ne commence pas par un alphabet; il commence par des images... Au-dessous de l'objet gracieusement dessiné, le nom est écrit en grosses lettres. Le maître parle aux élèves de l'objet qu'ils ont sous les yeux à la fois dessiné et écrit; puis il leur montre les caractères qu'on emploie pour écrire le nom de cet objet. Il écrit lui-même au tableau le mot entier, puis le décompose sous leurs yeux pour leur faire prononcer isolément la voyelle, pour leur montrer comment les consonnes la modifient; puis il leur fait chercher, deviner en quelque sorte, par analogie, quelques mots usuels où se retrouvent les mêmes sons et par conséquent les mêmes lettres; enfin il leur fait chercher dans leur livre, çà et là, des caractères semblables à ceux qu'ils viennent d'apprendre. Voilà pour l'exercice de l'ouïe et de la vue; celui de la main en est le complément immédiat, et très souvent même c'est par là que l'on commence. Le maître trace au tableau noir quelques lignes horizontales et verticales, enseigne aux enfants un petit nombre de termes de convention dont il va se servir (tels que : en haut, en bas, à droite, à gauche, ligne courte ou longue, etc.); puis, quand tout le monde a pris en main la plume, il dicte à toute la classe les mouvements à faire, c'est-à-dire les lignes à tracer. Les élèves écrivent donc en mesure, et en quelque sorte au commandement militaire... L'enfant apprend donc simultanément à lire et à écrire, tout en continuant à dessiner comme au jardin d'enfants.

Telle est dans ses traits généraux la méthode nouvelle, celle qui, à l'Exposition de Vienne, éclipsait décidément toutes les autres.

(M. Buisson, *Rapport sur l'instruction primaire à l'Exposition universelle de Vienne*, ch. VII, p. 154-155.)

III. — L'enseignement de l'écriture.

Ce n'est pas chose indifférente que d'avoir une bonne écriture expédiée, quoique beaucoup de gens bien élevés ne s'en donnent pas la peine... Une écriture trop lente retarde la pensée; informe et confuse, elle est illisible. Toujours et en toute occasion, notamment dans la correspondance, on s'applaudit de n'avoir pas négligé ce soin.

Je voudrais que les modèles d'écriture exprimassent non des sentences oiseuses, mais des sentences morales. Le souvenir en reste jusque dans la vieillesse, et, empreint dans une âme encore neuve, il influe utilement sur les mœurs.

(Quintilien, *L'éducation de l'orateur*, liv. I, ch. I.)

La beauté de l'écriture consiste en quatre points : la forme, l'assemblage, la suite et la proportion.

Exemples : l'*A* majuscule. Le jambage gauche, plus fin, sera tracé avec la plume renversée, du haut en bas; le jambage droit, plus large, en appuyant sur la plume. L'*a* minuscule. On trace d'abord un *o* oblong en plein, légèrement proéminent à gauche comme une petite bosse; puis, en retournant doucement la plume, un demi-cercle rattaché à l'*o* sur la droite, l'extrémité inférieure légèrement infléchie...

(ÉRASME, *Dialogue de la bonne prononciation*, p. 776.)

Une leçon d'écriture au XVIe *siècle.*

LE MAÎTRE, MANRIQUE ET MENDOCE (écoliers).

LE MAÎTRE. — Avez-vous un estuy à plume, garni de plumes?... Nous escrivons de plumes d'oyes, aucuns de coqs. Les vostres que voicy sont fort propres (convenables); car elles sont d'un tuyau large, reluisant et ferme : ôtez les petites plumes avec un canivet (canif), rongnez quelque chose du bout, en près raclez les, si elles ont quelque aspreté (aspérité); car estant deschargées et nettoyées, elles sont meilleures.

MANRIQUE. — Je n'en porte jamais, si non qu'elles soient déplumées et ratissées : mais mon pédagogue m'a enseigné à les amollir de salive, et à force de frotter à l'envers de ma robe, ou à mes chausses.

LE MAÎTRE. — Voilà un bon conseil.

MENDOCE. — Enseignez-nous à tailler les plumes.

LE MAÎTRE. — Premièrement vous coupperez le bout des deux costés, pour la faire fourchue : en après faites une fente sur le bout de dessus avec le canivet conduit tout bellement; en après faites égaux ces deux petits pieds ou si vous aymez mieux les appeler jambettes : tellement toutefois que le droit soit plus haut, sur lequel la plume se repose en escrivant; néanmoins il faut qu'à grand'peine on puisse s'apercevoir de cette différence. Si tu veux mieux imprimer sur le papier, tiens la plume de trois doigts : et si, plustost de deux, du pouce et de l'autre qui s'ensuit, à la mode italienne; car celui du milieu empesche plus le cours, et retarde qu'il ne s'écoule desmesurément, plustost qu'il n'ayde.

MANRIQUE. — Montrez votre cornet (encrier).

MENDOCE. — Oh! mon cornet à encre m'est tombé en venant icy.

LE MAÎTRE. — Garçon, apporte ceste bouteille à encre, nous en viderons dedans ce petit encrier de plomb.

MENDOCE. — Sans drapeau (morceau d'étoffe)?

LE MAÎTRE. — Ainsi la plume tirera plus nettement et commodément; car en cotton, ou fil de soye, ou de lin, quand vous trempez la plume, il demeure toujours en la fente quelque bourrier ou petit poil, pour lequel oster on se desbauche (distrait) de son escriture; ou si vous ne l'ostez, plustost ferez-vous des effaceures et pastez que des lettres... Au surplus avez-vous du papier?

MENDOCE. — Cestuy cy.

LE MAÎTRE. — Il est trop rude, et qui pourra retarder la plume qu'elle ne coule sans empêchement, ce qui nuit beaucoup aux estudes... Laissez aux imprimeries ceste sorte de papier large, espoix (épais), dur et rude... Acheptez pour vous papier à escrire lettres missives, que l'on apporte très bon d'Italie, fort délié et fort ferme, ou de ce papier commun que nos gens apportent de France, lequel vous trouverez à vendre çà et là, pour chaque main huict deniers ou environ : on vous donnera par-dessus le marché du prix une feuille ou deux de papier de marchand que nous disons papier qui boit.

MANRIQUE. — Et quelle est la raison de ces mots?

LE MAÎTRE. — Le papier de marchand s'appelle en grec emporétique, à cause qu'il sert a envelopper la mercerie, et bibule, c'est-à-dire beuvant, parque qu'il boit l'encre : ainsi vous n'aurez que faire de son, ou de sable ou de poudre de muraille : mais le meilleur surtout est, quand les lettres se sèchent d'elles mesmes; car par ce moyen elles durent plus en leur entier. Toutes fois le papier de marchand sera bon, lequel vous estendez soubs la main, de peur que vous ne souillez la blancheur du papier de sueur, ou quelque ordure.

MANRIQUE. — Donnez-nous maintenant, s'il vous plaist, des exemples.

LE MAÎTRE. — Premièrement l'A B C D, puis des syllabes, en après des mots assemblez en ceste sorte. Mon enfant, apprens choses qui te rendront plus sage et d'autant meilleur. Les paroles descouvrent les volontés entre les présens, et les lettres entre les absens. Mettez peine de faire ainsi, et retrouvez icy-après disner, ou demain, afin que je vous monstre les fautes de votre escriture.

. . . .

MENDOCE. — Nous avons imité cinq ou six fois vostre exemple en un mesme papier : nous rapportons nostre besogne vers vous pour la corriger.

LE MAITRE. — Vous faictes bien. Monstrez : laissez par cy après une distance des lignes plus grande, afin qu'il y ait lieu où je puisse corriger vos fautes. Ces lettres sont fort mal esgales, qui est une chose en escrivant bien laide. Voyez combien ceste *m* est plus grande que cet *o*, que le rond de ce *p*. Car il faut que les corps des lettres soyent esgaux.

MENDOCE. — Qu'appelez vous corps, je vous prie?

LE MAITRE. — Le milieu des lettres, fors le bout qui oultrepasse ou par dessus ou par dessoubs, si toutes fois elles oultrepassent : *b* et *l* ont un bout par dessus, et *p* et *q* des pieds. Desja en un même *m* les jambes ne sont pas esgales : la première jambe est plus briesve que celle du milieu et a une queue trop grande, comme cet *a*. Et aussi vous ne pressez pas assez la plume sur le papier : à grand'peine l'encre y tient-elle, et ne sçauriez cognoistre quelles lettres ce sont. Quant à ce que vous estes efforcé de changer ces lettres en d'autres, en effaçant quelques parties avec la pointe du canivet, vous avez fait l'escriture plus laide : il eust mieux valu l'effacer, et passer par dessus un petit trait de plume, et ce qui restait du mot en la fin de la ligne le transporter au commencement de la suivante, moyennant que les syllabes fussent toujours entières... N'assemblez pas toutes lettres, et ne les séparez pas toutes : il y en a qui veulent estre liées entre elles comme celles qui sont à queue, avec les autres comme *a*, *l*, *n* : semblablement celles qui sont pointues, comme *f* et *t*. Il y en a qui ne veulent point estre liées, à sçavoir les *p*, *d*, *b*. Tant que vous pourrez, escrivez la teste droite, car à celuy qui écrit courbé et baissé dessus, les humeurs tombent sur le front et sur les yeux, qui est cause de plusieurs maladies et d'une imbécillité de veue. Prenez un autre exemple, que vous ferez demain, Dieu aydant :

Fay hastivement, et ne diffère ton entreprinse en un autre temps.

Celuy qui n'est aujourd'huy prest à l'exécuter, demain il le sera encore moins.

Un autre :

Diligentez vous tant que vous voudrez de parler, la main est plus légère.

La langue n'a pas sitost commencé, que la main à déjà fait. (Vivès, *Dialogues, traduits du latin en françois par Benjamin Jamyn*, Dialogue X.)

Après que les élèves auront copié pendant quelque temps les modèles divers qu'on leur a expliqués, le maître les obligera à composer et à écrire eux-mêmes des promesses, des quittances, des marchés d'ouvriers, de marchandises livrées ou reçues, des devis d'ouvriers, etc. Il les obligera aussi d'écrire ce qu'ils auront retenu des cours qu'on leur aura faits. S'il y en a qui soient trop faibles pour faire ces résumés, ils seront obligés d'écrire, mais sans regarder dans le livre, les leçons qu'ils auront apprises par cœur la semaine précédente.

(L'Abbé de la Salle, *La conduite des écoles*.)

Maximes inscrites sur les cahiers d'écriture de Saint-Cyr par Mme de Maintenon, pour servir de modèles à copier.

Écoutez toujours et ne parlez guères.

Aimez à faire plaisir et ne mentez jamais.

Rendez-vous si vous trouvez que vous ayez tort; il y a plus de grandeur à se rétracter qu'à soutenir une mauvaise cause.

Ne vous plaignez pas, car vous avez tout ce qui vous est nécessaire, et mille personnes manquent de tout.

Pour être agréables aux autres, il faut s'oublier.

Il est difficile de parler beaucoup sans dire des sottises.

L'empressement de parler vient de légèreté ou de vanité.

Dites le moins que vous pourrez de choses inutiles.

Parler pour se réjouir honnêtement n'est pas inutile.

(Mme de Maintenon, *Lettres et entretiens*, t. II, p. 401 et suiv.)

Quatre choses sont nécessaires pour enseigner l'écriture : 1° savoir, 2° exécuter, 3° critiquer, 4° corriger.

Le but suprême, c'est la rapidité; mais il ne faut pas qu'elle exclue la régularité et l'élégance. Une page écrite vite et lisiblement est satisfaisante, mais une autre qui a de plus l'aisance et la proportion des formes est admirable.

(Méthode américaine, citée par M. Buisson, *Rapport sur l'instruction primaire à l'Exposition universelle de Philadelphie en 1876*, ch. xi, p. 26.)

IV. — L'enseignement de la lecture.

Je n'interdirais pas l'usage de donner aux enfants, pour les stimuler à apprendre, des lettres figurées en ivoire, ou autre chose du même genre que l'on pourrait inventer en vue de les amuser, et qu'ils auraient plaisir à manier, à regarder, à nommer.

(QUINTILIEN, *L'éducation de l'orateur*, liv. I, ch. I.)

Apprenez à lire à l'enfant avec des lettres mobiles en bois ou en ivoire; qu'il joue avec, et que l'étude même lui soit un jeu.

(S. JÉRÔME, *Lettre à Læta sur l'éducation de sa fille.*)

Une leçon de lecture au XVIe *siècle.*

LE MAITRE, LUSIUS (écolier).

LE MAÎTRE. — Prenez votre petit A B C de la main gauche, et cette touche (baguette) de laquelle vous toucherez vous chacune lettre l'une après l'autre; tenez-vous droit, mettez vostre bonnet sous vostre aisselle, escoutez attentivement comment je nommeray ces lettres, regardez diligemment de quelle façon je les prononceray, advisez que vous me les rendiez de toute cette sorte, quand je vous en demanderay compte. Venez ça près de moi. Avez-vous ouy? Dites maintenant après moy et me suyvez lettre après lettre : l'entendez-vous bien?

LUSIUS. — Il me semble que je l'entends assez bien en cette sorte.

LE MAÎTRE. — Une chacune d'icelles s'appelle lettre, dont y en a cinq voyelles, A, E, I, O, U, lesquelles sont comprinses (comprises) dans le mot espagnol *Oucia,* qui veut dire *ouailles* : ayez souvenance de ce mot. Celles cy avec une autre quelle qu'elle soit, ou plusieurs des autres, font une syllabe : sans la voyelle il ne se fait point de syllabe, et la voyelle seule souventefois fait une syllabe. A ceste cause toutes les autres sont appelées consonnes, parce que d'elles mesmes n'ont aucun son, si ce n'est par le moyen de la voyelle; car elles ont un son imparfaict, comme B, C, D, G, lesquelles sonnent bien peu sans cette voyelle É. En après des syllabes les voix et les dictions (les mots) sont tirées : d'icelles l'oraison (le discours) de laquelle toutes bestes brutes sont privées; de sorte que vous ne serez différent des bestes brutes, si vous n'apprenez à bien parler. Soyez vigilant et mettez toute peine. Allez, seez vous avec vos compaignons, et apprenez ce que je vous enjoins.

(VIVÈS, *Dialogues, traduits du latin en françois par Benjamin Jamyn,* Dialogue V.)

On recule souvent les enfants en pensant les avancer, quand on les presse trop; parce que, hésitant à chaque mot, ils s'accoutument à les répéter d'une manière qui choque et qui est tout à fait désagréable. Il leur faut faire prononcer chaque mot distinctement, et d'un ton de voix intelligible, sans bégayer, sans parler du fond du gosier, ni aussi entre les dents; car ces petits défauts et autres semblables deviennent ensuite incorrigibles, si on les néglige d'abord.

(COUSTEL, *Règles de l'éducation des enfants,* liv. III, ch. III.)

L'ancienne épellation.

Pour arriver à l'énonciation du son *tré*, finale du mot *ils entraient*, l'épellation fait dire :

Té + ère + a + i + é + enne + té = *tré*.

Il faut avouer que cela présente une équation assez bizarre.

(BUTET DE LA SARTHE, *Cours théorique d'instruction élémentaire.*)

L'étendue et la complication de cette acquisition intellectuelle sont si grandes, qu'elle exige plusieurs années de travail, même avec des élèves qui n'ont pas commencé de très bonne heure. Nous admettons, bien entendu, que l'enfant sait parler, bien que la lecture soit indispensable à la perfection du langage. C'est à la vue, et à l'action de l'intelligence, que nous demandons tout le travail nécessaire pour cette acquisition.

Avant tout, on doit considérer l'art de lire comme distinct et du langage parlé, et de toute connaissance communiquée par la parole; on doit aussi le distinguer de l'acquisition de nouvelles connaissances par les livres, bien qu'il soit destiné à nous en fournir les moyens.

L'élève qui apprend à lire doit d'abord savoir les lettres, et surtout celles qui ont entre elles une certaine ressemblance.

ici, nous avons recours à une des grandes conditions de la faculté de discernement, la concentration de l'attention sur les différences.

Il faut ensuite rattacher aux caractères alphabétiques visibles les noms qui représentent ces caractères, afin de pouvoir en parler et de rendre possible l'épellation des mots.

Les caractères alphabétiques se gravent plus profondément dans la mémoire, si l'élève a la main assez exercée pour les tracer sur le tableau noir ou sur l'ardoise. Il ne lui faudra alors que peu de temps pour distinguer les lettres et en savoir les noms.

C'est alors que commence la vraie difficulté, la lecture des mots. Comme ils se composent de lettres, il semble assez naturel de passer des sons des lettres à ceux de leurs combinaisons... C'est ce qui arriverait si les lettres séparées pouvaient se prononcer exactement comme elles se prononcent dans leurs combinaisons; les voyelles le peuvent, mais non les consonnes, parce qu'il est impossible de prononcer une consonne sans une voyelle... Il faut donc sans retard enseigner ce fait aux jeunes élèves, en prononçant devant eux et en leur faisant répéter des consonnes jointes aux voyelles; dès qu'ils y sont habitués, ils ne peuvent plus être trompés par des sons qui ne servent en réalité qu'à nommer les consonnes.

Une bonne diction est un talent d'ordre plus élevé, et ne peut être acquise que plus tard, puisqu'elle exige que les élèves comprennent bien le sens de ce qu'ils lisent ou de ce qu'ils récitent.

(M. Bain, *La science de l'éducation*, liv. II, ch. IV.)

V. — La lecture expressive et la lecture expliquée.

La voix a un caractère merveilleux : à l'aide de trois tons, l'aigu, le grave et le moyen, elle atteint tous les degrés de puissance, de variété et de douceur... Une remarque à faire, c'est que la nature elle-même, comme pour régler l'harmonie du langage, a voulu qu'il y eût dans chaque mot un accent aigu, un seul, et qui ne pût être plus loin que l'antépénultième syllabe. L'art doit donc suivre la nature ainsi qu'un guide, pour le plaisir de l'oreille. Une belle voix est désirable : elle ne dépend pas de nous; ce qui dépend de nous, c'est de cultiver et d'exercer celle que nous avons.

(CICÉRON, *L'orateur*, XVIII.)

Il faut apprendre à l'enfant quand il doit s'arrêter pour reprendre haleine, où le sens finit, où il commence; à quels endroits il faut élever ou baisser le ton, employer une inflexion lente ou rapide, forte ou douce : cela ne peut guère s'enseigner que par l'exercice même de la lecture. Je me bornerai donc à un seul précepte : que l'enfant comprenne bien ce qu'il lit, pour pouvoir remplir toutes ces conditions. Qu'il acquière une manière de lire sérieuse, qui ait à la fois de la gravité et de la douceur. S'il s'agit de vers, il ne faut pas les lire comme de la prose, sans pour cela tomber dans une sorte de modulation factice et chantée, ce qui est le défaut ordinaire, et à propos duquel J. César, encore jeune, disait avec raison : Si vous chantez, vous chantez mal; si vous lisez, pourquoi chantez-vous?

(QUINTILIEN, *L'éducation de l'orateur*, liv. I, ch. VIII.)

On doit faire lire tous les jours à haute voix; on doit faire bien sentir la ponctuation, et suivre, pour la prose, les mêmes règles que pour les vers récités. En faisant répéter les vers appris, il faut former dans les enfants le précieux talent de bien dire, faire observer les longues et les brèves, faire suivre la ponctuation, sans s'arrêter à la fin des vers, ce qui rend la poésie rimée si fatigante quand elle est mal débitée; le lecteur, ou celui qui récite, n'accordera qu'un repos insensible à la virgule quand elle est à la fin des vers, et soutiendra la voix en suivant le sens de la phrase jusqu'au point et virgule et jusqu'au point. Les écoles françaises ne forment point la jeunesse à l'art de bien dire, et cependant le barreau et la représentation nationale en retireraient un grand avantage; c'est donc rendre un service essentiel aux jeunes garçons de leur donner le goût de la bonne déclamation... Quant aux jeunes personnes, un exercice habituel leur rendra l'art de lire agréable et facile.

Le jugement, en se développant, donne plus tard à l'élève

les moyens de sentir parfaitement ce qu'elle lit : il faut la former alors aux différents genres de lecture : qu'elle apprenne dans les ouvrages la différence qui doit exister entre la lecture d'un sermon et celle de l'histoire; celle d'un conte ou d'un recueil de lettres; que dans la poésie elle sache l'égalité soutenue qu'exige le poème, la variété des intonations qu'exige la tragédie, la gaieté légère de la haute comédie, les inflexions touchantes et sensibles qui conviennent au drame; les tours variés propres à l'ode, à l'épître en vers, à la fable, à l'idylle et à l'élégie. Ces variétés sont nombreuses; mais le goût et le sentiment exercés parviennent à les faire saisir. Plus ce talent est rare, car presque tout le monde se borne à savoir lire pour soi, plus] on sait de gré aux personnes qui le possèdent et mettent beaucoup de bonne grâce à faire partager aux autres le plaisir qu'il procure.

(Mme Campan, *De l'éducation*, t. I, p. 221.)

Un des devoirs les plus importants du maître d'école, est d'expliquer le sens des mots difficiles que l'on rencontre dans les leçons de lecture. Il y a bien des manières de le faire. Le maître peut voir qu'un certain nombre de mots ne peuvent pas être compris par l'élève; que d'autres exigeraient trop de temps pour être expliqués, et qu'il vaut mieux les renvoyer à plus tard. Pour ceux qu'il est possible d'expliquer, nous allons considérer les moyens à employer.

La méthode de Pestalozzi, qui consiste à montrer les objets eux-mêmes, est la meilleure de toutes lorsqu'elle est applicable... Lorsqu'un objet, déjà connu ou familier, est désigné par un terme peu connu, il suffit de rappeler l'objet pour faire comprendre ce terme. C'est ce qui arrive à chaque instant pour le vocabulaire scientifique. Nous connaissons la chaleur et le froid, l'eau, le vent et la lumière sous ces noms familiers, et lorsqu'on les désigne par des mots techniques, nous expliquons ceux-ci par les noms familiers. C'est ainsi que les expressions « zone glaciale, orbe lumineux, roches aurifères, vapeur d'eau, souterrain », s'expliquent sans peine.

Il y a là une facilité et un inconvénient pour l'explication des mots, dans les leçons ou les dictionnaires. L'idée de l'explication par les synonymes est tellement établie dans notre esprit, que nous sommes presque aussi disposés à expliquer un mot facile par un mot plus difficile à comprendre, qu'à expliquer le plus difficile par le plus facile : poids par gravité, maussade par morose, soin par circonspection, raisonnable par rationnel... Les mots que l'on nomme synonymes ne sont presque jamais absolument équivalents; s'ils l'étaient, il faudrait débarrasser la langue des termes superflus. Remplacer ancien par vieux serait quelquefois fausser le sens : une nation ancienne et une vieille nation, un philosophe ancien et un vieux philosophe ne sont pas du tout la même chose. Il ne serait pas moins inexact de mettre vieux à la place d'archaïque ou de vieilli.

On complète l'explication par les synonymes en y ajoutant une circonlocution... Si elle ne contient ni mots, ni faits qui soient nouveaux pour l'élève, et si elle exprime exactement le sens du mot en question, ce sera une explication bonne et complète. On applique ainsi la règle qui ordonne de procéder du connu à l'inconnu. Le mot « amphibie », par exemple, est facile à expliquer même à des enfants, parce que les idées qu'il faut leur présenter sont toutes familières. « Tempéré » signifie, qui n'est ni chaud ni froid, entre les deux...

Cette méthode échoue nécessairement si l'explication contient un seul élément inintelligible, ou si les connaissances élémentaires qu'elle suppose sont confuses. Pour comprendre le mot « monopole », il faut bien savoir ce que c'est que vendre et acheter.

Les différents sens d'un grand nombre de mots présentent une véritable gradation, qui procède du simple au complexe. Le mot « mystère » peut signifier simplement une chose cachée; de là, nous passons à une chose incompréhensible... Le maître bornera ses explications au sens dont il s'agit. Parce que le mot « raisonner » se présente dans une phrase avec son sens ordinaire de donner une raison, nous ne sommes pas forcés d'aller chercher sa signification plus profonde dans la philosophie de Kant... Le sens figuré des mots offre au maître un vaste champ d'explications.

(M. Bain, *La science de l'éducation*, Appendice.)

VI. — Le goût de la lecture et les livres de lecture.

La lecture de tous les bons livres est comme une conversation avec les plus honnêtes gens des siècles passés, qui en ont été les auteurs, et même une conversation étudiée en laquelle ils ne nous découvrent que les meilleures de leurs pensées.

(DESCARTES, *Discours de la méthode*, 1re partie.)

Mais revenons à la lecture : nous en faisons ici un grand usage; mon fils a une qualité très commode, c'est qu'il est fort aise de relire deux fois, trois fois ce qu'il a trouvé beau : il le goûte, il y entre davantage, il le sait par cœur, cela s'incorpore; il croit avoir fait ce qu'il lit ainsi pour la troisième fois.

(Mme DE SÉVIGNÉ, *Lettres*, 8 janvier 1690.)

Il ne faut faire qu'un usage très modéré, surtout dans l'éducation des filles, de tout ce qui tient à la classe des romans, comme les contes de sentiment, qui donnent des émotions vives. Ce genre de lecture amollit le caractère, et donne de l'indifférence pour les plaisirs journaliers, dont l'ensemble fait de beaucoup la plus grande portion du bonheur. Les contes sont les romans des enfants. L'effet des romans, lorsqu'on s'en nourrit, est de donner du dégoût pour tout ce qui n'est pas digne d'être peint, décrit ou chanté. On cherche sans cesse du pittoresque dans les objets et dans les scènes de la vie, et le bon sens ne s'en accommode pas toujours... Une héroïne de tragédie qui sanglote, qui s'évanouit, qui meurt, est un objet pittoresque; mais si on transportait les mêmes effets dans les scènes communes de la vie, ils deviendraient ridicules. Il y a une si grande différence entre la fiction et la réalité, que ceux qui prennent leurs modèles ailleurs que dans la nature sont sujets à des méprises grossières. L'émotion tient à des circonstances délicates; la plus légère nuance d'affectation la prévient ou la détruit; et une personne romanesque est exposée à faire rire, lorsqu'elle espérait émouvoir.

Outre l'inconvénient de faire naître l'exaltation, la lecture des romans ou des contes de sentiment a le danger de produire un effet directement contraire à celui qu'on s'en propose. Elle diminue la sensibilité au lieu de l'accroître. Il faut un certain assortiment de choses, un certain ensemble d'images pour produire l'émotion sur les gens romanesques. Ils n'ont de la vertu que lorsqu'elle est de bon goût. Un philosophe a observé que les romanciers et les poètes mettent toujours une certaine grâce dans le malheur. L'imagination s'accoutume à cette délicatesse des fictions, et éprouve une sorte de repoussement lorsque les circonstances de la misère, de la pauvreté, de la maladie s'offrent telles qu'elles sont dans la réalité. Le dégoût fait taire la compassion.

(Maria Edgeworth, *Éducation pratique*, t. II, ch. xii, p. 35-37.)

Ce n'est pas une chose indifférente que le choix à faire parmi cette foule d'ouvrages destinés aujourd'hui à l'amusement de l'enfance. Je ne crois cependant pas, je l'avoue, que dans le nombre il y en ait beaucoup de décidément nuisibles ou dangereux. Ce n'est point sur les idées prises dans des livres que se forment le caractère et les idées des enfants... et je crois qu'on n'a guère entendu d'enfant donner pour motif ou pour excuse de sa conduite la moralité d'une fable, ou l'exemple tiré d'un conte qu'on lui aura fait lire.

Je ne pense donc pas qu'il y ait beaucoup à craindre ou beaucoup à espérer pour le caractère des enfants du résultat de leurs premières lectures; mais il est possible que selon leur nature elles contribuent à déterminer quelques-unes des habitudes de leur esprit. Aussi les livres qui, dans un cadre capable de les amuser, renferment des idées et des sentiments qu'ils ne peuvent comprendre, les accoutument à retenir trop facilement des mots qui ne leur présentent aucun sens, et à dispenser leur raison et leur jugement de prendre part à leurs plaisirs... Trop de gens se plaisent à engourdir leurs propres facultés par des lectures insignifiantes qui ne leur laissent plus ensuite la force de prendre intérêt à celles où leur esprit aurait quelque chose à faire; il ne faut pas hâter cette disposition dans les enfants.

(Mme Guizot, *Conseils de morale*, t. II, De l'éducation.)

Un livre est comme un ami, qui nous parle bas et en quelque sorte à l'oreille, et qui, pour peu qu'il ait d'art, d'habileté et d'agrément, gagne d'autant mieux votre confiance qu'il s'insinue plus doucement et plus intimement dans votre âme. Or, parmi les livres il y a aussi de faux amis, et il est bon de savoir les discerner pour s'en préserver. Un mauvais livre est un flatteur, un ennemi caché sous les dehors de la bienveillance; il importe de n'en être pas dupe, et chacun en a le moyen aussi sûr que facile : c'est la conscience. Tout livre qui la blesse, qui parle par conséquent contre la piété, la charité, la justice, la pudeur et les bonnes mœurs, quelque art perfide qu'il y mette, est un méchant et mauvais livre; comme tout livre qui la satisfait, pour peu qu'il ait d'ailleurs de ce charme sérieux qui ne messied pas à l'honnête, est un bon et excellent livre.

(DAMIRON, *Discours et allocutions adressés à des enfants d'ouvriers et à leurs familles.*)

L'occupation intellectuelle la plus simple et la plus facile, c'est la *lecture*. J'entends ici non une lecture rapide qui ne coûte aucun effort, mais une lecture sérieuse qui soit un vrai travail. On le conçoit : lire simplement ne peut guère s'appeler un travail; la lecture *seule* habitue l'esprit à une sorte de paresse, elle l'amuse, le distrait sans l'obliger à travailler par lui-même, n'exerce pas ses forces vives. Je dirai même que la lecture, telle qu'elle est trop souvent faite, n'est qu'une futilité de plus ajoutée aux autres futilités... Ce que je recommande particulièrement ici, ce sont les bonnes lectures, sans doute, mais les lectures *réfléchies*.

(DUPANLOUP, *La femme studieuse*, p. 97.)

Il faut des livres qui disent aux écoliers la vérité, qui s'adressent à leur bon sens, qui étendent le champ de leur expérience sans fourvoyer leur imagination; des livres qui conviennent à une démocratie laborieuse, à des gens actifs; des livres enfin qui cultivent le courage et tous les bons sentiments, et dont l'attrait nous aide à bannir les tristes volumes qu'on lit aujourd'hui.

(HORACE MANN.)

Au temps que je fais revivre, les livres pour la jeunesse étaient rares. Faut-il pourtant le regretter?

Dans mon enfance et même plus tard, on n'avait guère qu'un ou deux livres de prédilection. Aussi que n'y mettait-on pas? A peu près tout ce qu'on avait soi-même dans l'âme... La grande variété n'est pas nécessaire au premier éveil de l'intelligence. En ceci, l'on peut dire que les enfants sont nos maîtres et nos guides. Ils ne nous demandent pas de changer sans cesse de sujet. Rappelons-nous seulement notre enfance. Si l'on avait su nous intéresser, au lieu de dire toujours : « Et après? » nous nous faisions, au contraire, raconter vingt fois la même histoire sans nous lasser jamais. Sur ce récit, notre petit cerveau travaillait infiniment, se créait des images et des horizons nouveaux. Un éducateur habile peut aussi mener très loin son élève en bas âge, sans paraître avoir d'autre souci et d'autre but que celui de lui donner une récréation.

(MICHELET, *Ma jeunesse*, p. 223-225.)

VII. — Les exercices de récitation.

Il ne faut jamais permettre que les enfants apprennent rien par cœur qui ne soit excellent... Cet avis est de plus grande importance qu'on ne pense, et n'a pas seulement pour but de soulager la mémoire des enfants, mais aussi de leur former l'esprit et le style. Car les choses qu'on apprend par cœur s'impriment davantage dans la mémoire, et sont comme des moules et des formes que les pensées prennent lorsqu'ils les veulent exprimer.

(NICOLE, *De l'éducation d'un prince*, 2e partie, 22, 23.)

La récitation de morceaux constitue un des moyens les plus anciennement usités dans les écoles; comme elle a le grand mérite d'être simple et pratique, elle peut être employée par les maîtres les moins habiles, et personne ne saurait dire que cet exercice ne donne pas de bons résultats. Il est certain qu'il grave à la fois dans l'esprit les pensées et les formes du langage, et il faut que des élèves soient bien peu intelligents pour n'en pouvoir tirer aucun profit.

Les morceaux en vers sont généralement préférés pour ces exercices de mémoire. L'harmonie des vers, leur style élevé, l'émotion qu'ils éveillent, les font mieux retenir. En effet, celui qui sait par cœur un certain nombre de bons morceaux en vers possède un véritable trésor, au double point de vue des sentiments et de la culture de l'esprit : les pensées, les images, et les expressions qu'il y trouve sont désormais à sa disposition, et il peut, s'il le veut, les faire entrer dans ses combinaisons intellectuelles. Nous citerons ensuite, au même point de vue, la prose animée et harmonieuse; bien qu'inférieure à la poésie sous le rapport de la forme, elle peut rendre plus de services encore pour la pratique de l'art d'écrire.

Mais tout en reconnaissant la facilité plus grande des leçons en vers, il ne faut pas nous aveugler sur leurs côtés faibles. La forme, la concision, le langage élevé, tout nous fait aimer l'ensemble d'un morceau de poésie, et nous ne songeons pas à nous inquiéter du sens de ses différentes parties, et surtout des mots pris un à un... Dans les vers plus que dans toute autre leçon que les enfants apprennent par cœur, ce sont les mots qui jouent le principal rôle; le sens est secondaire, et il suffit qu'une vague lueur serve de guide, pour qu'un sentiment d'intérêt s'y attache.

La prose est plus difficile à retenir, mais elle offre des avantages que ne donnent pas les vers. Mais ce serait dépenser inutilement les forces intellectuelles, que de faire apprendre de trop longs morceaux. Ce qu'il nous faut dans la pratique, c'est un modèle de phrase bien faite ou quelque expression pour une idée que nous cherchons à rendre...

Les exercices de récitation et de déclamation fournissent aux élèves avancés une excellente occasion d'apprendre par cœur des morceaux choisis de prose et de vers.

(M. Bain, *La science de l'éducation*, liv. II, ch. vii.)

VIII. — Les exercices de composition.

Mme de Maintenon eut la bonté de venir tout exprès pour corriger nos lettres... Elle montra les défauts qui étaient dans celles qu'on lui présenta, nous faisant voir particulièrement combien le style simple, naturel et sans ton, est le meilleur, et celui dont toutes les personnes d'esprit se servent, nous disant que le principal pour bien écrire est d'exprimer clairement et simplement ce que l'on pense. Elle nous donna pour exemple M. le duc du Maine qu'elle faisait écrire lorsqu'elle en était chargée, qui n'avait encore que cinq ans; elle nous raconta que lui ayant dit un jour d'écrire au roi, il lui avait répondu fort embarrassé q 'il ne savait point faire de lettres. Mme de Maintenon lui dit : « Mais n'avez-vous rien dans le cœur pour lui dire? — Je suis bien fâché, répondit-il, de ce qu'il est parti. — Eh bien, écrivez-le, cela est fort bon. » Puis elle lui dit : « Est-ce là tout ce que vous pensez? N'avez-vous plus rien à lui dire? — Je serais bien aise qu'il revînt, répondit le duc du Maine. — Voilà votre lettre faite, répondit Mme de Maintenon, il n'y a plus qu'à le mettre simplement comme vous le pensez, et si vous pensiez mal, on vous redresserait. » C'est de cette manière, ajouta-t-elle, que je lui ai montré, et vous avez vu les jolies lettres qu'il a faites.

(*Lettres et entretiens sur l'éducation des filles*, t. I, p. 182.)

On commence généralement par demander aux élèves de la *primary school* d'exposer ce que représente une gravure de leurs livres de classe, ou une chromolithographie placée devant eux. Un petit garçon de sept ans a donné la composition suivante, et nous en donnons une traduction littérale :

« *Une basse-cour*. Le tableau représente une petite fille nourrissant une petite famille de poulets qui sont très affamés et qui ont attendu longtemps leur nourriture.

« Et maintenant la petite fille donne aux poulets leur nourriture.

« C'est une scène du matin.

« C'est en été, parce que les arbres ont revêtu leur verte parure et que l'herbe est verte, et il y a de jeunes poulets : si c'était l'hiver, ces petits êtres mourraient. »

Ces rédactions sur images constituent un procédé excellent et que nous ne saurions trop recommander dans nos écoles françaises. Il ne s'agit là que d'exercer l'enfant à observer attentivement, à dire bien ce qu'il voit, et à le dire avec ordre.

(M. Buisson, *Rapport sur l'instruction primaire à l'Exposition universelle de Philadelphie*, ch. XII.)

Les idées ne viennent pas toutes seules à l'esprit de l'enfant : il faut lui apprendre à trouver. Encore moins prennent-elles toutes seules l'ordre et la forme qu'elles [illegible]vent revêtir : il faut lui apprendre à composer. Or, c'est de très bonne heure qu'on peut commencer avec profit ces exercices d'invention et de composition. L'enfant, si jeune qu'il soit, est capable de créer lui-même les exemples sur lesquels on lui fait reconnaître la nature et l'usage des mots de la langue : il a dans l'esprit des *propositions simples* toutes faites; il les possède fort inconsciemment sans doute, mais il les possède : les jeux, les objets qui l'entourent, lui en fournissent incessamment la matière; il ne demande qu'à les exprimer. La seule chose nécessaire alors, c'est, en stimulant cette faculté naturelle d'invention, de tenir la main à ce qu'il exprime correctement tout ce qu'il invente... Dans ce travail purement oral encore, il aura commencé à se rendre compte des éléments d'une pensée et des formes qui donnent à la pensée son expression; il aura fait effort, il aura réfléchi pour trouver et rendre un sentiment, une idée.

Viendra alors, avec le progrès de l'âge, le travail écrit, plus approfondi, plus étendu. L'idée première d'un développement de quelques phrases — quatre ou cinq, au plus, pour commencer — sera fournie par le maître; le cadre même du développement sera préparé : il s'agira pour l'enfant de le remplir, en indiquant les causes, les effets, les circonstances accessoires de temps, de lieu, etc. Cette sorte de thème pourra même servir parfois de texte à l'exercice d'orthographe. De quelque façon que le devoir soit donné, la correction se faisant en classe, au tableau noir, et chaque élève fournissant le complément d'idée plus ou moins juste, plus ou moins heureux qu'il a trouvé, ce sera pour le maître l'occassion de faire comparer les contributions des uns et des autres et d'exercer le jugement de tous. L'enfant apprendra ainsi à reconnaître les sources des idées, à en faire le choix, à les enchaîner dans leur ordre logique; et arrivé à ce degré de combinaison, il aura réellement conscience du travail opéré dans son esprit; car c'est le raisonnement qui lui suggérera les compléments d'idée et qui lui en fera apprécier la convenance.

Il sera prêt alors à aborder les sujets de composition proprement dite, ceux où il aura tout à tirer de son propre fonds; et pour peu que le choix des matières soit maintenu dans l'ordre des choses au milieu desquelles il vit ou dans lesquelles ses lectures l'ont introduit, il les abordera sans étonnement, il s'y trouvera à l'aise.

Tel est du moins le but que nous devons graduellement nous

efforcer d'atteindre. Il ne s'agit pas, certes, d'apprendre à nos élèves à écrire, dans le sens littéraire qu'on prête à ce mot. Il s'agit de leur apprendre à appliquer leurs facultés naturelles, à observer, à réfléchir, et à exprimer sous une forme juste des pensées justes. C'est au développement du jugement et du sens moral que nous visons ; rien de plus. Mais apprendre à un enfant à lire dans sa raison et dans son cœur, c'est lui éviter peut-être bien des erreurs de conduite; c'est tout au moins rendre plus difficile dans son esprit l'invasion des idées fausses et des mauvaises passions. Ainsi entendus, non plus comme des exercices superficiellement plaqués, pour ainsi dire, sur les études de la dernière heure, mais comme des exercices fondamentaux, et dirigés, depuis la première classe, en vue de fortifier les plus solides qualités de l'esprit, les exercices d'invention et de composition contribueront à donner à l'enfant une conscience plus ferme et plus claire de lui-même, de ce qu'il pense, de ce qu'il sent, de ce qu'il a appris, de ce qu'il ignore, de ses penchants et de ses devoirs; c'est dans ces conditions qu'ils peuvent être et qu'ils seront un des instruments d'éducation les plus sûrs et les plus puissants.

(M. Gréard, *L'instruction primaire à Paris en 1875*, p. 104-107.)

IX. — L'enseignement grammatical.

La pensée de ceux qui ne veulent point du tout de grammaire n'est qu'une pensée de gens paresseux qui se veulent épargner la peine de la montrer : et bien loin de soulager les enfants, elle les charge infiniment plus que les règles, puisqu'elle leur ôte une lumière qui leur faciliterait l'intelligence des livres, et qu'elle les oblige d'apprendre cent fois ce qu'il suffirait d'apprendre une seule fois.

(Nicole, *De l'éducation d'un prince*, 2e partie, 27.)

Un savant grammairien court risque de composer une grammaire trop curieuse (soulevant trop de questions) et trop remplie de préceptes. Il me semble qu'il faut se borner à une méthode courte et facile. Ne donnez d'abord que les règles les plus générales; les exceptions viendront peu à peu. Le plus grand point est de mettre une personne le plus tôt qu'on peut dans l'application sensible des règles par un fréquent usage : ensuite cette personne prend plaisir à remarquer le détail des règles qu'elle a suivies d'abord sans y prendre garde.

(FÉNELON, *Lettre sur les occupations de l'Académie française*, Projet de grammaire.)

L'enseignement régulier de la langue ne peut se faire sans règles ; mais il y a une manière convenable de les présenter à l'enfance, et une mesure à garder... Elles ont été établies sur des faits, c'est donc aux faits qu'il faut les rattacher dans l'instruction, afin d'apprendre par là aux enfants à faire avec connaissance de cause ce qu'ils n'ont fait jusqu'ici que par une aveugle imitation ; ensuite, pour les habituer aux bonnes expressions dont la forme aura été relevée, il faudra, pour lui en donner l'habitude, multiplier les exemples, les faire répéter et analyser par un compte rendu convenable.

Et quelle sera la mesure à garder par rapport aux règles de la langue? Depuis longtemps la science didactique nous crie : « Peu de règles, beaucoup d'exercices » ; et bien que souvent elle paraisse crier dans le désert, elle ne cesse pas pour cela d'élever sa voix... Nous devons en être très économes, supprimer toutes celles qui dépassent leur conception, celles qui leur sont inutiles, et celles encore qui ne concernent que des minuties que l'on peut toucher en passant et sans appareil doctoral dans une instruction où les élèves sont toujours appelés à parler. Souvenons-nous que la multitude des exemples répétés et analysés est le meilleur code de langue, puisqu'il fait passer dans cette pratique raisonnée les règles que dans une autre méthode il aurait sèchement à prescrire.

Cependant, malgré cet exercice continuel, l'enseignement n'est pas encore assez pratique. Il le deviendra lorsque sur toute la ligne l'instituteur aura soin que les élèves inventent de leur propre fonds, et produisent à leur tour quelque chose d'analogue à la leçon qu'ils reçoivent. Ce ne sera d'abord qu'un adjectif, un nom ou un verbe, plus tard une proposition simple, composée, complexe, et plus tard encore, des phrases de tout genre, selon qu'elles se développeront dans la syntaxe graduée.

La syntaxe commence par la combinaison la plus simple, par le nom, l'article et l'adjectif mis en accord; de là, elle passe à la proposition, de la proposition à la phrase, et de celle-ci à la période; constructions qui toutes en leur particulier présentent une gradation que l'enseignement de la langue ne doit pas négliger.

Les exercices de conjugaison s'y rattachent immédiatement comme partie intégrante... C'est donc toujours par propositions et par phrases que conjuguent nos élèves, et jamais le verbe seul. La syntaxe le demande ainsi, parce qu'elle y trouve son intérêt. De son côté, la conjugaison en fait son profit, car par là les différentes formes des verbes acquièrent un sens qu'elles-mêmes ne peuvent se donner... Ayez la complaisance de faire conjuguer par propositions d'abord, puis par phrases, tels et tels temps du même verbe, vous ferez plaisir à vos élèves, parce qu'ils auront une pensée et une pensée à varier, et qu'ils auront le sentiment de l'utilité de leur travail. Vous augmenterez cette jouissance si, pour devenir plus pratique encore, vous ne donnez que le verbe, laissant aux élèves le soin de trouver la pensée qui doit l'accompagner. L'homme aime à produire, il aime aussi à varier son ouvrage, et l'enfant n'est-il pas un homme?...

L'orthographe doit être enseignée dans tout le cours de langue, puisqu'il s'agit d'apprendre aux élèves à écrire correctement tout ce qu'ils disent et écrivent, et que dans tout le cours de langue ils sont appelés à écrire. L'orthographe de règle est évidemment du ressort de la syntaxe et de la conjugaison. Le vocabulaire est spécialement chargé de l'orthographe d'usage.

(Le P. Girard, *De l'enseignement régulier de la langue maternelle*, liv. II, ch. I.)

Le temps n'est plus où l'on n'accordait au jeune âge qu'une mémoire toute passive... La mémoire ne retient sûrement que ce dont l'esprit s'est rendu compte... Un enfant, auquel vous expliquez la raison des choses, vous en sait gré, et vous récompense de votre peine par une attention plus soutenue. Il est flatté de la confiance que vous avez dans son jugement : l'émulation le gagne, sa pénétration s'éveille, et vous le verrez quelquefois compléter une théorie dont vous ne lui aurez indiqué que les premiers éléments. Je ne veux pas qu'on étale devant des commençants les curiosités de la science, mais je veux qu'on leur en découvre les principes.

(L. BURNOUF, *Grammaire latine*, Préface.)

Comment Bouilly apprit l'orthographe à sa fille [1].

Il avait une fille d'une douzaine d'années, spirituelle, très intelligente, mais qui se refusait absolument à apprendre l'orthographe. Il imagina de la faire venir tous les matins dans son cabinet, de lui dicter un conte qu'il improvisait en le dictant, et où il avait l'art de mêler au récit les principales difficultés grammaticales; puis, au moment le plus intéressant, il s'interrompait tout à coup, en lui disant : « Je te dicterai la fin du conte quand tu m'apporteras le commencement, recopié sans une seule faute. » Le résultat? On le devine... Non, on ne le devine pas. Le résultat fut qu'à ce jeu le père gagna encore plus que la fille... Car si la fille, au bout d'un an, avait appris l'orthographe, le père, lui, se trouva avoir fait une douzaine de contes charmants, marqués au bon coin de l'auteur dramatique, bien composés, contenant tous, non seulement des leçons d'orthographe, mais une fable intéressante, et, sous cette fable, une ingénieuse leçon de morale.

(LEGOUVÉ, *Soixante ans de souvenirs*, 1re partie, p. 94.)

La méthode historique.

L'usage présent, dans toute langue, dépend de l'usage ancien et ne s'explique que par lui : dès lors quoi de plus naturel que de faire servir l'histoire de la langue à l'explication des règles grammaticales, en remontant depuis l'usage actuel jusqu'au moment où elles ont pris naissance! Outre l'avantage d'être rationnelle, la méthode historique en possède un autre : la mémoire retient toujours plus nettement ce dont notre esprit s'est rendu compte, et l'enfant se rappellera d'autant mieux les règles de la grammaire qu'elles auront déjà un point d'appui

1. Auteur des *Contes à ma fille*, 1809, des *Conseils à ma fille*, 1811, etc.

dans son intelligence... Mais cette méthode, précisément parce qu'elle est moins brutale que la méthode purement mécanique, offre aussi plus de dangers en des mains malhabiles. Croire que l'explication historique remplacera pour les enfants l'étude des règles, donner prématurément à ceux-ci une dose de science qu'ils ne peuvent porter, enfin leur transmettre des idées philologiques erronées, tels sont, pour n'en point signaler d'autres, les plus graves écueils de la méthode nouvelle.

(M. Brachet, *Nouvelle grammaire française, fondée sur l'histoire de la langue*, Préface.)

Tout en supprimant l'attirail métaphysique, j'ai donné d'autre part, pour rendre la grammaire plus réellement pratique, les règles de formation des différentes parties du discours. Quoi de plus stérile en apparence et de plus dépourvu d'intérêt que la nomenclature des conjugaisons! Quand vous avez appris à l'enfant comment on construit le squelette des flexions, et suivant quelles règles les verbes que nous possédons forment leurs temps et leurs personnes, il reste encore à lui apprendre comment on crée des verbes nouveaux et à quelle source il faut puiser pour augmenter notre provision. Pour lui montrer les ressources de la langue française, dites-lui, par exemple, que nous formons des verbes nouveaux à l'aide des noms et des adjectifs, mais que notre langue les distingue facilement les uns des autres, en ne formant que des verbes en *er* (*table*, attabl ER; *front*, affront ER; *tas*, tass ER; *jardin*, jardin ER) avec les noms, tandis que les verbes tirés des adjectifs appartiennent à la conjugaison en *ir* (*grand*, grand IR; *maigre*, maigr IR; *brun*, brun IR; *lourd*, alourd IR, etc.). Dites-lui que, depuis l'origine de la langue, le français n'a point ajouté un seul verbe en *oir* ou en *re* au petit nombre de ceux que le latin lui avait légués; que ces deux conjugaisons, incapables de servir à former des verbes nouveaux, sont dites à bon droit *conjugaisons mortes*, par opposition aux deux conjugaisons en *er* et en *ir* que l'on peut appeler *vivantes*, puisque c'est par elles que le français a créé tous les verbes qu'il a formés depuis huit siècles. Cette simple distinction des verbes français en conjugaisons *mortes* et conjugaisons *vivantes* expliquera en même temps à l'enfant pourquoi, sur les quatre mille verbes de notre langue, les deux conjugaisons en *ir* et en *re* ne possèdent pas ensemble quatre-vingts verbes, tandis que la conjugaison en *ir* nous en offre trois cents et la conjugaison en *er* plus de trois mille. Rien n'est plus utile aussi pour donner à l'enfant le sens précis des mots et des nuances qui les séparent que l'étude des préfixes et des suffixes : comment d'un mot simple, tel que *chanson*, tire-t-on toute une famille de dérivés, tels que *chansonn* IER, *chansonn* ETTE, *chansonn* ER, et quel changement chacune de ces terminaisons apporte-t-elle au sens primitif du radical? Cette étude constituera pour le maître et pour l'élève un exercice utile et attrayant, qui, sous le nom d'analyse étymologique, prendra place dans nos classes à la suite de l'analyse grammaticale et de l'analyse logique.

(M. BRACHET, *Nouvelle grammaire francaise, fondée sur l'histoire de la langue*, Préface.)

CHAPITRE III

LA GÉOGRAPHIE ET L'HISTOIRE

I. *La géographie.* — Cet enseignement est bien en rapport avec les facultés de l'intelligence enfantine. Méthode intuitive appliquée à l'enseignement de la géographie. Les reliefs, les cartes.
II. *L'histoire.* — Grande importance de l'enseignement historique. Comment il doit être entendu. Méthode et procédés.

Extraits de : **Montaigne;**
Bossuet, Nicole;
Rousseau, La Chalotais, Voltaire, Carpentier, Kant;
Elisabeth Hamilton, Maria Edgeworth, Pompée, Taine, Michelet.

I. — La géographie.

Parmi tout cela, nous voyions la géographie en jouant et comme en faisant voyage : tantôt en suivant le cours des fleuves, tantôt rasant les côtes de la mer et allant terre à terre; puis tout d'un coup, cinglant en haute mer, nous traversions dans les terres, nous voyions les ports et les villes, non en les courant comme feraient des voyageurs sans curiosité, mais examinant tout, recherchant les mœurs, surtout celles de la France, et nous arrêtant dans les plus fameuses villes pour connaître les humeurs opposées de tant de divers peuples qui composent cette nation belliqueuse et remuante.
(Bossuet, *De l'instruction du Dauphin*, p. 8-9.)

On peut dire généralement que les lumières des enfants étant toujours très dépendantes des sens, il faut, autant que possible, attacher aux sens les instructions qu'on leur donne.

On peut conclure de cette ouverture, que la géographie est une étude très propre pour les enfants, parce qu'elle dépend beaucoup des sens, et qu'on leur fait voir par les yeux la situation des villes et des provinces : outre qu'elle est assez divertissante, ce qui est fort nécessaire pour ne les pas rebuter d'abord; qu'elle a peu besoin de raisonnement, ce qui manque le plus en cet âge.

Mais pour leur rendre cette étude plus utile et plus agréable tout ensemble, il ne faut pas se contenter de leur montrer dans une carte les noms des villes et des provinces; mais il faut encore se servir de diverses adresses pour les aider à les retenir.

On peut avoir des livres, où les plus grandes villes soient peintes, et les leur y faire voir. Les enfants aiment assez cette sorte de divertissement. On leur peut conter quelque histoire remarquable sur les principales villes, afin d'y attacher leur mémoire. On peut leur marquer les batailles qui y ont été données; les conciles qui y ont été tenus; les grands hommes qui en sont sortis. On leur peut dire quelque chose ou de l'histoire naturelle, s'il s'y rencontre quelque rareté, ou de la police, de la grandeur et du trafic de ces villes.

Il faut joindre à cette étude de la géographie, que l'on fait exprès, un petit exercice qui n'est qu'un divertissement, et qui ne laisse pas de contribuer beaucoup à la leur imprimer dans l'esprit. C'est que, si l'on parle devant eux de quelque histoire, il ne faut jamais manquer de le leur en marquer le lieu dans la carte. Si on lit, par exemple, la *Gazette*, il faut leur faire voir toutes les villes dont il est parlé. Enfin il faut tâcher qu'ils placent dans leurs cartes tout ce qu'ils entendront dire, et qu'elles leur servent ainsi de mémoire artificielle pour retenir les histoires, comme les histoires leur en doivent servir pour se souvenir des lieux où elles se sont passées.

(Nicole, *De l'éducation d'un prince*, 2e partie, 7-10.)

Ramenez-le à la division de la terre, et montrez-lui d'abord son propre séjour. Ses deux premiers points de géographie seront la ville où il demeure et la maison de campagne de son père; ensuite les lieux intermédiaires, ensuite les rivières du voisinage, enfin l'aspect du soleil et la manière de s'orienter...

Qu'il fasse lui-même la carte de tout cela; carte très simple, et d'abord formée de deux seuls objets, auxquels il ajoute peu à peu les autres, à mesure qu'il sait ou qu'il estime leur distance ou leur position.

(ROUSSEAU, *Emile,* liv. III.)

Il serait à désirer que les enfants fussent de bonne heure familiarisés avec des globes, des cartes, des sphères, des thermomètres, des baromètres; qu'ils eussent des étuis de mathématiques; qu'ils pussent faire usage de la règle, du compas, quand ce ne serait que pour se procurer un divertissement; qu'ils apprissent qu'il y a un art de rapprocher les objets les plus éloignés, d'apercevoir ceux qui leur semblent imperceptibles. L'essentiel est de leur faire connaître le plus grand nombre d'objets qu'il sera possible : tout sera bien, pourvu que tout soit exact.

(LA CHALOTAIS, *Essai d'éducation nationale,* 4e partie.)

Les hommes ont été forcés de s'ouvrir entre eux des commerces pour subvenir à leurs différents besoins et aux commodités de la vie. Ils sont obligés de porter chez les autres leur superflu et d'en tirer par échange les choses ou seulement utiles ou indispensables. De cette nécessité résulte celle des connaissances géographiques, c'est-à-dire : 1° de la situation des lieux; 2° de leur distance relative; 3° des mœurs de leurs habitants; 4° de leurs productions et de leur commerce.

(CARPENTIER, *Nouveau plan d'éducation,* art. XII.)

Les cartes géographiques ont par elles-mêmes quelque chose qui attire tous les enfants, même les plus petits. Quoique dégoûtés de tout le reste, ils apprennent encore quelque chose au moyen des cartes géographiques. C'est là un bon amusement pour eux; leur imagination ne peut extravaguer; elle est dans la nécessité de s'attacher à une certaine figure.

(KANT, *De la pédagogique,* § 37.)

Au lieu de suivre la voie tracée par la routine, au lieu de commencer par l'étude du système du monde, qui ne doit venir qu'à la fin, Pestalozzi rattache son enseignement aux premières impressions de l'enfance; il prend son point de départ là où se trouvent réunis le maître et l'élève; il attire les regards et la réflexion de l'enfant sur les accidents de terrain qu'il a vus dans les environs. Il décrit, d'après les reliefs, les montagnes isolées, les collines et les vallées; il fait remarquer que c'est dans ces dernières que les eaux prennent leur écoulement, qu'elles descendent de leurs sources pour former dans leur cours les ruisseaux, les rivières, les fleuves; on désigne les affluents, les embouchures, les lacs et les marais, puis, en rapprochant la terre de l'eau, on fait naître l'idée de rivages, d'îles, de golfes, de presqu'îles, de détroits, etc.; et lorsqu'il ne trouvait pas d'exemples dans le voisinage, il leur en donnait l'idée par des reliefs faciles à modeler.

A cette intuition des termes de la géographie physique, se mêlaient des notions de géographie politique. Partant de la famille, il dirige leur attention sur le village, sur son église, sa maison d'école, son cimetière, sur la route qui conduit à la ville; de celle-ci, qui présente déjà davantage à l'observation, il décrit le canton, l'homme, le prêtre, le maire, le juge de paix, comme le fit plus tard le P. Girard dans son explication du plan de Fribourg. De là, passant à la géographie mathématique, il saisit la première occasion de leur faire remarquer l'horizon, le lever et le coucher du soleil, la Grande Ourse et l'étoile polaire; de là, il leur indique la manière de s'orienter, il les habitue à déterminer la position d'un lieu par rapport à un autre et donne ainsi à son enseignement un attrait toujours nouveau; il parle aux yeux de ses élèves, et ces notions ainsi acquises se gravent profondément dans leur intelligence.

C'est aussi dans ce premier cours élémentaire que l'instituteur exerce ses disciples à représenter par approximation le plan de la chambre d'école, la rue qui y conduit, et l'amène insensiblement à tracer le chemin qu'il faut suivre pour aller à l'église ou sur d'autres points de la localité; on l'exerce à tracer le cours de la rivière, puis on lui fait étendre par degrés le cercle de ses observations et de ses tracés topographiques; et ce n'est que lorsqu'on a fait naître en lui le désir de connaître ce que sa vue ne peut pas embrasser, qu'on place devant lui la carte du district d'Yverdon, et celle du canton de Vaud, celle de la Suisse sur laquelle il peut lire, s'orienter.

Ce n'est que lorsque l'élève est arrivé à ce degré d'avancement, qu'il a acquis par l'in[illegible]ion le sens de la nomenclature géographique, qu'il a une notion de la patrie et d'une contrée politique avec ses divisions administratives, reposant sur le sol physique tel que Dieu l'a créé, que Pestalozzi faisait commencer l'étude de la géographie générale, dans laquelle l'élève n'avait plus à apprendre que des analogies ou des différences avec les connaissances géographiques qu'il avait déjà acquises.

(POMPÉE, *Études sur la vie et les travaux pédagogiques de Pestalozzi*, XIII.)

II. — L'histoire.

En ceste practique des hommes, j'entens y comprendre, et principalement, ceux qui ne vivent qu'en la mémoire des livres. Il practiquera, par le moyen des histoires, ces grandes âmes des meilleurs siècles. C'est un vain estude qui veut : mais qui veut aussy c'est un estude de fruict inestimable... Mais que mon guide se souvienne où vise sa charge, et qu'il n'imprime pas tant à son disciple la date de la ruine de Carthage, que les mœurs d'Annibal et de Scipion... Qu'il ne luy apprenne pas tant les histoires qu'à en juger.

(MONTAIGNE, *Essais*, liv. I, ch. XXV.)

Enfin nous lui avons enseigné l'histoire, et comme c'est la maîtresse de la vie humaine et de la politique, nous l'avons fait avec une grande exactitude, mais nous avons principalement eu soin de lui apprendre celle de la France, qui est la sienne... Nous ne descendons pas néanmoins dans un trop grand détail des petites choses, et nous ne nous amusons pas à rechercher celles qui ne sont que de curiosité ; mais nous remarquons les mœurs de la nation bonnes et mauvaises, les coutumes anciennes, les lois fondamentales, les grands changements et leurs causes, le secret des conseils, les événements inespérés, les fautes des rois et les calamnités qui les ont suivies.

(BOSSUET, *De l'instruction du Dauphin*, p. 9-10.)

L'histoire est très importante : c'est elle qui nous montre les grands exemples, qui fait servir les vices mêmes des méchants à l'instruction des bons, qui débrouille les origines, et qui explique par quels chemins les peuples ont passé d'une forme de gouvernement à une autre.

Le point le plus nécessaire et le plus rare pour un historien, est qu'il sache exactement la forme du gouvernement et le détail des mœurs de la nation dont il écrit l'histoire pour chaque siècle. Un peintre qui ignore ce qu'on nomme *il costume* ne peint rien avec vérité. Les peintres de l'école lombarde, qui ont d'ailleurs si naïvement représenté la nature, ont manqué de science en ce point : ils ont peint le grand prêtre des Juifs comme un pape, et les Grecs de l'antiquité comme les hommes qu'ils voyaient en Lombardie. Il n'y aurait néanmoins rien de plus faux et de plus choquant que de peindre les Français du temps de Henri II avec des perruques et des cravates, ou de peindre les Français de notre temps avec des barbes et des fraises. Chaque nation a ses mœurs très différentes de celles des peuples voisins. Chaque peuple change souvent pour ses propres mœurs... Notre nation ne doit pas être peinte d'une façon uniforme : elle a eu des changements continuels. Un historien qui représentera Clovis environné d'une cour polie, galante et magnifique, aura beau être vrai dans les faits particuliers; il sera faux pour le fait principal des mœurs de toute la nation... Les mœurs et l'état de tout le corps de la nation ont changé d'âge en âge. Sans remonter plus haut, le changement des mœurs est presque incroyable depuis le règne de Henri IV. Il est cent fois plus important d'observer ces changements de la nation entière, que de rapporter simplement des faits particuliers.

(FÉNELON, *Lettre sur les occupations de l'Académie française,* Projet d'un traité sur l'histoire.)

Si j'avais de la santé, et si je pouvais me flatter de vivre, je voudrais écrire une histoire de France à ma mode. J'ai une drôle d'idée dans la tête, c'est qu'il n'y a que des gens qui ont fait des tragédies qui puissent jeter quelque intérêt dans notre histoire sèche et barbare. Il faut dans une histoire, comme dans une pièce de théâtre, exposition, nœud et dénouement. — Encore une autre idée. On n'a fait que l'histoire des rois, mais on n'a point fait celle de la nation. Il semble que pendant quatorze cents ans il n'y ait eu dans la Gaule que des rois, des ministres et des généraux; mais nos mœurs, nos lois, nos coutumes, notre esprit, ne sont-ils rien?

(VOLTAIRE, *Correspondance*, janvier 1740.)

J'aimerais mieux la lecture des vies particulières pour commencer l'étude du cœur humain; car alors l'homme a beau se dérober, l'historien le poursuit partout; il ne lui laisse aucun moment de relâche, aucun recoin pour éviter l'œil perçant du spectateur; et c'est quand l'un croit mieux se cacher que l'autre le fait mieux connaître. « Ceux, dit Montaigne, qui escrivent les vies, d'autant qu'ils s'amusent plus aux conseils (aux idées) qu'aux événements, plus à ce qui part du dedans qu'à ce qui arrive au dehors, ceux là me sont plus propres avec mes goûts; voilà pourquoy, en toutes choses, c'est mon homme que Plutarque.»
Plutarque excelle par ces mêmes détails dans lesquels nous n'osons plus entrer. Il a une grâce inimitable à peindre les grands hommes dans les petites choses; il est si heureux dans le choix de ses traits, que souvent un mot, un sourire, un geste lui suffit pour caractériser son héros.

(ROUSSEAU, *Émile*, liv. IV.)

L'histoire nous présente un tableau instructif des passions humaines, mais de celles surtout que l'ambition fait mouvoir, par l'intérêt qu'elle inspire au sort des héros et des conquérants; l'histoire peut donc, si l'on n'a pas soin d'abord de fortifier le jugement, éveiller dans un esprit ardent la soif de l'ambition et allumer la flamme de la fausse gloire. L'historien qui ne prend pas une partie de l'esprit de son héros, et qui n'entre pas avec chaleur dans ses intérêts, est froid et inanimé; celui qui fait le contraire est sujet à jeter de fausses couleurs sur des actions qui, par leur nature, sont basses et viles, à atténuer ce qui est répréhensible et parfois à élever ce qui ne mérite pas la moindre approbation. Les notions morales de la jeunesse se trouvent ainsi en danger d'être corrompues par les sources mêmes qui devaient les perfectionner; c'est, je crois, ce qui arrive souvent aux jeunes gens, et telle est la conséquence inévitable des écarts de jugement auxquels on laisse l'imagination se livrer. Si le jugement était exercé à rechercher les *causes* et leurs *effets*, tels qu'ils sont tracés dans les pages de l'histoire, la jeunesse ardente, au lieu de se laisser éblouir par le faux éclat de quelques actions brillantes, examinerait les conséquences qu'elles ont produites sur la race humaine, et verrait que la ruine, la douleur, la misère et la désolation sont la terrible récompense d'une gloire vaine et périssable.

Les divers avantages résultant de l'étude de l'histoire sont trop nombreux et trop importants pour qu'on puisse les faire connaître dans une esquisse aussi imparfaite. Il suffit de dire que, sous une direction éclairée, cette étude ne peut manquer d'agrandir les conceptions, d'augmenter le nombre des idées, de perfectionner le jugement et de fortifier dans le cœur les principes moraux et religieux. La simple connaissance des dates, des époques, des noms des souverains, de la longueur de leurs règnes successifs, et même des principaux faits qui ont caractérisé chacun d'eux, et des événements les plus remarquables de chaque siècle, est bien peu de chose pour le perfectionnement de l'intelligence.

Les abrégés d'histoire peuvent donner cette connaissance, et c'est aussi la seule qu'on en peut retirer; il est donc impossible qu'ils présentent aucun des avantages moraux de l'histoire... L'usage des abrégés doit se borner aux savants, au lieu qu'il faut donner aux esprits qui se perfectionnent progressivement des idées pleines, claires, distinctes et exactes sur tous les sujets qu'on leur présente.

(Élisabeth Hamilton, *Lettres sur les principes élémentaires de l'éducation*, t. II, Lettre VIII.)

Il n'y a que les Français qui se fâchent sottement contre leurs tombeaux et leurs annales, qui abattent les croix, dévastent les églises en rancune du clergé de l'an de grâce 1000 ou 1100. Rien de plus puéril ou de plus bête que ces outrages de réminiscence ; rien qui porterait davantage à croire que nous ne sommes capables de quoi que ce soit de sérieux, que les vrais principes de la liberté nous demeureront à jamais inconnus. Loin de mépriser le passé, nous devrions, comme le font tous les peuples, le traiter en vieillard vénérable qui raconte à nos foyers ce qu'il a vu : quel mal nous peut-il faire? Il nous instruit et nous amuse par ses récits, ses idées, son langage, ses manières, ses habits d'autrefois; mais il est sans force, et ses mains sont débiles et tremblantes. Aurions-nous peur de ce contemporain de nos pères, qui serait déjà avec eux dans la tombe s'il pouvait mourir, et qui n'a d'autorité que celle de leur poussière?

(CHATEAUBRIAND, *Mémoires d'outre-tombe*, t. VIII, p. 355.)

Il la faut simple (l'histoire) et successivement augmentée. Huit ans, douze ans, quinze ans, marquent trois étapes, bien graduées, du développement intellectuel.

Le premier récit ne devrait conter que des faits individuels et amusants; — le second insisterait sur ceux de ces faits qui se rattachent essentiellement à la tradition nationale, — ce qu'en éducation il est indispensable de faire sentir à l'enfant, dès qu'il commence à saisir la chaîne et l'unité de l'histoire. Par cette méthode graduée, on ferait succéder peu à peu les idées aux sensations éveillées par les images. — Le troisième récit aborderait enfin l'histoire générale où se marque la solidarité des peuples, où l'on voit qu'à travers les différences de mœurs et de coutumes l'humanité garde, au fond, une âme identique, et qu'elle tire de cette belle et forte unité sa force de résistance contre les éléments multiples de destruction qui s'attaquent à la vie des races comme à celle des individus.

(MICHELET, *Ma jeunesse*, p. 222.)

L'histoire n'est que l'histoire du cœur; nous avons à chercher les sentiments des générations passées et nous n'avons à chercher rien autre chose.

(TAINE, *Histoire de la littérature anglaise*, t. V, 5e édit., p. 255.)

L'histoire universelle, l'histoire de ce que l'homme a accompli dans le monde, est au fond l'histoire des grands hommes qui ont travaillé ici-bas. Ils ont été les conducteurs des peuples, ces grands hommes; les formateurs, les modèles, et, dans un sens large, les créateurs de tout ce que la masse des hommes pris ensemble est parvenue à faire ou à atteindre. Toutes les choses que nous voyons debout dans le monde sont proprement le résultat matériel extérieur, l'accomplissement pratique et l'incarnation des pensées qui ont habité dans les grands hommes envoyés au monde. L'âme de l'histoire entière du monde, ce serait leur histoire.

(CARLYLE, *On Heroes*, t. I, p. 71, cité par TAINE, *Histoire de la littérature anglaise*, t. V, p. 307.)

CHAPITRE IV

L'ENSEIGNEMENT SCIENTIFIQUE

I. *Les sciences exactes.* — Méthode à suivre pour l'enseignement. Choix et nature des problèmes. Valeur éducative des sciences mathématiques. Très accessibles à l'intelligence enfantine.
II. *Les sciences expérimentales.* — Enseignement des notions de physique, de chimie, d'histoire naturelle. Leur utilité pratique.

EXTRAITS DE : **Aristote ;**
L'abbé de la Salle ;
Niemeyer ;
W. Hamilton, Pestalozzi, Mme Necker de Saussure, Taine, Herbert Spencer, Bain.

I. — Les sciences exactes.

Les enfants sont capables d'apprendre les mathématiques, tandis qu'ils ne le sont pas d'apprendre la philosophie.
(ARISTOTE, *Morale*, liv. VI, ch. VIII.)

Le maître s'assurera de temps en temps, par des interrogations, si les écoliers sont attentifs et s'ils comprennent. Si quelqu'un d'entre eux se trompe dans ses opérations sur le tableau, il le fera reprendre par un autre plus avancé. Il ne donnera lui-même la réponse que dans le cas seulement où aucun ne pourra le faire. Il leur fera connaître leurs défauts par raison, leur demandant par exemple, à l'égard de l'addition, pourquoi ils ont commencé par les deniers. Il leur fera d'autres questions semblables.

Les élèves porteront, avec les devoirs donnés, des problèmes qu'ils auront inventés, d'après les indications que le maître leur aura données selon leur capacité.
(L'ABBÉ DE LA SALLE, *Conduite des Écoles.*)

Il est de toute notoriété, dans toutes les écoles, que les esprits qui montrent du penchant pour ces sortes de représentations abstraites, ont le plus faible jugement dans les autres matières.

(NIEMEYER, cité par W. HAMILTON, *De l'étude des mathématiques*, p. 323.)

L'attention continue et monotone qu'exige une longue déduction (car chaque pas dans la série réclame un seul et même acte intellectuel, s'exerçant toujours sur un rapport éternellement le même et toujours à un faible degré d'intensité), et l'inaction forcée à laquelle sont condamnées toutes les facultés plus nobles et plus agréables, sont les deux causes qui font des mathématiques, considérées en elles-mêmes, la plus facile des études rationnelles, et en même temps la plus ardue précisément pour les esprits qui trouvent aisées les études réellement les plus difficiles.

(W. HAMILTON, *De l'étude des mathématiques*, p. 32.)

Nul n'ignore que l'étude des mathématiques offre le modèle le plus parfait des procédés du raisonnement. Là, une première supposition devient un fait dont tous les autres découlent. Là, le passage du connu à l'inconnu peut se faire au moyen de graduations si bien ménagées, que les difficultés se proportionnent à chaque âge, à chaque mesure de capacité... De très jeunes enfants peuvent déjà se plaire à l'arithmétique, parce qu'ils aiment ce qui est clair, positif, ce qui conduit à un résultat.

(MME NECKER DE SAUSSURE, *L'éducation progressive*, liv. VI, ch. VI.)

Toute l'arithmétique se réduit à l'addition et à la soustraction de plusieurs unités. Son principe fondamental réside dans la formule : *Un et un font deux, un de deux reste un*. De même, un nombre quelconque, et le mot n'a pas d'autre sens, n'est en soi qu'un abrégé de cette forme élémentaire et primordiale de tout calcul. Mais il importe que les moyens mêmes d'abréviation employés par l'arithmétique n'affaiblissent pas en nous la notion de cette forme primitive des rapports numériques; il faut au contraire apporter le plus grand soin à inculquer profondément cette notion par les procédés d'enseignement et à donner une base solide aux études ultérieures en visant constamment à bien fixer dans l'esprit les rapports réels qui sont le point de départ de toute opération d'arithmétique. Sinon, le premier des moyens que nous possédons pour acquérir des notions claires se réduirait à un jeu de notre mémoire et de notre imagination, et deviendrait impuissant à remplir la partie essentielle de son rôle.

Si, par exemple, nous apprenons par cœur : trois et quatre font sept, et procédons avec ce nombre sept comme si nous le connaissions réellement, nous nous faisons illusion à nous-mêmes; car nous n'avons aucune idée de sa valeur intrinsèque, puisque nous n'avons pas même conscience de la réalité matérielle qu'il exprime.

Je commence, dès le *Livre des mères*, à me préoccuper de donner aux enfants une impression vive et durable des rapports numériques, conçus comme des changements réels et effectifs dans les objets qui sont placés sous leurs yeux.

La notion de l'accroissement et de la diminution du nombre des objets, donnée à l'enfant par la vue de réalités matérielles et mobiles, est fortifiée ensuite par des tableaux de calcul, dans lesquels les mêmes séries des rapports numériques lui sont encore une fois placées devant les yeux sous forme de traits et de points... Et lorsque l'enfant s'est exercé à compter avec des objets et avec les points ou les traits qui les remplacent, la connaissance des rapports réels des nombres est si bien enracinée dans son esprit, que les procédés abréviatifs par les chiffres ordinaires sont saisis par lui avec une facilité incroyable.

(PESTALOZZI, *Comment Gertrude instruit ses enfants*, Lettre III.)

Pour calculer, les hommes se sont aidés primitivement d'objets sensibles et maniables, tantôt de petits cailloux, tantôt les dix doigts des deux mains. Calcul vient du latin *calculus*, petit caillou. Les chiffres romains I, II, III, IV, V, X, sont des dessins représentant un ou plusieurs doigts, une seule main, ou les deux mains. Notre système de numération par dizaines a pour origine cette circonstance que nous avons dix doigts. Il n'y a rien de plus facile que de lever, un à un, tour à tour, les doigts de la main fermée, ou de baisser un à un, tour à tour, les doigts de la main ouverte. Il n'y a rien de plus facile que d'ajouter des cailloux, un à un, de manière à en faire un tas, ou à ôter les cailloux, un à un, de manière à défaire le tas. Et comme, en ôtant ou en ajoutant un ou plusieurs cailloux, en baissant ou en levant un ou plusieurs doigts, nous pouvons altérer *visiblement* le total des cailloux ramassés ou des doigts levés, il nous est aisé, non seulement de fabriquer ainsi divers totaux *visibles*, mais encore de remarquer *avec nos yeux* comment ces totaux se font et se défont.

(M. Taine, *De l'intelligence*, t. II, p. 264-265.)

On peut appliquer à l'arithmétique et à d'autres études encore un principe important d'économie intellectuelle : je veux parler de celui qui consiste à tirer parti des problèmes pour faire connaître des faits utiles. Au lieu de faire entrer dans les additions, les soustractions, les multiplications et les autres calculs des nombres pris au hasard, nous pouvons, après les exercices préliminaires, faire entrer dans chaque question quelques données numériques importantes sur les phénomènes de la nature ou les usages conventionnels de la vie, et devancer ainsi, jusqu'à un certain point, les exigences de la position que les élèves occuperont plus tard... On pourra, par exemple, faire entrer dans une foule de questions les principales dates de la chronologie... On pourrait de même faire apprendre sans peine certains nombres importants pour la géographie, en les introduisant dans une foule de questions diverses... Tout homme doit savoir exactement les tables de poids et mesures de son pays, et on pourrait les faire entrer dans les exercices de calcul de manière à les fixer dans la mémoire... Il serait bon de parler souvent des poids et mesures des pays étrangers; je citerai à ce propos les échelles thermométriques.

(M. Bain, *La science de l'éducation*, liv. II, ch. IV.)

Il n'est pas douteux que la géométrie n'ait son origine (comme du reste le mot l'indique) dans les méthodes trouvées par les artisans et autres hommes pour prendre des mesures exactes pour la pose des fondations de bâtiments, pour l'arpentage des enclos, etc., et que l'on n'ait rassemblé les vérités géométriques en un corps que dans un but d'utilité immédiate. C'est de la même manière qu'il faut les présenter à l'élève. En lui faisant tailler des morceaux de carton pour édifier son château de cartes; dessiner des diagrammes horizontaux qu'il peindra, en l'occupant de diverses choses qu'un maître inventif saura trouver, on peut, pendant un certain temps, le laisser faire ses tentatives lui-même, comme les a faites le constructeur primitif. Il apprendra ainsi par expérience quelle est la difficulté d'arriver au but par le seul secours des sens. Lorsque après avoir, chemin faisant, développé sa puissance de perception, il sera arrivé à l'âge de se servir du compas, il en appréciera l'avantage, mais continuera d'être gêné par l'imperfection de la méthode approximative... La nature nous montre le chemin. Les enfants montrent un goût marqué pour bâtir, pour découper des objets en papier; goût qui, s'il est encouragé et dirigé, ne préparera pas seulement la voie aux conceptions scientifiques, mais développera cette habileté de main qui fait si souvent défaut.

Quand les facultés d'observation et d'induction auront acquis chez lui la puissance nécessaire, on pourra initier l'élève à la géométrie empirique, c'est-à-dire à la géométrie qui donne des solutions empiriques, mais ne les démontre pas... Comme on peut le penser, la géométrie rationnelle ne présentera plus d'obstacle à l'élève, après qu'il aura été longtemps accoutumé à des exercices de ce genre.

(M. Herbert Spencer, *De l'éducation*, ch. ii.)

II. — Les sciences expérimentales.

Un esprit déjà exercé au calcul ne craindrait pas d'en connaître les principes un peu à fond. Rien n'est plus propre à former le discernement que la tentative d'expliquer les phénomènes naturels d'après les lois dont on acquiert successivement la connaissance. Il s'agit de démêler l'action des causes différentes, d'assigner à chacune sa juste part. L'observation, le raisonnement jouent également leur rôle; on y voit que les résultats ne répondent pas toujours aux précisions de la théorie, et pourtant, en réfléchissant encore davantage, on connaît que rien n'est dû au hasard.

A l'égard de ces études du moins, l'utilité pratique est incontestable, puisque les lois de la physique et de la chimie régissent les divers objets dont s'occupe l'économie domestique. La conservation de nos denrées, l'apprêt de nos aliments, l'éclairage et le chauffage des appartements, les soins qu'exige leur salubrité, tout repose sur les connaissances physiques et chimiques.

(Mme Necker de Saussure, *Suite de l'éducation progressive*, livre II, ch. iv.)

Y a-t-il un plaisir plus vif que celui de l'enfant qui cueille une fleur nouvelle, qui ramasse un insecte inconnu, ou qui rassemble des cailloux ou des coquillages? Et qui ne voit qu'en sympathisant avec lui, on peut l'amener à l'examen complet de leurs qualités et de leur structure? Un disciple de Bacon, conséquent avec lui-même, — serviteur et interprète de la nature, — comprendra qu'il doit modestement suivre les indications qui lui sont ainsi données. L'enfant qui a été familiarisé avec les propriétés simples des corps inorganiques devra être conduit, par le procédé déjà suivi, à l'examen complet des objets qu'il rencontre.

(M. Herbert Spencer, *De l'éducation*, ch. ii.)

Les sciences naturelles ont pour types et pour divisions principales la minéralogie, la botanique et la zoologie. Les méthodes d'enseignement à suivre pour ces sciences ne sont pas difficiles à indiquer, bien que certaines circonstances viennent les rendre plus compliquées. Nous savons qu'elles répètent des faits et des idées déjà établis par les sciences générales et qu'elles traitent de l'ordre, de la classification et de la description d'un nombre énorme d'objets distincts.

Une seule de ces sciences, et particulièrement une des deux dernières, suffirait pour absorber et accabler la mémoire la plus vigoureuse, sans qu'il fût possible de tirer parti des détails ainsi accumulés. Il faut donc que le maître trouve un principe de sélection qui lui permette de tirer le meilleur parti possible du temps limité dont il dispose.

(M. Bain, *La science de l'éducation*, liv. II, ch. vi.)

L'instruction professionnelle.

L'instruction que la puissance publique doit préparer pour les professions mécaniques, ne consistera point à ouvrir des écoles où on les enseigne; il n'est pas question d'apprendre à faire des bas ou des étoffes, à travailler le fer ou le bois, mais seulement de donner celles des connaissances utiles à ces professions qui ne peuvent faire partie de l'apprentissage.

On peut classer ces connaissances, ou suivant leur nature, ou relativement aux arts pour lesquels elles peuvent être nécessaires. Sous le premier point de vue, on trouvera le dessin, qui est indispensable et dans tous les arts employés par le luxe où l'on joint la décoration à l'utilité, et dans toutes les professions où l'on fabrique les instruments et les outils employés par les autres arts. Viennent ensuite les connaissances chimiques, utiles à ceux qui préparent ou qui emploient les métaux, les cuirs ou le verre, qui impriment des couleurs ou appliquent des teintures. Les premiers principes de la mécanique, les connaissances communes de physique, les éléments de l'arithmétique commerciale, ceux du toisé, de l'évaluation des solides, enfin quelques parties de géométrie élémentaire qui ne sont point complètes dans l'instruction commune, telles que la théorie de la coupe des pierres, la perspective, doivent entrer dans cette instruction.

(CONDORCET, *Mémoires sur l'instruction publique*, 4e mémoire, p. 382.)

CHAPITRE V

LA CULTURE SUPÉRIEURE

I. *L'art dans l'école.* — Place légitime qu'il doit y tenir. Son importance morale et intellectuelle, autant que pratique. La musique. Le dessin. Les émotions artistiques considérées comme un agent d'éducation, à titre de plaisir.
II. *L'instruction civique.* — En quoi elle consiste. Quel est son but, son programme. Quel doit être son esprit.
III. *L'instruction morale.* — L'enseignement moral et l'enseignement de la morale. Procédés à employer. Enseignement religieux.

Extraits de : **Platon, Aristote, Cicéron;**
Érasme, Vivès, Pibrac;
Bossuet, La Fontaine;
Rousseau, Condorcet, La Chabeaussière;
Pestalozzi, Guizot, Ravaisson, Bersot, Bain, Fouillée, J. Ferry, Instruction ministérielle.

I. — L'art dans l'école.

Il convient que les jeunes gens, élevés au milieu des plus belles choses, comme dans un air pur et sain, en reçoivent sans cesse de salutaires impressions par l'œil et par l'oreille, et que dès l'enfance tout les porte insensiblement à imiter, à aimer le beau, à se mettre en accord avec lui.

Si la musique est la partie principale de l'éducation, n'est-ce pas parce que le rythme et l'harmonie ont au suprême degré la puissance de pénétrer dans l'âme, de s'en emparer, d'y introduire le beau et de la soumettre à son empire quand l'éducation a été convenable, au lieu que le contraire arrive lorsqu'on la néglige? Le jeune homme élevé convenablement par la musique ne saisira-t-il pas avec une étonnante sagacité ce qu'il y a de défectueux et d'imparfait dans les ouvrages de l'art et de la nature et n'en éprouvera-t-il pas une impression juste et pénible? par cela même, ne louera-t-il pas avec transport ce qu'il y a de beau, ne le recueillera-t-il pas dans son âme pour s'en nourrir et devenir par là un homme vertueux, tandis que tout ce qui est laid sera pour lui l'objet d'un blâme et d'une aversion légitimes, et cela dès la plus tendre jeunesse, avant de pouvoir s'en rendre compte au nom de la raison, de cette raison que plus tard, lorsqu'elle arrivera, il accueillera avec tendresse, parce qu'en vertu du rapport intime qui se trouve entre elle et l'éducation qu'il a reçue, elle lui apparaîtra sous des traits familiers?

(PLATON, *République*, liv. III.)

On apprend le dessin non seulement pour éviter les erreurs et les mécomptes dans les achats et les ventes de meubles et d'ustensiles, mais surtout pour se former une intelligence plus exquise de la beauté des formes.

(ARISTOTE, *Politique*, liv. V, ch. III.)

Ne doit-on demander à la musique que le plaisir banal qu'elle excite chez tous les hommes? ou bien ne doit-on pas rechercher encore si elle peut exercer quelque influence sur les cœurs, sur les âmes? Il suffirait, pour en démontrer la puissance morale, de prouver qu'elle peut modifier nos sentiments. Or, certainement elle les modifie. Qu'on voie l'impression produite sur les auditeurs par les œuvres de tant de musiciens. Qui nierait qu'elles enthousiasment les âmes?

La musique est évidemment une imitation directe des sensations morales. Dès que la nature des harmonies vient à varier, les impressions des auditeurs changent avec chacune d'elles et les suivent. A une harmonie plaintive, l'âme s'attriste et se resserre; d'autres harmonies attendrissent le cœur; une autre procure à l'âme un calme parfait.

Il est donc impossible de ne pas reconnaître la puissance morale de la musique; et, puisque cette puissance est bien réelle, il faut nécessairement faire entrer la musique dans l'éducation des enfants.

L'harmonie et le rythme semblent des choses inhérentes à la nature humaine.

(ARISTOTE, *Politique*, liv. V, ch. V.)

Les enfants, grands imitateurs, essayent tous de dessiner; je voudrais que le mien cultivât cet art, non précisément pour l'art même, mais pour se rendre l'œil juste et la main flexible; et, en général, il importe peu qu'il sache tel ou tel exercice, pourvu qu'il acquière la perspicacité du sens et la bonne habitude du corps qu'on gagne pour cet exercice... Je veux qu'il n'ait d'autre maître que la nature,... qu'il ait sous les yeux l'original même et non pas le papier qui le représente.

Je sais bien que de cette manière il barbouillera longtemps sans rien faire de reconnaissable, qu'il prendra tard l'élégance des contours et le trait léger des dessinateurs, peut-être jamais le discernement des effets pittoresques et le bon goût du dessin; en revanche, il contractera certainement un coup d'œil juste, une main plus sûre, la connaissance des vrais rapports de grandeur et de figure qui sont entre les animaux, les plantes, les corps naturels, et une prompte expérience du jeu de la perspective.

(ROUSSEAU, *Emile*, liv. II.)

Le dessin est l'art de se représenter et de reproduire exactement, par l'observation d'un objet quelconque et au moyen de lignes semblables, le contour de cet objet et les caractères intérieurs qu'il renferme.

La nouvelle méthode facilite au delà de toute expression l'étude de cet art. Dès maintenant, en effet, le dessin, dans toutes ses parties, nous apparaît simplement comme une mise en œuvre, facile à réaliser, des formes que l'enfant a observées, bien plus, qu'il s'assimilera par les reproductions auxquelles il s'est exercé pour acquérir la connaissance pratique des mesures.

Le procédé, pour cette mise en œuvre, est celui-ci : aussitôt que l'enfant sait tracer exactement et couramment la ligne horizontale, on lui cherche, dans le pêle-mêle de toutes ses intuitions, des formes dont le contour ne soit autre chose que l'application de cette ligne horizontale qui lui est familière, on ne s'en écarte tout au moins qu'à un degré imperceptible.

On passe ensuite à la ligne verticale, puis à l'angle droit, etc., et à mesure que l'enfant devient plus habile et reproduit plus facilement ces figures, on s'en éloigne graduellement dans les modèles qui servent à les appliquer.

(PESTALOZZI, *Comment Gertrude instruit ses enfants*, Lettre VII.)

Il est reconnu que, dans les écoles publiques, non seulement le chant est un délassement agréable à l'enfance, mais qu'il contribue à élever les âmes, à adoucir les mœurs, et peut devenir, entre les mains d'un maître habile, un utile moyen d'éducation morale.

(GUIZOT, *Circulaire aux Recteurs*, 5 août 1833.)

S'il convient d'introduire ou plutôt de rétablir l'art dans l'école, ce n'est pas seulement pour procurer le meilleur et le plus complet développement des facultés de l'esprit, et pour préparer le mieux possible à l'exercice des professions manuelles auxquelles serviront pendant toute la vie ces facultés, dans le cours des heures du travail; c'est encore pour préparer un meilleur emploi des heures de loisir. On se plaint que les heures de loisir soient trop souvent remplies par des distractions et des joies d'un ordre tout matériel, où les mœurs se corrompent et l'esprit s'avilit. En serait-il de même si les classes populaires étaient mises en état de goûter les satisfactions d'ordre supérieur que procurent les belles choses, si elles étaient instruites, fût-ce même dans une faible mesure, à se plaire dans cette sorte de divine et salutaire ivresse que procurent par l'ouïe et par la vue les proportions et les harmonies? L'homme du peuple, sur lequel pèse d'un poids si lourd la fatalité matérielle, ne trouverait-il pas le meilleur allégement à sa dure condition, si ses yeux étaient ouverts à ce que Léonard de Vinci appelle la *bellezza del mondo*, s'il était appelé ainsi à jouir, lui aussi, du spectacle de ces grâces que l'on voit répandues sur tout ce vaste monde et qui, devenues sensibles au cœur, comme s'exprime Pascal, adoucissent plus que toute autre chose ses tristesses et, plus que toute autre chose, lui donnent le pressentiment et l'avant-goût de meilleures destinées?

(M. RAVAISSON, article *Art* dans le *Dictionnaire de pédagogie*.)

Les émotions que donnent les arts sont rarement considérées comme étant uniquement une source de jouissances. Le plus souvent, on les regarde plutôt comme une influence morale et un moyen précieux d'éducation. Toutefois nous devons avant tout y voir une source de plaisir, et un but final sous ce rapport.

Leur rôle dans l'éducation intellectuelle est celui de tout plaisir qui n'est pas excessif : ils nous animent, nous reposent, et nous encouragent au travail.

Certains effets généraux des arts exercent une bonne influence sur le début. Tels sont la symétrie, l'ordre, le rythme, et même la simplicité régulière et la proportion, qualités que l'on doit retrouver dans la vie de l'école tout comme dans la vie domestique. La proportion, la simplicité régulière, des couleurs bien choisies, sont les éléments qui conviennent à l'intérieur d'une école; ajoutons-y pour les élèves eux-mêmes l'ordre, la propreté et la bonne tenue, sans que les exigences en soient rebutantes et tyranniques.

Dans les exercices de l'enfance, la mesure et le rythme jouent un grand rôle.

De tous les arts, le plus accessible, le plus répandu et le plus puissant est la musique. De tous les plaisirs de l'homme, la musique est peut-être le plus innocent et celui qui coûte le moins cher... Assurément la puissance de la musique est fort grande, mais toute momentanée; elle anime l'esprit, l'encourage, le calme et le console. Mais l'étude des faits ne nous permet pas de lui attribuer une influence morale persistante : rien n'est plus fugitif que l'émotion produite par un morceau de musique... Si elle a quelque action dans la sphère morale, je ne puis lui en reconnaître aucune dans la sphère intellectuelle. Comme diversion récréative à un travail pénible, elle mérite tout éloge.

(M. Bain, *La science de l'éducation*, liv. I, ch. v.)

L'art sera toujours le superflu nécessaire. D'abord, au point de vue individuel, l'art est nécessaire comme dépense de l'excédent d'activité emmagasiné dans le cerveau, comme compensation et délassement de l'existence actuelle, enfin comme réalisation momentanée d'une existence supérieure, libre des besoins matériels; en un mot, l'art est la plénitude et la surabondance de la vie. L'art n'est pas moins nécessaire au point de vue collectif : il est une condition de progrès social, il règle et embellit les relations naturelles des hommes. La toute-puissance de l'art est dans la sympathie et la sociabilité qu'il accroît. On a dit bien des fois que l'art adoucit les mœurs; pourquoi?

C'est qu'il nous rend capables de pleurer avec ceux qui pleurent, de sourire avec ceux qui rient; c'est qu'il nous fait vivre la vie des autres.

(M. Fouillée, *Les transformations de l'idée morale*, dans la *Revue des Deux Mondes* du 15 juin 1889.)

II. — L'instruction civique.

Dans notre enfance, nous apprenions par cœur les douze Tables, comme un chant solennel.

(Cicéron, *Les lois*, liv. II, 23.)

Les Grecs étaient instruits à se regarder et à regarder leur famille comme partie d'un plus grand corps, qui était le corps de l'État. Les pères nourrissaient leurs enfants dans cet esprit; et les enfants apprenaient dès le berceau à regarder la patrie comme une mère commune, à qui ils appartenaient encore plus qu'à leurs parents. Le mot de civilité ne signifiait pas seulement, parmi les Grecs, la douceur, la déférence mutuelle qui rend les hommes sociables; l'homme civil n'était autre chose qu'un bon citoyen, qui se regarde toujours comme membre de l'État, qui se laisse conduire par les lois et conspire avec elles au bien public, sans rien entreprendre sur personne.

(Bossuet, *Discours sur l'histoire universelle*, 3e partie, ch. v.)

Aime l'estat tel que tu le vois estre;
S'il est royal, aime la royauté,
S'il est de peu, ou bien communauté,
Ayme l'aussi, car Dieu t'y a fait naistre.

(Pibrac, *Quatrains*.)

Une leçon de Mme de Maintenon à Saint-Cyr : la nécessité de l'impôt.

Loin de vous plaindre et de murmurer des secours que la guerre l'oblige (le roi) à tirer de ses peuples, vous devez porter les autres à s'y rendre de bon cœur, parce que le besoin général de l'État est celui de chaque particulier, qui ne peuvent être en sûreté dans leurs maisons si on ne les garde de leurs ennemis, et on ne peut les en garder sans avoir de quoi faire subsister les troupes nécessaires à ce dessein, à quoi il est très juste que chacun contribue, puisque chacun y est intéressé. On convient assez volontiers de ce raisonnement, on le fait même aux autres dans l'occasion, mais quand il est question d'en venir à la pratique, personne ne veut porter la charge, et on n'épargne rien pour en exempter ses terres... Chacun souffrirait moins si tout le monde consentait de souffrir un peu, et voulait porter une partie de la charge; mais on veut trouver des raisons et des impossibilités qui ne sont que des prétextes suggérés par l'intérêt et par l'injustice très commune dans le monde, et dont même souvent on se fait honneur; par exemple, sur les douanes, les droits d'entrée et autres, on se vante de savoir mille moyens de s'échapper et de tromper habilement, ce qui pourtant me paraît une injustice et une désobéissance aux lois de l'État. Le monde n'en raisonne point ainsi, et on vous trouvera plus que scrupuleuse d'y regarder de si près; cependant ce n'est point un conseil ni une œuvre de surérogation; c'est une obligation précise pour toutes sortes de personnes; mais combien de gens n'ont pas eu l'avantage d'être instruits de leurs devoirs comme vous, et qui ne pèchent que par ignorance! Votre exemple plus que vos paroles doit les éclairer et les redresser; s'il se présentait quelques occasions d'en parler, ne les perdez pas; dites franchement ce que vous avez appris ici à ce sujet, et faites volontiers part aux autres des maximes droites et solides qu'on vous y a données.

(Mme de Maintenon, *Conseils et instructions*, t. I, p. 67-69.)

On a dit que l'enseignement de la constitution de chaque pays devait y faire partie de l'instruction nationale. Cela est vrai, sans doute, si on en parle comme d'un fait; si on se contente de l'expliquer et de la développer; si, en l'enseignant, on se borne à dire : Telle est la constitution établie dans l'État et à laquelle tous les citoyens doivent se soumettre. Mais si on entend qu'il faut l'enseigner comme une doctrine conforme aux principes de la raison universelle, ou exciter en sa faveur un aveugle enthousiasme qui rende les citoyens incapables de la juger; si on leur dit : Voilà ce que vous devez adorer et croire, alors c'est une espèce de religion politique que l'on veut créer; c'est une chaîne que l'on prépare aux esprits, et on viole la liberté dans ses droits les plus sacrés, sous prétexte d'apprendre à la chérir. Le but de l'instruction n'est pas de faire admirer aux hommes une législation toute faite, mais de les rendre capables de l'apprécier et de la corriger. Il ne s'agit pas de soumettre chaque génération aux opinions comme à la volonté de celle qui la précède, mais de l'éclairer de plus en plus, afin que chacune devienne de plus en plus digne de se gouverner par sa propre raison.

(CONDORCET, *Mémoires sur l'instruction publique*, 1er mémoire, p. 211-212.)

Ni la constitution française, ni même la déclaration des droits (de l'homme), ne seront présentées à aucune classe des citoyens comme des tables descendues du ciel, qu'il faut adorer et croire. Leur enthousiasme ne sera point fondé sur les préjugés, sur les habitudes de l'enfance, et on pourra leur dire : Cette déclaration des droits, qui vous apprend à la fois ce que vous devez à la société et ce que vous êtes en droit d'exiger d'elle, cette constitution que vous devez maintenir aux dépens de votre vie, ne sont que le développement de ces principes simples, dictés par la nature et par la raison, dont vous avez appris, dans vos premières années, à reconnaître l'éternelle vérité.

(CONDORCET, *Rapport à l'Assemblée nationale*, p. 455.)

Faire comprendre aux enfants qu'au-dessus de l'autorité paternelle, qui est celle de la famille, il en est une autre qui est celle de la commune, soumise elle-même à l'autorité du gouvernement· que ces trois degrés de puissance sont institués pour faire régner le bon ordre et protéger tout ce qui est juste. Leur imprimer de bonne heure respect et déférence pour cette hiérarchie générale et pour les magistrats de tous ordres, qui concourent à la maintenir dans l'intérêt de la paix des nations.

(COCHIN, *Manuel des salles d'asile*, 2e partie, ch. v.)

Nous nous imaginons trop volontiers que le monde commence et finit avec nous. Mon Dieu! non, il ne commence pas avec nous : avant que nous fussions nés, il y avait bien quelques idées justes et quelques sentiments vrais, ce qui fait durer les sociétés humaines; quand nous ne serons plus, et que les principes sur lesquels nous avons vécu seront ruinés, il s'en élèvera d'autres sur lesquels d'autres hommes vivront à leur tour.

(BERSOT, *Études et Pensées*, p. 350.)

Je n'aime pas qu'on dise aux enfants : Il n'y a que l'histoire contemporaine. Ah! sans doute, ce fut une bonne idée et un sérieux progrès que d'introduire l'histoire contemporaine dans les programmes de notre enseignement élémentaire... Mais défions-nous d'un excès contraire; ne croyons pas qu'il soit bon de dire à la jeunesse : Par delà cette date éclatante et rénovatrice, il n'y a rien, — rien que des tristesses, rien que des misères, rien que des hontes. Cela n'est pas vrai, d'abord; et, ensuite, cela n'est pas sain pour la jeunesse...

Nous entendons par enseignement civique, non point une discussion théorique ou une polémique quelconque se rattachant aux divisions des partis dans notre pays, mais tout simplement des notions descriptives, à vrai dire, sur tous ces ordres de choses qu'il est aussi imprudent qu'impossible, dans un pays de suffrage universel, de dérober à la connaissance de la jeunesse.

(M. J. Ferry, Séance du sénat du 10 juin 1882.)

III. — L'instruction morale.

Un enfant doit ne se quereller avec personne, se montrer aimable pour tout le monde, n'admettre cependant qu'un petit nombre de camarades dans sa familiarité, et des camarades de choix. Qu'il ne confie à personne ce qu'il veut tenir caché. Il est ridicule en effet d'attendre des autres une discrétion que tu n'as pas toi-même : nul ne tient si bien sa langue, qu'il n'ait quelqu'un à qui il transmettra le secret. Le plus sûr est donc de ne rien dire qui te ferait regretter d'avoir parlé, en cas d'indiscrétion.

Ne sois pas curieux des secrets des autres; si par la vue ou l'ouïe tu en as surpris quelqu'un, fais en sorte d'ignorer ce que tu as appris.

Il est peu civil de lire du coin de l'œil une lettre qui ne t'est pas adressée... Si tu t'aperçois qu'un entretien prend une tournure confidentielle, éloigne-toi sans affectation, et ne reviens pas te mêler à la conversation à moins d'y être appelé.

(Érasme, *La civilité des mœurs puériles*, Œuvres, t. I, p. 870.)

LE PÈRE, L'ENFANT (dialogue).

Le père. — Mon petit Tulle, je veux deviser un peu avec vous.

L'enfant. — Et quoy, mon père? car il ne me pourrait advenir chose plus à mon gré, que de vous ouyr parler.

Le père. — Vostre chien que voicy, est-ce une beste ou un homme?

L'enfant. — C'est une beste, comme il me semble.

Le père. — Qu'y a-t-il en vous pour quoy vous soyez homme, et non pas luy? vous mangez, beuvez, dormez, marchez, courez, ouez, et il fait aussi tout cela.

L'enfant. — Je suis homme toutesfois.

Le père. — A quoy le cognoissez-vous? qu'avez-vous maintenant plus qu'un chien? mais voicy la différence : c'est qu'il ne peut estre fait homme, et cela est bien en vostre puissance, si vous voulez.

L'enfant. — Mon père, je vous supplie de ce faire tout à ceste heure et incontinent.

Le père. — Il sera fait, si vous allez où vont les bêtes et d'où elles reviennent hommes.

L'enfant. — J'iray très volontiers, mon père, mais où est-ce?

Le père. — A l'escole.

L'enfant. — Je ne veux estre paresseux pour avoir chose de si grande conséquence.

Le père. — Aussi ne tiendra-t-il pas à moy.

(Vivès, *Dialogues,* I.)

Plutôt que d'être réduits à corriger nos habitudes, il faut travailler à les rendre bonnes, pendant qu'elles sont encore indifférentes au bien ou au mal. Or, quelle méthode y peut contribuer plus facilement que les fables? Dites à un enfant que Crassus, allant contre les Parthes, s'engagea dans leur pays sans considérer comment il en sortirait, que cela le fit périr lui et son armée, quelque effort qu'il fît pour se retirer. Dites au même enfant que le renard et le bouc descendirent au fond d'un puits pour y éteindre leur soif; que le renard en sortit, s'étant servi des épaules et des cornes de son camarade comme d'une échelle; au contraire, le bouc y demeura pour n'avoir pas eu tant de prévoyance; et par conséquent il faut considérer en toute chose la fin : je demande lequel de ces deux exemples fera le plus d'impression sur cet enfant. Ne s'arrêtera-t-il pas au dernier, comme plus conforme et moins disproportionné que l'autre à la petitesse de son esprit? Il ne faut pas m'alléguer que les pensées de l'enfance sont d'elles-mêmes assez enfantines, sans y joindre encore de nouvelles badineries. Ces badineries ne sont telles qu'en apparence; car, dans le fond, elles portent un sens très solide. Et comme, par la définition du point, de la ligne, de la surface, et par d'autres principes très familiers, nous parvenons à des connaissances qui mesurent enfin le ciel et la terre, de même aussi, par les raisonnements et connaissances que l'on peut tirer de ces fables, on se forme le jugement et les mœurs, on se rend capable des grands choses.

(La Fontaine, *Préface des fables.*)

Mme de Maintenon, se trouvant à la classe bleuie [1], parla aux demoiselles sur les vertus cardinales [2], et dit premièrement que ce mot était pris d'un mot latin qui signifie un gonds, parce que, de même qu'une porte roule sur un gonds, aussi toute la conduite de notre vie doit rouler sur ces quatre vertus qui renferment toutes les autres. Elle les exhorta à les aimer, et à ne s'en pas tenir à les savoir définir, mais à les pratiquer, afin d'acquérir de bonne heure du mérite. Elle expliqua la justice, disant que celle d'action consiste à rendre à chacun ce qui lui est dû, et à consentir qu'on nous rende à nous-mêmes ce que nous méritons : « Qu'est-ce que l'on mérite quand on a tort? — On mérite le blâme. — Oui, et c'est une justice de souffrir qu'on nous blâme quand nous avons tort, et outre cela, c'est une des meilleures manières de réparer ses fautes; il n'y a personne qui n'en puisse faire; mais c'est la marque d'un très bon esprit de les reconnaître et d'en convenir, et au contraire, c'est une marque de très petit esprit que de ne pouvoir convenir de ses torts, et de chercher de fausses excuses pour les couvrir. »

1. La classe la plus avancée. A Saint-Cyr, les élèves étaient distribuées en classes dont chacune était distinguée par une couleur différente.

2. La justice, la prudence, la tempérance et la force. C'est la même division que donne Cicéron dans son *Traité des devoirs*.

Elle dit ensuite qu'outre cette sorte de justice qui doit se trouver dans nos actions, il y en a une de jugement qui s'appelle équité, qui fait que, sans se laisser préoccuper par ses inclinations ou ses répugnances, on se forme de justes idées de toutes choses, on discerne le bien d'avec le mal, jusqu'à voir les défauts de ses amis sans se laisser aveugler en leur faveur par l'amitié qu'on a pour eux, et à reconnaître de bonne foi les qualités qui se peuvent trouver dans les personnes que nous aimons le moins ou qui nous sont le plus contraires... Mais il y a encore un degré de justice plus excellent que celui-là et qui demande bien une autre vertu : c'est le désintéressement, qui nous rend capables de décider contre nous-mêmes en faveur de ceux qui ont le bon droit de leur côté.

Passons à la prudence : c'est une vertu qui règle toutes nos paroles et nos actions... Elle fait discerner ce qu'il faut faire ou omettre, dire ou taire... La prudence fait encore consulter les personnes sages et expérimentées; elle fait prendre de justes mesures pour venir à bout de ce qu'on veut entreprendre, et elle n'entreprend rien que de juste, et ne le fait point sans apparence de succès.

La tempérance est une vertu qui nous modère en toutes choses et nous fait tenir un juste milieu entre le trop et le trop peu. Elle est d'un usage continuel, elle empêche tout emportement de passion, soit de joie, soit de tristesse... La tempérance vous est, à vous autres, très nécessaire en toute occasion, car le faible de la jeunesse est l'emportement pour la joie et le plaisir; tout la met hors d'elle et l'empêche de se posséder.

La force est une vertu qui nous fait poursuivre avec courage nos entreprises, et surmonter les obstacles que nous trouvons dans les autres et dans nous-mêmes, ou bien dans ce que nous avons entrepris, sans nous rendre aux difficultés, soutenant les événements fâcheux avec fermeté et sans abattement.

A qui est-elle le plus nécessaire de nous tous, cette vertu de force? — C'est à celle qui a le plus de défauts, et les plus difficiles à détruire. — Oui, je le pense comme vous... Celles qui ont le plus de défauts doivent-elles se décourager et s'imaginer qu'elles ne pourront jamais venir à bout de les détruire? — Non, parce que notre mérite dépend de notre travail.

(Mme de Maintenon, *Lettres et entretiens*, t. II, p. 104-110.)

Les premiers principes des droits primitifs de l'homme, et des devoirs simples et généraux que l'ordre social impose à tous les citoyens, sont plus qu'on ne croit à la portée de tous les âges.

Les principes de la morale enseignés dans les écoles seront ceux qui, fondés sur nos sentiments naturels et sur la raison, appartiennent également à tous les hommes. La constitution, en reconnaissant le droit qu'a chaque individu de choisir son culte, en établissant une entière égalité entre tous les citoyens de la France, ne permet pas d'admettre, dans l'instruction publique, un enseignement qui, en repoussant les enfants d'une partie des citoyens, détruirait l'égalité des avantages sociaux, et donnerait à des dogmes particuliers un avantage contraire à la liberté des opinions. Il était donc rigoureusement nécessaire de séparer de la morale les principes de toute religion particulière...

D'ailleurs, combien n'est-il pas important de fonder la morale sur les principes de la raison? Quelque changement que subissent les opinions d'un homme dans le cours de sa vie, les principes établis sur cette base resteront toujours également vrais, ils seront toujours invariables comme elle; il les opposera aux tentatives que l'on pourrait faire pour égarer sa conscience; elle conservera son indépendance et sa rectitude.

(Condorcet, *Mémoires sur l'instruction publique.*)

Qui êtes-vous?

Homme libre, Français, républicain par choix,
Né pour aimer mon frère et servir ma patrie,
Vivre de mon travail ou de mon industrie,
Abhorrer l'esclavage et me soumettre aux lois.

Quel est le résumé des devoirs généraux de l'homme en société?

Crains Dieu, sers ton pays et chéris ton semblable;
Respecte le malheur, honore les vieillards;
Admire les talents et rends hommage aux arts.
Sans l'outrager surtout, plains un frère coupable.

(La Chabeaussière, *Les principes de la morale républicaine*, Quatrains I, XLIV.)

Certaines personnes affirment que la religion et la morale sont inséparables. Le philosophe Kant a cherché à prouver qu'elles sont identiques : son but était de mettre la morale au-dessus de tout. D'autres regardent cette identité comme nécessaire, afin d'assurer la suprématie de la religion. Je suis d'avis que la vérité se trouve entre ces deux extrêmes : la morale n'est pas la religion, et la religion n'est pas la morale ; et cependant elles ont des points communs.

Pour l'école, on doit se contenter du ton éminemment théiste et chrétien qui domine dans les livres, et de la disposition naturelle qui porte les enfants à accepter l'explication de l'univers par l'intervention d'un Dieu personnel ; c'est ailleurs qu'il faut chercher quelque chose de plus.

(M. Bain, *La science de l'éducation*, liv. III, ch. II.)

L'instituteur n'a pas à enseigner de toutes pièces une morale théorique suivie d'une morale pratique, comme s'il s'adressait à des enfants dépourvus de toute notion préalable du bien et du mal : l'immense majorité lui arrive au contraire ayant déjà reçu ou recevant un enseignement religieux qui les familiarise avec l'idée d'un Dieu auteur de l'univers et père des hommes, avec les traditions, les croyances, les pratiques d'un culte chrétien ou israélite ; au moyen de ce culte et sous les formes qui lui sont particulières, ils ont déjà reçu les notions fondamentales de la morale éternelle et universelle, mais ces notions sont encore chez eux à l'état de germe naissant et fragile.

Elles attendent d'être mûries et développées par une culture convenable.

L'enseignement moral laïque se distingue donc de l'enseignement religieux sans le contredire. L'instituteur ne se substitue ni au prêtre, ni au père de famille ; il joint ses efforts aux leurs pour faire de chaque enfant un honnête homme.

(*Programmes d'enseignement des écoles primaires*, Objet de l'enseignement moral.)

QUATRIÈME PARTIE

L'ÉDUCATION MORALE

CHAPITRE PREMIER

LA NATURE MORALE DE L'HOMME

I. *Objet et difficultés de l'éducation morale.* — But qu'elle se propose. Diversité des caractères, difficulté de les discerner.
II. *Si la nature humaine est bonne ou mauvaise.* — Opinions opposées sur la bonté ou la perversité originelle. Où est la vérité.
III. *L'activité.* — L'homme est né pour l'action. Son état normal est le déploiement de son activité, le développement de ses facultés actives.
V. *L'habitude.* — Son importance. Formation des habitudes. La vertu même est une habitude acquise. On est responsable de ses habitudes.

EXTRAITS DE : **Platon, Aristote, Sénèque;**
Érasme, Montaigne;
Guyot;
Rollin, Rousseau, Kant, Reid;
Maine de Biran, Mme Guizot, G. Sand, Channing, Dupanloup, J. Simon.

I. — Objet et difficultés de l'éducation morale.

Le but de l'éducation libérale doit être d'enchanter, en quelque sorte, l'âme des enfants, tandis qu'elle est tendre et droite, en leur répétant sans cesse les belles maximes... Et pour les comprendre toutes en une seule, disons-leur que la vie la plus juste est aussi la plus heureuse au jugement des Dieux ; et non seulement nous dirons la vérité, mais ce discours entrera plus aisément qu'aucun autre, quel qu'il puisse être, dans l'esprit de ceux qu'il nous importe de persuader.

(PLATON, *Lois*, liv. II.)

L'éducation réclame une extrême sollicitude, dont l'avenir recueillera les fruits : il est facile de façonner une âme encore tendre; on extirpe difficilement des vices qui ont grandi avec nous.

Il est de la plus grande utilité, répétons-le, de donner à l'enfant, dès sa naissance, une bonne éducation. C'est une entreprise malaisée, parce qu'il faut veiller à dompter la passion sans briser le caractère. La chose demande une clairvoyante observation; car ce qu'il faut développer et ce qu'il faut étouffer se nourrit des mêmes aliments. Or cette analogie peut induire en erreur le maître même le plus attentif. La personnalité grandit avec la licence, se déprime sous la contrainte; l'éloge élève le cœur, donne confiance en soi-même, mais il fait naître aussi l'arrogance et la présomption. Avec l'enfant il faut tenir le milieu, user tantôt du frein, tantôt de l'aiguillon. Ne lui imposez rien d'humiliant ni de servile; ne le mettez jamais dans la nécessité de rien demander avec supplication, et, s'il le demande, que ce soit en vain; n'accordez rien qu'à ses mérites actuels ou antérieurs, à ses engagements pour l'avenir. Dans ses luttes avec ses camarades, ne permettons pas qu'il se laisse vaincre, ni qu'il se mette en colère, mais veillons à ce qu'il devienne l'ami de ses rivaux, de telle sorte qu'il cherche le plaisir de vaincre et non celui de blesser. Toutes les fois qu'il l'aura emporté sur eux, ou qu'il aura fait quelque chose de louable, permettons-lui de se féliciter, non de s'enorgueillir... Accordons-lui quelque délassement, sans le laisser aller au désœuvrement et à l'inaction... Écartons de lui la flatterie, habituons-le à entendre la vérité. Qu'il connaisse quelquefois la crainte, toujours le respect.

(Sénèque, *De la colère*, 18, 21.)

Ce n'est pas chose facile que de gouverner des enfants; dire : *Je veux*, est une philosophie sommaire fort commode, mais de peu d'effet.

(Érasme, *De la bonne prononciation*, p. 771.)

La montre de leurs inclinations est si tendre en ce bas âge et si obscure, les promesses si incertaines et si fausses, qu'il est malaysé d'y establir aucun solide jugement... Les petits des ours et des chiens montrent leur inclination naturelle; mais les hommes, se jetant incontinent en des accoustumances, en des opinions, en des loix, se changent et se desguisent facilement :

si est-il difficile de forcer les propensions naturelles : d'où il advient que par faute d'avoir bien choisi leur route, pour néant se travaille on souvent, et employe on beaucoup d'aage à dresser des enfants aux choses auxquelles ils ne peuvent prendre pied.

(MONTAIGNE, *Essais*, liv. I, ch. XXV.)

Le premier soin du maître est de bien étudier et d'approfondir le génie et le caractère des enfants : c'est sur quoi il doit régler sa conduite.

(ROLLIN, *Traité des études*, art. I, liv. VI, 1re partie.)

L'éducation *pratique* ou *morale* est celle qui doit former l'homme, de manière qu'il puisse vivre comme un agent libre (on appelle *pratique* tout ce qui se rapporte à la liberté). C'est l'éducation de la personnalité, d'un être destiné à agir librement, qui peut se conserver lui-même, devenir un membre de la société, tout en ayant une valeur intrinsèque et propre.

La culture morale, en tant qu'elle repose sur des principes que l'homme même doit reconnaître, est la dernière; mais comme elle ne repose que sur le sens commun, elle doit être observée dès le commencement, en même temps que l'éducation physique; car autrement des vices s'enracineraient facilement et rendraient vains tous les efforts ultérieurs de l'éducation.

(KANT, *De la pédagogique*, § 15.)

Je ne connais pour l'homme qu'une élévation véritable, c'est l'élévation de l'âme.

Ce mot, je le sais, est vague et prête à la déclamation. Je vais essayer d'en donner une idée précise.

L'élévation de l'âme, en quoi consiste-t-elle? Sans viser à une exactitude philosophique, j'en donnerai une idée assez précise en disant qu'elle consiste premièrement dans la force de la pensée employée à l'acquisition de la vérité; secondement, dans la force de sentiments purs et généreux; troisièmement, dans la force de résolution morale.

(CHANNING, *Œuvres sociales*, t. I. De l'élévation des classes laborieuses, p. 90, 92.)

Le respect que m'inspire un enfant quel qu'il soit, c'est un espèce religieux, mêlé de crainte, à la vue de ces jeunes et puissantes créatures dont les facultés sont si libres, si fortes, si invincibles. Tant que de près ou de loin je pourrai m'occuper de l'éducation de la jeunesse, je respecterai la liberté humaine dans le moindre enfant, plus religieusement encore que dans un homme mûr, parce qu'au moins celui-ci saurait contre moi la défendre; l'enfant ne le peut pas... Non, jamais je n'outragerai l'enfant à ce point de le considérer comme une matière que je peux jeter dans un moule pour l'en faire sortir avec l'empreinte que lui donnera ma volonté.

(DUPANLOUP, *De l'éducation*, liv. IV.)

II. — Si la nature humaine est bonne ou mauvaise [1].

L'enfant est innocent par l'ignorance du mal. Car il y a une grande différence entre ne pas vouloir et ne pas savoir le mal... Nous naissons pour la vertu, non avec elle; les hommes les mieux doués, avant d'avoir reçu l'éducation, ne possèdent que le germe de la vertu, non la vertu elle-même.

(SÉNÈQUE, *Lettres à Lucilius*, XC.)

Il ne faut pas s'imaginer que l'esprit des enfants soit une table rase ou une cire molle, qui n'a nulle disposition au vice et au mal... L'esprit des enfants est naturellement et originairement malade... Cette cire molle est imprimée, dès l'instant de sa conception, de toutes sortes de vices.

(GUYOT, *Préface de la traduction de la lettre de Cicéron à Quintus.*)

Tout est bien en sortant des mains de l'auteur des choses, tout dégénère entre les mains des hommes... Il n'y a point de perversité originelle dans le cœur humain.

(ROUSSEAU, *Émile*, liv. I.)

L'homme est bon... Malgré tout, je crois, d'une manière absolue et générale, au cœur humain, et je marche dans cette croyance sur mon chemin défoncé, comme je marcherais sur une voie romaine bien pavée.

(PESTALOZZI, *Comment Gertrude instruit ses enfants*, lettre V.)

1. Cette question, qui embrasse celle de la liberté et de la fatalité, est traitée dans l'introduction de notre *Pédagogie*, 5e édition.

Une bonne éducation est précisément ce d'où résulte tout bien dans le monde moral. Les germes qui sont déposés dans le cœur de l'homme doivent alors se développer de plus en plus; car on ne trouve pas dans les dispositions naturelles de l'homme le principe du mal. La seule cause du mal, c'est que la nature ne soit pas soumise à des règles.

L'homme est-il moralement bon ou méchant par nature? Ni l'un ni l'autre, car il n'est pas un être moral par nature [1]; il le devient seulement lorsque sa raison s'élève aux notions de devoir et de loi... On peut dire cependant qu'il renferme originellement un penchant pour tous les vices, car il a des inclinations et des penchants qui l'attirent, malgré les efforts de la raison en sens contraire. Il peut donc seulement devenir moralement bon par la vertu, c'est-à-dire par une contrainte qu'il exerce sur lui-même [2], quoiqu'il puisse être innocent lorsqu'il est exempt d'entraînement.

(KANT, *De la pédagogique*, § 6, 15.)

Je vois dans ces enfants la créature humaine tout entière, telle à la fois qu'elle est aujourd'hui et qu'elle doit devenir un jour. Dans ces organes imparfaits, dans cette intelligence incomplète, sont renfermés, depuis le premier moment de son existence, les germes de ce qui doit jamais en sortir de meilleur ou de plus mauvais : l'homme n'aura pas, dans tout le cours de sa vie, un mouvement qui n'appartienne à cette nature dont tous les traits sont déjà ébauchés dans l'enfant; l'enfant ne recevra pas une impression un peu vive, un peu durable, une forme quelconque, dont l'effet ne doive influer sur la vie de l'homme.

(MME GUIZOT, *Lettres de famille sur l'éducation*, Lettre I.)

Je lisais l'autre jour dans l'ouvrage de mistress Hannah More [3], qu'il faut regarder les enfants non comme « des êtres

1. Il a en lui les conditions de la moralité, pas encore la moralité acquise.

2. C'est précisément en quoi l'éducation est nécessaire et coopère avec la nature.

3. Éducatrice anglaise, *Essai d'un système moderne d'éducation féminine*, 1779.

innocents dont les petites faiblesses nécessitent peut-être quelques corrections, mais comme des êtres qui apportent dans le monde une nature corrompue et de mauvaises dispositions que l'éducation doit avoir pour principal but de rectifier. » Pauvres enfants! pauvre raison de l'homme qui se croit en état de faire naître le bien là où Dieu aurait semé le mal, de rendre sain ce que le Créateur nous aurait livré corrompu!

Le mal existe, nul ne saurait le nier... Mais il n'est pas également aisé d'affirmer que le mal, qui se mêle habituellement à nos actions, ait aussi sa place dans notre nature, que pour être coupables nous soyons mauvais.

Je me demande s'il est vrai que, dominés par le goût du mal, nous soyons forcés de reconnaître dans nos penchants un principe du mal inhérent à notre condition sur la terre? Et d'abord, qu'est-ce que le goût du mal? J'ai vu régner dans quelques âmes le pur goût du bien; j'ai vu des vertus cherchées et chéries pour leur seule beauté de devoir; la passion du bien a surmonté des répugnances inouïes; l'impossibilité d'y renoncer s'est trouvée plus forte que l'attrait des joies les plus enivrantes. Sans parler même de ces grands sacrifices, tous les jours des êtres ordinaires sentent en eux un certain goût du bien écarter sans peine les penchants de la paresse, des fantaisies d'amour-propre, quelques désirs de malice ou quelque émotion de colère. Et moi, ne vois-je pas des enfants déjà sensibles au goût du bien y trouver le motif et la récompense de leurs efforts? Le zèle de Sophie s'animera pour une leçon où elle ne peut trouver d'autre plaisir que celui de bien faire, et Louise sait aussi réprimer le désir de battre la petite camarade qui lui renverse son château de cartes, contente de pouvoir me dire : N'est-ce pas, maman, que j'ai bien fait? Que ferais-je sans un pareil secours? Comment ferions-nous en ce monde, si un certain plaisir honnête ne s'attachait à l'accomplissement de cette foule de petits devoirs que nous commande la nécessité de vivre avec nos semblables?... Le goût du bien, naturel tant que la fièvre des passions ne vient pas troubler l'ordre, règne sur nous à notre insu, d'autant plus maître qu'il est moins observé. Dans la vie la plus tiède pour la vertu, la plus étrangère à tout effort, à tout désir de perfectionnement, il dispose de l'emploi des trois quarts de nos journées. Qui en a jamais consacré une seule au goût du mal? Qui s'est jamais dérangé pour mal faire? Qui s'est gêné pour le plaisir de commettre une mauvaise action? Les crimes ne sont pas si rares sur la terre, comment se fait-il que nous n'en puissions attribuer un seul au goût désintéressé du mal?

Et comment comprendrons-nous le pur goût du mal, nous qui reconnaissons le mal à la répugnance qu'il nous inspire?

La conscience du mal est en nous la conscience d'un état déplaisant, contraire à nos dispositions naturelles : l'éducation n'ajoute rien au dégoût qu'il nous inspire que de nous mieux éclairer sur ses véritables caractères, de nous mieux indiquer l'objet de notre aversion, et la passion ne fait taire ce dégoût qu'en suscitant en nous un mouvement violent qui détourne sur d'autres objets l'aversion attachée au mal, ou nous emporte en dépit de la répugnance que nous sentons à nous y livrer. Voilà les faits, ce me semble, tels que nous les remarquons en nous et hors de nous. Partout, en examinant l'état moral de l'humanité, nous voyons l'ordre troublé par le mal effectif, des actes coupables, des délits répréhensibles, sans pouvoir découvrir en nous-mêmes un principe actif et positif du mal, auquel nous puissions attribuer ce qu'il y a dans nos actions d'activement et positivement mauvais; et quoique le mal nous apparaisse plus souvent et plus fortement que le bien, nous sentons distinctement en nous-mêmes une cause de bien sans y démêler également une cause de mal.

(Mme Guizot, *Lettres de famille sur l'éducation*, Lettre XII.)

C'est une grande question à résoudre que celle-ci : « Y a-t-il en nous des penchants invincibles, et l'éducation peut-elle les modifier seulement ou les détruire? » Moi, je n'oserais prononcer; je ne suis ni métaphysicien, ni psychologue, ni philosophe; mais j'ai eu une terrible vie[1], messieurs; et, si j'étais législateur, je ferais arracher la langue ou couper le bras à celui qui oserait prêcher ou écrire que l'organisation des individus

1. Celui qui parle est *Mauprat*, le héros d'un roman qui montre précisément le triomphe de l'éducation sur de mauvaises tendances héréditaires, et de la liberté sur la fatalité. C'est pourquoi j'ai cru pouvoir me permettre, pour une fois, un emprunt à un genre de littérature qui n'a rien de *classique*, et dont le représentant ici est d'ailleurs un grand écrivain.

est fatale, et qu'on ne refait pas plus le caractère d'un homme que l'appétit d'un tigre. Dieu m'a préservé de le croire.

On ne change pas l'essence de son être, mais on dirige vers le bien ses facultés diverses; on arrive presque à utiliser ses défauts; c'est, au reste, le grand secret et le grand problème de l'éducation.

La seule fatalité à laquelle on croie de nos jours, c'est celle que nos instincts nous créent à nous-mêmes... Ne croyez à aucune fatalité résolue et nécessaire, mes enfants, et cependant admettez une part d'entraînement dans nos instincts, dans nos facultés, dans les impressions qui ont entouré notre berceau, dans les premiers spectacles qui ont frappé notre enfance; en un mot, dans tout ce monde extérieur qui a présidé au développement de notre âme.

L'homme ne naît pas méchant; il ne naît pas bon non plus, comme l'entend J.-J. Rousseau... L'homme naît avec plus ou moins de passions, avec plus ou moins de vigueur pour les satisfaire, avec plus ou moins d'aptitude pour en tirer un bon ou un mauvais parti dans la société. Mais l'éducation peut et doit trouver remède à tout; là est le grand problème à résoudre, c'est de trouver l'éducation qui convient à chacun en particulier.

Tout le monde a besoin d'être aimé pour valoir quelque chose; mais il faut qu'on le soit de différentes manières : celui-ci avec une indulgence infatigable, celui-là avec une sévérité soutenue. En attendant qu'on ait résolu le problème d'une éducation commune à tous, et cependant appropriée à chacun, attachez-vous à vous corriger les uns les autres. Vous me demandez comment? Ma réponse sera courte : en vous aimant les uns les autres.

(G. Sand, *Mauprat*, à la fin.)

III. — L'activité.

C'est dans le développement énergique de ses facultés intellectuelles et morales qu'est pour l'homme le bonheur. Nous sommes faits pour l'action et pour le progrès; sans l'action nous ne saurions être heureux; on dirait que ce n'est pas tant pour adoucir les amertumes de la vie que pour encourager l'exercice des facultés, que la nature nous a donné des plaisirs; et cette tranquillité d'âme dans laquelle quelques philosophes ont placé la félicité humaine n'est point le repos de la mort, mais le mouvement progressif et régulier de la vie.

Telle est la constitution que la nature nous a donnée. Elle convient à notre destination ici-bas, qui n'est point l'immobilité, mais le développement. Jamais l'œil n'est rassasié de voir, ni l'oreille d'entendre; toujours il leur manque quelque chose; nos désirs n'ont point de borne, nos espérances point de limite; ils demeurent incessamment actifs, et soupirent toujours pour quelque objet nouveau; s'ils pouvaient s'épuiser, avec eux s'évanouirait le bonheur de l'homme. C'est notre affaire de régler convenablement nos espérances et nos désirs; mais c'est l'affaire de la nature de les entretenir incessamment. Voilà ce qui fait de la vie humaine un drame si animé. Il faut toujours que l'homme agisse.

(TH. REID, *Essais*, VIII, ch. II.)

Ce sont les facultés actives qui constituent seules l'être intelligent et moral... C'est par elles que cet être juge et constate en lui certaines modifications ou facultés passives qu'il peut réprimer comme obstacles, s'il ne les fait pas servir comme instruments; par elles, qu'il se met toujours au-dessus des facultés passives, resserre de plus en plus le cercle de leur influence, parvient à en dépouiller ses jugements et ses actes intellectuels, et à se rapprocher ainsi, par des actes libres, de cette source pure de vérité, de paix et de bonheur que les passions ne peuvent plus obscurcir ni troubler.

Comme ce n'est qu'en nous élevant au-dessus de nos facultés passives que nous pouvons les connaître, ce n'est qu'en exerçant nos facultés actives que nous parviendrons à les connaître aussi, à les développer, à en régler l'exercice, à maintenir entre elles ce juste équilibre sans lequel il n'y a ni sagesse, ni bonheur, ni véritable science.

(MAINE DE BIRAN, *Fondements de la psychologie*, t. I, p. 107-108.)

IV. — L'habitude.

Les premiers sentiments des enfants sont ceux du plaisir et de la douleur, et chez eux la vertu et le vice ne sont d'abord que cela. J'appelle éducation la vertu qui se montre dans les enfants, et lorsque leurs plaisirs et leurs peines, leurs amours et leurs haines sont conformes à l'ordre, sans qu'ils soient en état de s'en rendre compte, et lorsque, la raison étant survenue, ils se rendent compte des bonnes habitudes auxquelles on les a formés. C'est dans cette harmonie de l'habitude et de la raison que consiste la vertu prise en son entier : mais considérez seulement cette partie de la vertu qui soumet à l'ordre nos plaisirs et nos peines, et qui, depuis le commencement de la vie jusqu'à la fin, nous fait embrasser ou haïr ce qui mérite notre amour ou notre aversion, séparez-la du reste par la pensée, et appelez-la éducation; vous lui donnerez, selon moi, le nom qu'elle mérite.

(PLATON, *Lois*, liv. I, p. 72.)

Toutes les sciences, tous les arts exigent, pour qu'on y réussisse, des notions préalables, des habitudes antérieures. Il en est évidemment de même pour l'exercice de la vertu. Comme l'État tout entier n'a qu'un seul et même but, l'éducation doit être nécessairement une et identique pour tous ses membres; d'où il suit qu'elle doit être un objet de surveillance publique et non particulière... Ce qui est commun doit s'apprendre en commun; et c'est une grave erreur de croire que chaque citoyen est maître de lui-même: ils appartiennent tous à l'État, puisqu'ils en sont tous des éléments, et que les soins donnés aux parties doivent concorder avec les soins donnés à l'ensemble. A cet égard, on ne saurait trop louer les Lacédémoniens. L'éducation de leurs enfants est commune, et ils y attachent une importance extrême. Pour nous, il est de toute évidence que la loi doit régler l'éducation et que l'éducation doit être publique.

(ARISTOTE, *Politique*, liv. V, ch. I, § 2, 3.)

Sans aucun doute, la vertu dépend de nous. De même aussi le vice en dépend... Ne pas savoir qu'en tout genre les habitudes s'acquièrent par la continuité des actes, c'est une erreur grossière.

Quand une fois on est vicieux, il ne suffira pas de le vouloir pour cesser de l'être et pour devenir vertueux, pas plus que le malade ne pourra recouvrer instantanément la santé par un simple désir... C'est ainsi qu'une fois qu'on a lancé une pierre, on ne peut plus l'arrêter et la reprendre; et cependant il ne dépendait que de nous seuls de la lancer ou de la laisser tomber de notre main, car le mouvement initial était à notre disposition. Il en est de même pour le méchant et le débauché; il dépendait d'eux dans le principe de n'être point tels qu'ils sont devenus, et c'est volontairement qu'ils se sont pervertis; mais une fois qu'ils le sont, il ne leur est plus possible de ne pas l'être.

(Aristote, *Morale à Nicomaque*, liv. III, ch. vi, § 2, 13.)

La vertu morale naît plus particulièrement de l'habitude et des mœurs; et c'est du mot même de mœurs, que, par un léger changement, elle a reçu le nom de morale qu'elle porte [1].

Ainsi les vertus ne sont pas en nous par l'action seule de la nature, et elles n'y sont pas davantage contre le vœu de la nature; mais la nature nous en a rendus susceptibles, et c'est l'habitude qui les développe et les achève en nous... Nous les acquérons après les avoir préalablement pratiquées... On devient architecte en construisant, on devient musicien en faisant de la musique. Tout de même, on devient juste en pratiquant la justice; sage, en cultivant la sagesse; courageux, en exerçant le courage. Ce qui se passe dans le gouvernement des États le prouve bien : les législateurs ne rendent les citoyens vertueux qu'en les y habituant. Telle est certainement la volonté bien arrêtée de tout législateur. Ceux qui ne remplissent pas comme il faut cette tâche, manquent le but qu'ils se proposent; et c'est là précisément ce qui fait la différence d'un bon gouvernement et d'un mauvais [2].

Toute vertu, quelle qu'elle soit, se forme et se détruit par les mêmes moyens, par les mêmes causes, absolument comme on se forme et comme on échoue dans tous les arts... Les qualités proviennent de la répétition fréquente des mêmes

1. Mœurs, morale, ἦθος; habitude, ἔθος.

2. Les Grecs, ne considérant dans l'homme que le citoyen, ne considéraient dans l'éducation que la formation du citoyen. Pour eux la politique et l'éducation, l'école et la cité ne faisaient qu'un. Remplacez le mot *gouvernement* par le mot *éducation*, la pensée d'Aristote sera absolument exacte pour nous.

actes. Voilà comment il faut s'attacher scrupuleusement à ne faire que des actes d'un certain genre, car les qualités se forment sur les différences mêmes de ces actes et les suivent. Ce n'est donc pas une chose de petite importance que de contracter, dès l'enfance, et aussitôt que possible, telles ou telles habitudes. C'est au contraire un point de très grande importance, ou pour mieux dire c'est là tout.

Ainsi donc la vertu est une habitude, une qualité qui dépend de notre volonté.

(Aristote, *Morale à Nicomaque*, liv. II, ch. I, VI, § 15.)

L'honnête homme par excellence est celui qui a l'habitude de la vertu, et le malhonnête homme celui qui a l'habitude du vice. Une bonne action faite volontairement suppose plus d'effort et plus de mérite qu'une bonne action qui est le fruit de l'habitude; mais avoir contracté l'habitude du bien, c'est évidemment la plus grande gloire à laquelle nous puissions atteindre devant Dieu et devant les hommes.

(M. Jules Simon, *Le Devoir*, 1re partie, ch. III.)

CHAPITRE II

LA CULTURE DE LA SENSIBILITÉ

I. *Les sentiments moraux.* — Amour inné du bien et du juste, répugnance pour le mal. Le beau moral. Les sentiments de sociabilité et les sentiments anti-sociaux. Comment cultiver les uns et réprimer les autres. Aimer les enfants ne pas les intimider, ni les humilier.
II. *Les sentiments intellectuels.* — Désir de connaître; amour de la vérité. Le mensonge. Ne pas tromper les enfants. Amour du beau.

EXTRAITS DE : **Cicéron, Plutarque;**
Fénelon, Mme de Maintenon;
Rousseau, Kant, Reid;
Maria Edgeworth, Mme Necker de Saussure, Cochin, Darwin, Bain.

I. — Les sentiments moraux.

Les choses moralement belles, ce que nous appelons l'honnête, sont à rechercher pour elles-mêmes, et non pas seulement dans notre intérêt. Les enfants nous en donnent la preuve, car la nature se voit en eux comme dans un miroir. Quelle ardeur dans leurs jeux, dans leurs débats! Quelle joie chez les vainqueurs! Quelle humiliation chez les vaincus! Quelle crainte du reproche! Quel désir de la louange! Quel courage au travail pour obtenir la première place parmi leurs égaux! Quel souvenir des bienfaits! Quelle ardeur à en témoigner leur reconnaissance! Ces traits, d'autant plus apparents qu'il s'agit d'un plus heureux naturel, sont comme une esquisse des vertus morales dont l'âge mûr est capable... Non, rien de tout cela n'arrive sans raison. Telle est la force originelle de la nature humaine, qu'elle parait faite pour acquérir toutes les vertus : voilà pourquoi les enfants, sans avoir encore rien appris, sont naturellement impressionnés par l'image des vertus dont le germe est en eux. Ce sont là les premiers éléments fournis par la nature; qu'ils grandissent, et le poème sacré de la vertu va se dérouler tout entier. C'est parce que l'homme est né pour agir, pour aimer ses semblables, parce qu'il est instinctivement porté à la générosité, à la reconnaissance, ouvert à l'instruction, à la sagesse, au courage, que nous voyons briller chez l'enfant des étincelles de vertu : à ces étincelles l'éducation allumera le flambeau qui éclairera devant l'homme le chemin de son perfectionnement.

(CICÉRON, *Des vrais biens et des vrais maux*, liv. V, 22, 15.)

Ce n'est point par un pur penchant à l'imitation que nous nous enflammons au récit des actions vertueuses; la vertu seule, par sa force irrésistible, nous attire vers elle, commande à notre volonté, et forme les mœurs par les exemples qu'elle nous offre.

(PLUTARQUE, *Vie de Périclès*, 2.)

Pour les enfants, ils ne sont d'ordinaire que trop timides et honteux. Vous leur fermeriez le cœur, et leur ôteriez la confiance, sans laquelle il n'y a nul fruit à espérer de l'éducation : faites-vous aimer d'eux; qu'ils soient libres avec vous, et qu'ils ne craignent point de vous laisser voir leurs défauts. Pour y réussir, soyez indulgent à ceux qui ne se déguisent point devant vous : ne paraissez ni étonné ni irrité de leurs mauvaises inclinations; au contraire, compatissez à leurs faiblesses : quelquefois il en arrivera cet inconvénient qu'ils seront moins retenus par la crainte; mais, à tout prendre, la confiance et la sincérité leur sont plus utiles que l'autorité rigoureuse.

(FÉNELON, *Éducation des filles*, ch. v.)

Pour acquérir pouvoir sur leur esprit, montrez-leur de l'amitié, faites-leur tous les plaisirs qui ne pourraient leur nuire, supportez-les dans leurs infirmités, consolez-les dans leurs tristesses, attendez-les avec une grande patience.

Se ménager de telle sorte dans son autorité, que la crainte n'empêche pas la liberté d'esprit des enfants.

(MME DE MAINTENON, *Lettres et Entretiens*, t. I.)

A considérer l'enfance en elle-même, y a-t-il au monde un être plus faible, plus misérable, plus à la merci de tout ce qui l'environne, qui ait si grand besoin de pitié, de soins, de protection, qu'un enfant ?... D'autre part, qui ne voit que la faiblesse du premier âge enchaîne les enfants de tant de manières, qu'il est barbare d'ajouter à cet assujettissement celui de nos caprices, en leur ôtant une liberté si bornée? Il n'y a point d'objet si digne de pitié qu'un enfant craintif.

(ROUSSEAU, *Emile*, liv. II.)

Il ne faut pas intimider les enfants. C'est ce qu'on fait surtout en se livrant contre eux aux gros mots, et souvent en les mortifiant. Beaucoup de parents les interpellent par le : Fi donc! tu dois avoir honte! etc. On ne voit pas de quoi lese nfants devraient tant rougir, lors, par exemple, qu'ils mettent leurs doigts à leur bouche, etc. Ce n'est pas l'usage, ce n'est pas dans les mœurs, soit, on peut le leur dire; mais il ne faut les apostropher par le : Fi donc! tu devrais rougir! que lorsqu'ils mentent. La nature a donné la pudeur à l'homme pour qu'il se trahit en mentant.

(KANT, *De la pédagogique*, § 37.)

Un enfant est timide, ne lui parlez pas de sa timidité, ne lui faites pas la leçon pour qu'il s'en corrige, c'est le moyen de l'augmenter.

Rien n'est funeste à l'enfance comme de sentir ses sentiments continuellement observés, de voir un œil scrutateur surveiller ses divers mouvements et poursuivre sans pitié l'expression changeante de ses émotions intérieures. Sous le poids d'un pareil examen, l'enfant ne peut avoir qu'une pensée, celle de l'attention ui le poursuit, et qu'un sentiment, la confusion et la crainte.

(MARIA EDGEWORTH, *Essais d'éducation pratique.*)

Chez les très jeunes enfants, il est difficile de distinguer la eur de la timidité; mais il m'a souvent paru que, chez eux, ce ernier sentiment a quelque chose de la sauvagerie d'un animal on apprivoisé. La timidité apparait de très bonne heure. J'ai emarqué que la timidité ou fausse honte (aussi bien que la onte véritable) peuvent être exprimées par le regard d'un jeune nfant, avant qu'il ait acquis la faculté de rougir.

(DARWIN, *De l'expression des émotions chez l'homme et chez les nimaux*. Trad. Pozzi et Benoit, p. 360.)

Si la sympathie n'est pas un fondement solide pour la morale, elle en est indubitablement une des sources pendant l'enfance. L'amour et le respect qu'inspirent les parents s'attachent peu à peu aux obligations qu'ils imposent; leur jugement, toujours prévu, prend de l'autorité par lui-même, et l'idée du devoir, plus indépendante, vient habiter dans le cœur de l'enfant. Et quand il voit que la même loi régit ses parents eux-mêmes, qu'il la trouve universellement observée autour de lui; quand surtout il la sent d'accord avec les avertissements que lui donne confusément sa conscience, alors il entre de plus en plus dans le domaine de la moralité.

(Mme Necker de Saussure, *L'éducation progressive*, liv. III, ch. vi.)

Le véritable esprit social, c'est la bienveillance... Quoi de plus puissant pour nous attirer que l'expression de la vraie bonté? Le charme qui y est attaché suffirait pour réconcilier avec les manières les moins élégantes, puisque la bonté a de la grâce à elle seule. Si nous pouvions substituer chez nos enfants l'envie d'obliger au désir plus personnel d'être trouvé bien, nous aurions un meilleur résultat pour le cœur, et nous réussirions plus sûrement à les rendre aimables.

Nous disons : Empêchons d'abord les enfants d'être incommodes, puis nous les rendrons ensuite agréables s'il se peut; apprenons-leur en premier lieu à être justes, et nous tâcherons plus tard de les rendre généreux. Ce serait très bien si tout se développait dans leur âme selon les lois de l'utilité générale. Par malheur, il n'en est pas ainsi. Le plaisir de manifester quelque sentiment aimable peut seul remplacer chez eux le besoin de mouvement et de bruit, de même que la joie attachée à donner peut seule les consoler de la perte d'un objet d'amusement.

La vie doit toujours s'épancher quelque part, et tout arrêter n'est pas si facile. Souvent ainsi nous obtenons mieux le plus que le moins, quand le plus est un exercice d'activité, et que le moins est une privation pure et simple. Brisons l'écorce tenace de la personnalité chez les enfants, aidons-nous de leurs mouvements les plus vifs, les plus naturels, pour les lier d'affection avec leurs semblables, et les associer à leurs impressions. Une fois qu'ils auront bien saisi ce qu'éprouvent les autres, la juste subordination des devoirs leur deviendra aisée à comprendre.

(Mme Necker de Saussure, *L'éducation progressive*, liv. V, ch. IV.)

Les penchants de l'être sensible sont en eux-mêmes ce qu'ils doivent être... L'arbre ne saurait produire de bons fruits, si, en l'élaguant, on n'arrêtait l'essor déréglé de la sève; la sève est-elle pour cela mauvaise à l'arbre?

Qu'est-ce donc que de bons, que de mauvais penchants? Les penchants de l'être sensible ne sont point mauvais par cela seul qu'ils le conduisent à produire le mal : ils ne le seront que s'ils l'y conduisent en contradiction avec les lois de sa nature : de mauvais penchants sont ceux qui déterminent un être quelconque à désobéir aux lois de sa nature. On dit qu'un tigre a des penchants féroces; qui s'est jamais avisé de dire qu'un tigre eût de mauvais penchants? La férocité n'est pas, chez un tigre, un mauvais penchant, elle le serait pour un homme, être moral par essence, créé pour le bien, chez qui tout penchant malfaisant ou déréglé est en guerre et révolte contre la nature morale, c'est-à-dire la nature d'homme.

Nul penchant n'est donc mauvais en soi. Conformes à la nature de l'être sensible, ils lui appartiennent tous : ils sont le ressort de son action en ce monde, la condition de son existence... Il le faut bien, nous sommes terre, force nous est de subir les conditions terrestres; il faut que l'élan qui nous porte vers le ciel prenne ici-bas son point d'appui; d'en haut nous viendront la direction et la règle.

Nos penchants sont donc en nous comme la vie, bons ou mauvais seulement par leur emploi; dans celui qui vit mal, ce qu'il y a de mauvais ce n'est pas la vie, c'est l'usage qu'il en fait; dans le penchant déréglé, ce n'est pas le penchant qui est mauvais, c'est le dérèglement.

(Mme Guizot, *Lettres sur l'éducation*, Lettre XII.)

L'éducation n'a de force contre le mal que le goût du bien. On ne réprime point une mauvaise disposition, on en fortifie une bonne, et je ne sache de moyen d'extirper un défaut que de faire croître une vertu à la place.

(Mme Guizot, *Lettres sur l'éducation*, Lettre XII.)

La colère, la haine, l'antipathie, la jalousie, le mépris, de même que l'amour ou l'affection, s'appliquent aux autres, mais dans un sens opposé... Dans l'éducation, ces sentiments sont une cause de graves inquiétudes. Il est quelquefois des moyens d'en tirer parti, mais le plus souvent le devoir du maître et du moraliste est de les combattre parce qu'ils ne peuvent produire que le mal.

Le seul moyen de lutter contre la colère, c'est de cultiver les sympathies et les affections. Le contraire de l'irascibilité est cette disposition qui nous porte à oublier le mal qu'on nous a fait, pour ne songer qu'à celui fait aux autres ; si donc nous réussissons à encourager cette disposition, nous diminuerons d'autant la part de la méchanceté. Parmi les moyens secondaires à opposer à la colère, il faut compter, outre le remède général du blâme, l'appel au sentiment de la dignité personnelle, et la considération des suites funestes de cette passion.

La forme la plus mauvaise que prenne la méchanceté est celle d'une cruauté froide et réfléchie, qui n'est que trop fréquente surtout chez les enfants. Le plaisir de torturer des animaux et des êtres humains faibles et sans défense découle de la source intarissable de la méchanceté; ce penchant doit être réprimé, s'il le faut, avec la plus grande sévérité. Quant aux souffrances infligées à des êtres qui peuvent riposter, elles produisent ordinairement leur propre remède, et la leçon donnée par les conséquences d'une mauvaise action est une des plus profitables. Lorsque nous trouvons à qui parler, nous apprenons bien vite à réprimer notre penchant à la colère et à la cruauté.

(M. BAIN, *La science de l'éducation*, liv. I, ch. v.)

II. — Les sentiments intellectuels.

Dans l'espèce humaine, le désir de connaissance est un principe qui ne peut échapper à notre attention.

C'est la curiosité qui occupe, chez les enfants, la plus grande partie des heures qu'ils passent éveillés. Tout ce qu'ils peuvent saisir, ils l'examinent de tous les côtés, et souvent mettent en pièces les objets pour découvrir ce qu'ils cachent dans leur sein.

Quand ils deviennent hommes, leur curiosité ne se ralentit pas, mais elle se porte sur d'autres objets.

(TH. REID, *Essais sur les facultés actives de l'homme*, Essai III, 2e partie, ch. II.)

L'enfant peut descendre au-dessous de l'humanité par le mensonge, puisqu'il peut déjà penser et communiquer sa pensée aux autres.

La Providence nous a donné la pudeur pour que le mensonge pût se trahir par la rougeur du front.

(KANT, *De la pédagogique*, § 39.)

C'est un sens à former que celui de la vérité, et un sens dont on ne saurait trop accélérer le développement.

Pour cet effet, on commencera par tâcher de faire comprendre au petit enfant que ses paroles doivent s'accorder avec les faits plutôt qu'avec ses désirs ou ceux des autres, chose qu'il ne saisit pas toujours de lui-même. En lui racontant toutes les circonstances des événements dans lesquels il a été acteur ou témoin, il conçoit ce qu'est un récit fidèle. Bientôt il le conçoit tellement que, si vous commettez la moindre erreur, il en vient à vous redresser avec une sorte de pédanterie. Il faut le remercier dans ce cas, et lui faire voir tout le prix qu'on attache à l'exactitude.

Mais le langage n'est pas le tout, et les ruses doivent être déjouées; il faut les comprendre, les déconcerter et montrer qu'on n'est jamais dupe... Rien ne vous placera si haut dans l'esprit de l'enfant, rien ne vous assurera mieux de son respect pour vos lumières, que l'épreuve qu'il fera de votre pénétration.

Mais l'essentiel de beaucoup, c'est d'être parfaitement vrais nous-mêmes. Tous les autres intérêts doivent être sacrifiés à celui de la vérité. Tromper un enfant, c'est non seulement lui donner un pernicieux exemple, c'est nous perdre auprès de lui pour l'avenir; c'est renoncer à l'éducation entière dont nous ne pouvons plus être les instruments... Tout est réparable auprès des enfants, hors le mensonge; soyez impatient, colère, par moments injuste, ce sera très fâcheux, mais peut-être ils l'oublieront. Ce sont des torts dont la volonté n'est pas complice, et les souvenirs ineffaçables ne s'attachent qu'aux péchés d'intention. Vous avez, je le sais, un arrière-motif qui vous excuse; mais ce motif, inintelligible pour l'enfant, ne vous justifie point à ses yeux. Ce qu'il lui importe de savoir, c'est s'il peut vous croire : tout l'avenir dont il se fait l'idée est renfermé dans cette question. S'il vous a toujours trouvé littéralement vrai, votre puissance morale est encore entière, tandis que, s'il vous a une fois trouvé faux, vous n'êtes plus qu'une force matérielle et irrégulière, dont l'emploi, ne pouvant jamais être prévu, ne saurait être pris en considération.

La vérité la plus scrupuleuse, chez les instituteurs, ne manque pas de se reproduire chez les élèves, et la docilité de ceux-ci en est la suite. Une éducation sincère peut seule à la longue être une éducation douce.

(Mme Necker de Saussure, *L'éducation progressive*, liv. III, ch. iv.)

Dire : *Ne mentez pas*, c'est donner l'idée du mensonge; il faut donc habituer les enfants à dire la vérité, en leur faisant toujours trouver de l'intérêt à la dire, et ne jamais leur défendre le mensonge d'une manière générale, au risque de n'être pas compris ou d'appeler l'attention sur un mot qu'ils doivent ignorer le plus longtemps possible.

La manière la plus efficace de faire régner la vérité consiste à inspirer la confiance, à faire disparaître tout intérêt à dissimuler; il faut que l'enfant soit heureux pour devenir confiant, bienveillant et ouvert; les douleurs, les mauvais traitements, et surtout les injustices peuvent pervertir l'ingénuité naturelle de l'enfance.

Le mensonge devait être fréquent dans les anciennes écoles, où la moindre faute était suivie d'un châtiment corporel; mais il doit être rare dans les écoles où l'enfant n'a pas d'intérêt à dissimuler, et où les fautes qu'il commet ne sont réprimées que par une humiliation morale momentanée, bientôt suivie d'une utile et favorable instruction.

Les enfants mentent quelquefois dans l'intention de se nuire les uns aux autres; cet inconvénient se corrige facilement en n'accueillant aucune délation sans la faire suivre de confrontation et d'explication, soit à haute voix, soit à voix basse, suivant les circonstances.

(Cochin, *Manuel des salles d'asile*, 2e partie, ch. iv.)

CHAPITRE III

L'ÉDUCATION DE LA VOLONTÉ

I. *L'apprentissage de l'obéissance.* — La volonté chez les enfants. Comment ils peuvent être habitués à obéir. Discipline des conséquences.
II. *La formation du caractère.* — L'éducation peut diminuer l'énergie de la volonté, aussi bien que la fortifier; ménagements à observer. Si l'éducation publique est ou n'est pas favorable à la formation du caractère et au développement de la volonté.

EXTRAITS DE : **Rousseau, Kant, Élisabeth Hamilton, Maria Edgeworth; Mme Guizot, Mme Necker de Saussure, Herbert Spencer, Legouvé, Caro, Preyer, E. Faguet.**

I. — L'apprentissage de l'obéissance.

Il faut de bonne heure et fortement associer l'idée d'obéissance avec celle de sécurité et de bonheur; la faiblesse et l'état de dépendance de l'enfant fournissent les moyens de parvenir à ce but salutaire. Entièrement dépendants de la sagesse et de l'expérience des autres, pour éviter les dangers auxquels ils sont exposés à toute heure, les enfants ne tarderaient pas à apprendre quels sont les avantages de l'obéissance, et ils l'apprendraient infailliblement si l'on s'y prenait bien. Si toutes les défenses étaient *absolues*, et si l'on faisait tellement sentir la nécessité de ne pas les enfreindre qu'il fût inutile de les répéter souvent, on rendrait l'obéissance naturelle et facile, car elle paraîtrait nécessaire, et comme telle, l'enfant s'y soumettrait sans répugnance.

(ÉLISABETH HAMILTON, *Lettres sur l'éducation*, t. I, Lettre VII.)

Un des principaux problèmes de l'éducation, c'est de savoir comment on peut concilier la soumission à la légitime contrainte avec l'usage de la liberté. Car la contrainte est nécessaire. Comment donc cultiverai-je la liberté dans la contrainte? Je dois accoutumer mon élève à supporter une contrainte à sa liberté, et je dois en même temps lui apprendre à faire un bon usage de sa liberté.

Il faut ici faire attention à plusieurs choses : 1° de laisser l'enfant, dès sa plus tendre jeunesse, toujours libre de ses mouvements, excepté lorsqu'il peut se faire du mal, par exemple, s'il veut prendre un couteau affilé; ou lorsqu'il veut mettre obstacle à la juste liberté d'autrui, par exemple, quand il crie ou qu'il s'amuse d'une manière trop bruyante; 2° il faut lui faire voir qu'il ne peut atteindre son but qu'à la condition de laisser aussi les autres atteindre le leur; lui faire comprendre qu'on ne fera rien pour lui plaire s'il ne fait pas ce qu'on veut, par exemple, s'il n'apprend pas ce qu'il doit apprendre, etc.; 3° il faut lui prouver qu'on lui impose une contrainte qui doit le conduire à l'usage de sa propre liberté; qu'on le cultive afin qu'il puisse être libre un jour, c'est-à-dire afin qu'il ne soit pas à charge aux autres. Ceci est la dernière chose à faire, car les enfants ne réfléchissent que tard à la nécessité de s'occuper de soi.

(Kant, *De la pédagogique*, § 14.)

Louise, qui apparemment se trouvait en train de théories, m'ayant demandé pourquoi cela était mal de désobéir, je lui répondis machinalement : « Parce que cela n'est pas bien. » Sophie se mit à rire, tant elle trouva ma réponse naïve, et voulut expliquer à sa sœur que, par exemple, en touchant à l'écritoire quand on vous l'avait défendu, on pouvait la jeter par terre et salir le tapis. Louise venait précisément d'être grondée le matin même pour avoir contrevenu à la défense que je lui avais faite de toucher à notre écritoire, dont huit jours auparavant elle avait renversé la moitié sur sa robe. Aussi répondit-elle avec beaucoup de vivacité qu'aujourd'hui elle n'avait pas jeté d'encre. « Tu aurais pu en jeter », disait Sophie. « Mais, répliquait-elle, je n'en ai pas jeté »; et beaucoup plus frappée de l'idée d'une tache que de celle d'un tort, elle ne recevait pas du souvenir de son action ce salutaire effroi que j'avais essayé de lui inspirer sur la désobéissance. Je vis qu'il me fallait venir au secours de l'argumentation de Sophie, et faire comprendre à Louise qu'en effet désobéir est mal parce que cela n'est pas bien. Je fis porter la démonstration sur la nécessité de l'obéissance, et il fut bientôt convenu entre nous qu'une grande personne doit avoir plus de raison qu'une petite fille et savoir mieux les choses; que, par conséquent, pour être sûre de bien faire, une petite fille doit écouter sa mère, croire ce qu'elle lui dit, et faire ce qu'elle veut; qu'ainsi, lorsqu'on obéit à sa mère, on fait une chose raisonnable et l'on est une petite fille bien sage. Louise fut enchantée de découvrir que l'obéissance fût une action, et qu'obéir fût faire quelque autre chose que ne pas désobéir, ce qui jusqu'à présent lui avait été assez indifférent. Je voulus inutilement essayer ensuite de fixer son attention sur le tort de la désobéissance; elle me répétait toujours : « Oui, mais obéir c'est bien. » Importunée de l'idée d'une faute qu'elle ne mettait pas grand intérêt à éviter, elle prenait plaisir à celle d'un devoir à remplir, toute fière de se trouver une volonté à exercer quand elle pensait n'avoir qu'à subir la mienne. Elle s'en croyait déjà plus raisonnable pour sentir qu'elle pouvait l'être de son propre mouvement, et sa bonne conduite acquérait à ses yeux l'importance d'une propriété.

Il est certain que, si vous ôtez le plaisir de faire le bien, s'abstenir du mal n'est plus qu'une privation, une absence d'action dont rien ne dédommage, un vide que rien ne remplit. Louise, en renonçant à briser mes pains à cacheter, ou à jeter la poudre dans l'encrier, se retranchera un plaisir qui ne peut être remplacé que par celui d'accomplir un acte de devoir auquel elle attache quelque mérite. Vivre, c'est agir; pour qui ne fait rien de son existence, l'existence n'est rien; demeurer complètement inactif, c'est ne pas sentir, c'est dormir. Pour l'homme accoutumé à se posséder, exercé à user de lui-même, cette faculté d'action n'est comme toutes les autres qu'un moyen; l'enfant la sent comme un besoin. Quelle que soit sa faiblesse, ses forces surpassent encore ses connaissances; il a plus d'activité qu'il n'en sait employer... Devancé toujours et partout dans l'art d'user raisonnablement, il ne sort de sa nullité qu'en usant à contresens, casse les meubles pour leur trouver un emploi nouveau, prend plaisir à courir à quatre pattes parce qu'on va d'ordinaire sur deux pieds, et aimera mieux, pour peu qu'on l'y fasse penser, manger sous la table que dessus. C'est par la même raison que souvent il aimera mieux désobéir qu'obéir. Peu tenté des devoirs que vous lui avez inventés, il y préférera des malices tirées de son propre fonds, et mettra une sorte de fierté à traiter avec vous à sa manière, c'est-à-dire autrement qu'il ne convient; car il ne croit faire sa propre volonté que lorsqu'il ne fait pas la vôtre, et pour être bien sûr qu'il marche à sa guise, il a besoin d'aller en sens contraire de celui où vous le conduiriez.

De quoi s'agit-il pour le ramener dans la bonne voie? De faire qu'il y trouve un but à son activité, une application de sa volonté; de lui donner envie d'aller à droite, au lieu de lui défendre d'aller à gauche... La volonté des enfants est à nous si nous savons nous en servir, contre nous si nous prétendons nous en passer ou l'assujettir. Puissance active, elle ne peut demeurer neutre, et ne saurait cesser d'être libre; tout ce qu'elle nous demande, c'est un motif d'action qu'elle puisse s'approprier, un mobile conforme à sa nature. La nature de la volonté, c'est d'agir pour produire un effet; nul ne veut sans l'idée d'arriver à un résultat... Les résultats capables de servir de but à la volonté d'un enfant ne doivent pas se chercher bien avant dans sa nature morale, encore informe, faible et confuse; un temps viendra, et viendra bientôt, où l'action sur soi-même, une victoire remportée en faveur du devoir sur la fantaisie ou la passion du moment, sera un événement assez marquant pour l'exciter à l'honneur et au plaisir de se dompter.

(Mme Guizot, *Lettres de famille sur l'éducation*, Lettre XIII.)

Il y a deux sortes d'obéissance qui se succèdent chez l'enfant. L'une, involontaire et presque machinale, est une habitude qu'il a dû contracter dès le plus bas âge; l'autre est le sentiment d'un devoir qu'il a l'intention de remplir. Il avait d'abord obéi sans y penser, il pense ensuite qu'il doit obéir.

Justifier sans cesse vos commandements, c'est vous mettre sur le pied de l'excuse, c'est en appeler à son jugement et en provoquer les objections... De plus, l'obéissance doit être prompte. Tout le temps qui s'écoule entre l'ordre et l'exécution est une révolte de l'amour-propre. Commandez d'un seul mot, et qu'il soit sans appel.

(Mme Necker de Saussure, *L'éducation progressive*, liv. V, ch. vi.)

Relativement à l'éducation en particulier, dont le rôle est de contrôler les idées motrices de l'enfant, et, au cas où elles sont défectueuses, de les remplacer par de meilleures, il y a lieu de tenir compte de la faiblesse de la volonté.

La fatigue qui accompagne la tension de l'attention (et par conséquent de la volonté) explique pourquoi les enfants changent si rapidement de jeux.

En cédant trop fréquemment sur ce point aux enfants, ce qui paraît n'avoir aucune importance durant les premiers temps où les enfants jouent, l'on rend plus difficile le développement ultérieur de l'inhibition volontaire[1], dont dépend surtout la formation du caractère, et l'on favorise les caprices. On ne saurait trop tôt commencer à exercer l'enfant à l'obéissance, et pendant une observation presque quotidienne de six années, je n'ai trouvé aucun inconvénient à diriger dès le début, et d'une façon suivie, la volonté naissante de l'enfant, à condition que la chose soit faite avec douceur et justice, comme si l'enfant avait déjà une notion de la nécessité de l'obéissance. En supposant à l'enfant cette notion, on l'éveillera en lui plus tôt que par l'éducation : en fournissant une raison vraie et rationnelle de toute défense qu'on lui enjoint, à mesure que la compréhension se développe, en évitant toute défense non appuyée de raisons ou motifs sérieux, on lui en facilitera beaucoup l'intelligence.

C'est ainsi que, par la culture des idées d'ordre supérieur, dès la deuxième année déjà, la volonté peut être dirigée, et le caractère se former; mais il faut une persévérance inflexible qui ne laisse passer aucune infraction à une défense, pour conserver à ce dernier la configuration qui lui a été une fois donnée.

(M. Preyer, *L'âme de l'enfant*, ch. xv.)

1. L'acte volontaire qui consiste à arrêter, à empêcher telle ou telle manifestation de l'activité.

La discipline des conséquences.

Maintenez l'enfant dans la seule dépendance des choses; vous aurez suivi l'ordre de la nature dans le progrès de son éducation. N'offrez jamais à ses volontés indiscrètes que des obstacles physiques ou des punitions qui naissent des actions mêmes et qu'il se rappelle dans l'occasion; sans lui défendre de mal faire, il suffit de l'en empêcher. L'expérience ou l'impuissance doivent seules lui tenir lieu de loi.

(Rousseau, *Emile*, liv. II.)

L'expérience faite de l'approbation ou de la désapprobation des parents ne constitue pas la meilleure des disciplines, mais bien l'expérience des résultats qui découleraient en dernière analyse de la conduite tenue par les enfants, en l'absence de toute intervention ou de toute opinion de la part des pères. Les conséquences vraiment instructives et salutaires, ce ne sont pas celles que font naître des parents qui s'intitulent les représentants de la nature, mais celles que produit la nature elle-même. En substituant aux conséquences naturelles de la mauvaise conduite des *pensums* ou des corrections, on fausse chez les enfants le critérium de la moralité. Quand ils ont, pendant toute leur enfance et leur jeunesse, regardé le mécontentement des parents et des maîtres comme le principal résultat de leurs transgressions, il s'établit dans leur esprit une association d'idées entre la transgression et le mécontentement qu'elle produit, comme entre la cause et l'effet. Il en résulte que lorsque la domination paternelle ou tutoriale est retirée, et que le mécontentement des pères et des maîtres n'est plus à craindre, la règle morale se trouve en grande partie retirée du même coup : la véritable loi, celle des réactions naturelles, n'ayant pas été apprise par la triste expérience.

Un autre grand avantage de cette discipline naturelle, c'est qu'elle est celle de la pure justice, et que tout enfant le sentira. Celui qui ne supporte d'autres maux que ceux qui, dans l'ordre naturel des choses, résultent de sa mauvaise conduite, ne se trouvera point injustement traité, comme celui qui supporte un châtiment artificiel.

(M. Herbert Spencer, *De l'éducation*, ch. iii.)

Rousseau veut qu'un élève soit toujours commandé par la force des choses. Il y a beaucoup d'objections à ce système; mais il y en a une qui les comprend toutes, c'est qu'il est inexécutable : les exemples mêmes qu'il nous donne le prouvent. Qu'est-ce, en effet, que ce drame qu'il arrange pour obliger son élève à se plier aux convenances de son instituteur? Il instruit les voisins, il leur fait apprendre un rôle qu'ils jouent admirablement quand il faut les questionner. Celui-ci trouve enfin un ami, chargé de le surveiller, et qui le ramène soumis aux ordres de son précepteur. Mais si l'enfant n'est pas dépourvu de toute pénétration, comment cet échafaudage de précautions et d'artifices peut-il s'élever sans qu'il s'en doute? Et cependant s'il fait cette découverte si facile, c'en est fait de la confiance et de l'obéissance.

(Maria Edgeworth, *Éducation pratique*, t. II, p. 125-126.)

Les leçons que donne l'expérience sont spéciales et bornées; les accidents nous instruisent à éviter les accidents; il faut avoir éprouvé le repentir pour sentir en soi une raison morale d'éviter les fautes, et les accidents ne produisent pas le repentir. C'est une punition où n'entre pas l'idée de la justice.

La justice est l'action d'une volonté intelligente, appliquée à rétribuer chacun selon son mérite. Si un scélérat en escaladant une maison est renversé et tué par une pierre qu'il détache de la muraille, nous ne dirons pas que la pierre a été juste, et l'idée de justice que nous attacherons pourtant à cet accident nous viendra de la conviction d'un juge suprême qui, cette fois, aura voulu, sans l'intermédiaire de la justice humaine, se charger d'appliquer lui-même la peine du crime. Cependant, qu'un pauvre ouvrier soit écrasé par l'écroulement du mur auquel il travaille, l'idée de justice et de châtiment ne se présentera point à notre esprit, là où il n'y avait point de crime à punir. L'idée d'injustice ne nous viendra pas davantage, car la volonté supérieure et infaillible qui aura dirigé l'événement ne nous paraîtra point avoir agi en raison du mérite ou du démérite de la victime, mais par de tout autres motifs et dans de tout autres vues.

Au sentiment de la faute tient donc l'idée de la justice, et la douleur d'un accident ne porte pas nécessairement l'attention sur la faute qui l'a causée; elle l'en détourne quelquefois. Lorsqu'il arrivera à Just de se couper en empoignant par la lame un couteau que vous lui aurez défendu de toucher, si vous essayez en ce moment d'éveiller en lui le remords de la désobéissance, il ne manquera pas de répondre à vos efforts pour l'affliger encore sur lui-même : « Je me suis déjà fait bien assez de mal », et par la douleur physique il se croira acquitté de la tristesse morale. Idée dangereuse qui met un taux aux devoirs de la conscience, et nous porte à croire que le malheur peut racheter des obligations de la vertu. Il n'y a qu'une monnaie pour payer la faute, c'est le repentir. Le châtiment seul n'a jamais rien expié, et les suites accidentelles d'une action répréhensible ne peuvent avoir d'utilité morale que si elles procurent au coupable les moyens d'acquitter sa dette, si elles produisent le repentir... Le principe et le but de Rousseau[1] ont été d'instruire les enfants à reconnaître l'empire de la nécessité; mais il n'y a de nécessité en droit de nous commander que celle du devoir... Faire tête aux nécessités physiques et se soumettre aux nécessités morales, voilà ce que doivent savoir les hommes et apprendre les enfants, et c'est assurément un étrange contresens de l'éducation de prétendre les forcer au courage de la vertu en les accoutumant à céder à la force. Trouvez des hommes toujours prêts à plier sous la nécessité physique, et vous en ferez sur-le-champ des esclaves ou des sbires; mais si vous en voulez un qui préfère la misère et la mort au crime commandé ou aux lâchetés de la servitude, il vous faudra rechercher celui qui ne reconnaît que les nécessités morales.

(Mme Guizot, *Lettres sur l'éducation*, Lettre XIV.)

II. — La formation du caractère.

La volonté des enfants ne doit pas être brisée, mais seulement assouplie de manière à céder aux obstacles naturels... La culture morale doit reposer sur des maximes, et non sur la discipline. La discipline prévient les mauvaises habitudes; les maximes

1. Et de M. Herbert Spencer, que Mme Guizot réfute par avance, en ce qu'il a d'excessif et d'exagéré.

forment la manière de penser. On doit veiller à ce qu'un enfant s'habitue à agir par des maximes, et non d'après certains mobiles. La discipline ne laisse après elle qu'une habitude, qui cependant peut s'éteindre avec les années. L'enfant doit apprendre à se conduire par des règles dont il aperçoive la justesse.

Les maximes doivent sortir de l'homme même. On doit tâcher d'exciter de très bonne heure chez les enfants des notions justes sur le bien et sur le mal... Le premier objet de l'éducation morale est de fonder un caractère. Le caractère consiste dans la capacité d'agir d'après des maximes. Ce sont d'abord des maximes d'école, puis des maximes de l'humanité.

(Kant, *De la pédagogique*, § 37.)

Toute la part réservée à l'homme dans une telle œuvre (l'œuvre de son éducation) dépend de l'exercice de sa volonté. Cette part est grande selon moi, et de plus c'est la seule dont il soit toujours responsable. Le pouvoir passager des instituteurs doit servir à fonder l'empire durable de la conscience, à donner une direction permanente à ce qui est le plus variable chez l'enfant et qui reste mobile chez l'homme, la volonté.

La volonté, considérée sous le rapport de sa force, indépendamment de sa direction, prend les noms de fermeté, d'énergie, de constance. C'est pour ainsi dire le degré de vie, la quantité d'existence morale que chaque homme renferme dans son sein... Que d'inégalités ne trouvons-nous pas sous ce rapport entre des êtres d'ailleurs semblables !

Est-il accordé aux instituteurs d'augmenter chez un enfant l'énergie morale? Je l'ignore; mais il me paraît certain qu'il leur est extrêmement aisé de la diminuer; c'est peut-être à cet égard que nous commettons le plus de fautes : un des objets les plus essentiels est un des plus négligés. Malheureusement l'éducation presque entière tend à ébranler la fermeté; elle n'est le plus souvent, à vrai dire, qu'un système de moyens pour affaiblir la volonté. Persuasive et insinuante, elle l'empêche de se former; sévère et inflexible, elle la fait ployer ou la brise.

La raison qu'ont les instituteurs pour ne pas en favoriser le développement est bien simple : c'est qu'ils la rencontrent sans cesse comme obstacle dans l'éducation.

L'éducation doit, selon moi, compter assez sur ses ressources pour ne pas redouter d'avance le développement de la fermeté; et puisque le gouvernement des parents et des instituteurs a nécessairement une influence répressive, puisque les usages de la société en ont une aussi, puisque la marche de la civilisation a détruit nombre de préjugés qui étaient des sources d'énergie, il serait bien essentiel de compenser ces divers effets, et de rendre aux enfants, qui sont les hommes de l'avenir, le nerf et la vie dont le germe paraît leur avoir été accordé par le Créateur.

L'éducation ne veut que rendre l'homme libre.

(Mme Necker de Saussure, *L'éducation progressive*, Introduction et liv. I, ch. iv.)

L'important est de bien distinguer les éléments multiples qui entrent dans la composition du caractère. — Une erreur fréquente est de le confondre avec le *tempérament*. Ce terme, dans son acception technique, exprime précisément le ton général de l'organisme auquel l'école biologique prétend réduire l'essentiel du caractère, et qui n'en est, selon nous, que l'élément inférieur et subordonné; il exprime le résultat de la prédominance d'action d'un organe ou d'un des systèmes qui constituent l'organisme. C'est là à peu près la définition de M. Littré, et tous les vrais écrivains ont d'instinct employé ce mot dans ce sens spécial et restreint. Le psychologue naturaliste Bonnet a eu le sentiment très exact de ces nuances : « Chez les animaux, dit-il, le tempérament règle tout; chez l'homme, la raison règle le tempérament, et le tempérament réglé facilite à son tour l'exercice de la raison. » — Comme on l'a dit, le tempérament est la base physique et le mode d'expression du caractère, il n'est pas le caractère même. Croirait-on, par hasard, avoir défini des caractères, si l'on disait d'un homme que, dès le premier mot d'une discussion, le sang lui monte au visage, ou si l'on disait d'une femme qu'elle est nerveuse? Resterait à savoir, après cela, ce qu'est cet homme et ce qu'est cette femme, si cet homme est avare ou prodigue, s'il est fourbe ou loyal, si cette femme a un naturel aimable ou maussade; car il y a bien des variétés dans la catégorie des nerveux et dans celle des sanguins; ce sont là des désignations toutes de surface et qui ne disent pas grand'chose.

L'*humeur* n'est pas non plus le caractère. Ce mot désigne plus particulièrement une disposition du tempérament ou de l'esprit, mais d'ordinaire une disposition passagère, accidentelle. On est, selon les jours et les moments, de bonne et de mauvaise humeur. L'humeur est essentiellement variable et fugitive comme le remarque M. Lafaye [1], qui ajoute qu'on soutient son caractère, qu'on ne soutient pas son humeur, sans doute parce qu'elle dépend de quelque accident intérieur, de quelque état momentané de complexion ou de santé.

Le *naturel* est le caractère naissant, la donnée première du caractère, il lui donne la base psychologique, si je puis dire, comme le tempérament lui donne sa base physique. C'est, selon M. Littré, la manière d'être morale telle qu'on la tient de la nature. On ne peut mieux dire. La variété des naturels est inépuisable. Comment décrire toutes les diversités possibles de naturels, bons ou mauvais, honnêtes ou pervers, dociles ou réfractaires, laborieux ou indolents, généreux ou égoïstes? — Le naturel, tant qu'il n'est pas élaboré par le travail personnel de l'homme, a une force d'impulsion presque irrésistible qui a été de tout temps remarquée :

Le naturel toujours sort, et sait se montrer;
Vainement on l'arrête, on le force à rentrer,
Il rompt tout, perce tout et trouve enfin passage [2].

C'est le cri de La Fontaine : « Tant le naturel a de force! [3] » C'est l'observation de Destouches, si connue, si souvent citée, avec des erreurs continuelles d'attribution et d'origine :

Chassez le naturel, il revient au galop [4];

ou la maxime pédagogique de Bonnet : « C'est à bien connaître la force du naturel que consiste principalement le grand art de diriger l'homme ».

Le *naturel* est le premier trait psychologique de l'individu vivant; il existe chez l'animal comme chez l'homme; mais, chez

1. *Dictionnaire des synonymes.*
2. Boileau, *Satire* XI.
3. *Fables*, II, 18.
4. *Le Glorieux*, III, 5.

l'homme, l'individualité monte plus haut et s'achève en devenant la personnalité par l'intervention de la volonté et de la raison.

Telle est, à ce qu'il me semble, la loi de composition successive du caractère humain, l'ordre dans lequel se classent les divers éléments dont il est formé jusqu'au moment où l'action personnelle entre en scène.

C'est ici qu'apparait l'action de l'homme. Il peut ou accepter cette manière d'être morale qui lui est donnée, ou la combattre, ou enfin, sans la combattre, la transformer. Il dépend de lui de laisser prévaloir sans lutte et sans effort l'ensemble de ces dispositions naturelles, d'y consentir, si je puis dire, ou bien de les modifier. Voilà le dernier élément du caractère humain, c'est le pouvoir d'agir sur une nature donnée, et de compléter l'individualité en l'élevant jusqu'à son terme supérieur, la personnalité... Quand on dit que le caractère est fait en grande partie d'habitudes, c'est dire qu'en grande partie il est notre œuvre; car dans les habitudes, c'est la liberté qui se lie elle-même. En les contractant, je crée en moi une sorte de solidarité entre mon présent et mon avenir, dont je réponds. Cet avenir que je prépare représentera une somme de *volonté* actuelle où je me reconnais moi-même, et que j'ai converti *volontairement* en une sorte de fatalité. Je dis une sorte de fatalité, car l'habitude n'imite la fatalité que par sa forme, par son mécanisme extérieur. Ce que la volonté a fait, elle peut le défaire; elle garde au moins, très longtemps, son droit et le pouvoir de l'exercer.

Telle nous parait être la vérité expérimentale sur la formation du caractère, composé de tous ces éléments divers et successifs : le tempérament, l'humeur, le naturel, les influences sociales, les habitudes individuelles, et, par-dessus tout cela, le pouvoir personnel qui s'en empare, qui réduit l'hérédité et qui crée l'homme nouveau, l'homme maître de lui en face de la nature non détruite, mais transformée.

Ce n'est donc pas exagérer les choses que de dire que le caractère qui, à l'origine, était une donnée de la nature peut devenir, au terme de ses évolutions, l'œuvre de l'homme. Il exprime l'empire sur soi-même, et, comme dit Kant, la disposition à agir suivant des principes fixes. Il contient la dignité de l'homme, la résolution de ne pas avilir ou abaisser en soi la personnalité humaine... C'est donc une psychologie fausse qui fait du caractère la résultante des milieux et des influences, une table rase sur laquelle tous les événements du dehors et toutes les fatalités intérieures mêlent leur empreinte, une réalité purement phénoménale construite, couches par couches, par des séries d'alluvions accidentelles. Le caractère devient à la longue notre œuvre personnelle, il est l'histoire vivante de chacun de nous, il représente la part de chacun de nous, si humble qu'elle soit, dans les destinées d'une famille ou d'une race, d'un siècle ou d'une nation.

(CARO, *Mélanges et Portraits*, t. II, Essais de psychologie sociale.)

Bien peu d'hommes ont reçu de la nature une qualité complète. Bien peu d'hommes naissent complètement justes, complètement sincères, complètement courageux. Il en est des qualités humaines comme des charges d'agents de change : les plus riches n'en possèdent qu'une fraction, et comme il n'y a guère que des quarts ou des tiers d'agents de change, il n'y a guère aussi, du moins de naissance, que des quarts de héros, et même des quarts d'honnêtes gens. Dieu en use avec nous comme un sage père de famille, il nous donne un petit capital de vertus, pour que nous ayons le mérite de l'augmenter par le travail et d'en faire ainsi notre véritable propriété en en faisant notre œuvre.

Mais comment atteindre ce but? Par quel moyen, par quelle méthode cultiver et développer nos qualités incomplètes?... Si votre enfant n'a qu'une lueur de bonté, qu'un germe de droiture, qu'une parcelle de courage, comment vous y prendre pour faire de cette lueur une flamme, de ce germe un rameau, de cette parcelle un tout vivant et solide?

Ce problème m'a souvent agité dans le cours de mes études sur les rapports des pères et des enfants[1] au XIXe siècle, et je n'y avais guère trouvé de solution, quand, l'été dernier, l'horticulture m'en donna une; et, en me promenant dans mon jardin, l'esprit tout rempli de cette question, il me sembla entendre un rosier qui me répondait.

Quand on possède un rosier d'une espèce rare et délicate,

1. On peut dire aussi, des maîtres et des écoliers.

quand on craint de le perdre et qu'on veut le conserver, que fait-on? On prend son greffoir, on détache du frêle arbuste un germe, un œil, comme on dit en botanique, puis on le greffe sur quelque églantier vigoureux; et, l'été suivant, cet œil, s'étant nourri pendant plusieurs mois des sucs puissants du sauvageon, devient à son tour un rosier robuste, qui s'épanouit en larges fleurs et en riche feuillage.

Eh bien, toute âme humaine a ses sauvageons, je veux dire ses dispositions natives et vigoureuses, où circule la sève énergique de l'églantier des bois. Chez les uns c'est la fermeté, chez les autres la tendresse; tantôt c'est le bon sens, tantôt c'est l'imagination; parfois même c'est une qualité compliquée d'un défaut, comme par exemple l'orgueil, qui, d'un côté, confine à la fierté qu'on peut appeler une vertu, et de l'autre à la vanité qui est le plus grand de tous les vices... quoiqu'elle ne se trouve pas comprise dans les péchés capitaux, parce qu'elle en comprend deux ou trois à elle toute seule.

Or donc, pourquoi les pères n'imiteraient-ils pas les jardiniers? Pourquoi, dans l'éducation de nos enfants, ne chercherions-nous pas à écussonner leurs qualités débiles sur leurs qualités vigoureuses?

Pourquoi, par exemple, si nos enfants ne sont courageux que de temps en temps, c'est-à-dire à moitié courageux et à moitié pusillanimes, ne mettrions-nous pas leur petit courage en nourrice chez quelque brave vertu robuste?

J'entends d'ici votre objection : le courage est un don de nature, une affaire de tempérament; on l'a ou on ne l'a pas; cela ne s'apprend ni ne s'acquiert.

Je proteste contre cette théorie; il ne faut jamais consentir à une aggravation du péché originel, ni ajouter aux fruits défendus les qualités défendues. Vous l'avouerai-je? il me semble même que mon procédé d'horticulture s'applique particulièrement au courage.

Je pourrais en effet prouver par des exemples célèbres que la vaillance est une vertu essentiellement composite, et qu'il y entre une foule d'autres éléments que la vaillance même. Je pourrais vous montrer que l'héroïsme, c'est-à-dire l'énergie poussée jusqu'au sublime, n'est souvent qu'un faible courage enté sur un grand sentiment du devoir, et que le mot peureux n'est pas synonyme du mot lâche; car la lâcheté, c'est de la peur consentie, et le courage n'est souvent que de la peur vaincue. Je pourrais citer le grand Turenne, tremblant de tous ses membres le jour d'une bataille, et jetant à son corps cette admirable apostrophe : « Tu trembles, vieille carcasse! Tu tremblerais bien plus si tu savais où je vais te mener! » Et Henri IV donc, Henri IV que le premier coup de canon métamorphosait en *monsieur Orgon* et qui s'écriait avec sa verve béarnaise : « Ah! scélérats d'Espagnols! Vous me le payerez!... » Mais j'aime mieux chercher mes autorités un peu moins haut, un peu moins loin, et vous offrir pour exemple un garçon de quinze ans... Le garçon avait nom Castillo; il était élevé dans notre lycée... et tout Espagnol qu'il était, il servait de souffre-douleurs, de *patito* à tous ses camarades. Injures, coups, mauvais traitements, il recevait tout et acceptait tout. Il remplissait pendant l'année entière le rôle de l'agneau devant le loup. On part en vacances; au retour, le premier soin des enfants est de se jeter de nouveau sur leur proie et de faire rentrer Castillo dans son personnage de victime. Mais le premier qui essaye reçoit pour réponse un coup de poing, le second un coup de pied, le troisième une volée complète; mon Castillo se bat huit jours de suite comme un héros. Qu'était-il donc arrivé? Est-ce que le courage lui était subitement poussé au cœur, comme le duvet au menton? Non, l'âme humaine n'a pas de ces métamorphoses. Il était arrivé que Castillo avait un père, que ce père absent depuis plusieurs années avait employé les vacances et les loisirs du retour à raconter à l'enfant les actes de courage de ses ancêtres, leur vie pleine de traits de vaillance, et avait ainsi éveillé en cette petite âme, naturellement généreuse, le grand sentiment de l'honneur de famille. Chaque coup de poing que Castillo lança depuis à un de ses camarades était une dette qu'il payait à un de ses ancêtres. Pusillanime par tempérament, il était devenu courageux par fierté de race.

(M. Legouvé, *Nos filles et nos fils*, La greffe morale.)

Si l'on peut admettre que l'enseignement public émousse un peu la volonté, il ne faudrait pas trop croire que la solitude est admirable pour la fortifier. Elle la développe chez quelques élus; mais chez la plupart elle ne laisse pas de l'endormir. L'homme qui a fait tout seul sa propre éducation n'est que quelquefois un homme supérieur. Quelqu'un aimait trop à répéter qu'il s'était fait lui-même : « Ce n'est pas ce que vous avez fait de mieux », finit-on par lui répondre. « L'autodidacte », comme on dit en belle langue pédagogique, est bien quelquefois un homme qui ne s'est pas élevé du tout; un homme qui a fortifié en lui moins la puissance de se vaincre qu'une certaine complaisance envers lui-même et une certaine gratitude attendrie à son propre égard. Craignez cela.

Non! vous n'avez guère à le craindre. Vous êtes dans des conditions qui vraiment ne sont point mauvaises pour le développement de votre énergie personnelle. Admettons que nous l'entravions, nous, professeurs; vous la sollicitez singulièrement vous-mêmes les uns chez les autres par l'émulation, cette passion salutaire dont on a dit tant de mal, mais qui, à tout prendre, n'est que la volonté qui s'essaye, qui s'exerce et qui fait sans péril et sans bruit, non sans honneur, son apprentissage.

C'est ici qu'est, dans l'enseignement public, la part de l'énergie volontaire. Elle est très considérable, plus grande qu'elle ne sera jamais dans l'éducation privée ou dans l'éducation solitaire. La volonté a besoin, à l'ordinaire, et de modèles et d'adversaires; elle a besoin d'exemples qui soient des obstacles, et il convient qu'au début, ni ces obstacles ne paraissent énormes, ni ces exemples ne soient décourageants. Vous êtes vous-mêmes les uns pour les autres des modèles proportionnés à vos forces et des obstacles qui paraissent mesurés pour exciter votre ardeur sans le risque de vous jeter dans le désespoir. Ce sont les vraies conditions. L'homme qui s'élève lui-même, c'est la vie tout entière et c'est comme le monde entier qu'il se propose à lui-même comme obstacle et comme but. Il monte à l'assaut de tous les sommets, ou du moins des plus altiers, du premier coup. Je ne nie point que, pour certaines natures, ce ne soit là une très salutaire et très puissante excitation. Je la crains pour les caractères du commun tels que les nôtres. A force de trop demander, elle épuise à l'avance la réserve de nos forces. Elle nous mine et nous use avant le temps, et l'effet ordinaire de si grands desseins est que nous nous contentons du dessein, que nous nous asseyons avant de nous être mis en route, et que le but fixé nous devient un simple objet de contemplation.

Un dilettante doit souvent être un homme qui s'était proposé la terre à conquérir et qui s'est très vite réduit à seulement la regarder. S'il en est ainsi, je dirai, si vous voulez, que l'éducation solitaire est bonne pour les hommes de génie et qu'il convient de la leur réserver; mais comme à l'âge où l'éducation commence, il est difficile de savoir si l'on a affaire à un homme de génie futur, le moins hasardeux est de donner à sa volonté le stimulant ordinaire et l'obstacle d'ordre commun. Soyez sûrs que, le moment venu, il saura fort bien s'en créer d'autres. Croyez donc à l'enseignement public. Il réveille plus de volontés qu'il n'en endort. Pour une originalité qu'il gêne un peu, et qui prendra plus tard sa revanche, et dont il faut dire, si elle est en vérité étouffée par lui, qu'elle était de peu d'haleine, il sollicite bien des énergies, non point peut-être héroïques et surhumaines, puisqu'elles avaient besoin d'être excitées, mais fort honnêtes encore, et qui, sans lui, seraient restées à l'état de bonnes volontés. On appelle bonne volonté, en français, une volonté un peu nonchalante. C'est un euphémisme.

(M. E. Faguet, *Discours prononcé à la distribution des prix du concours général*, 1889.)

CHAPITRE IV

L'ÉDUCATION DE LA CONSCIENCE

I. *La nécessité de l'éducation de la conscience.* — L'enfant possède le germe de la moralité, qu'il faut cultiver comme toutes les autres facultés. Cette éducation doit commencer dès le premier âge.
II. *La culture de la conscience.* — L'enfant doit être accoutumé à discerner le bien du mal, à choisir volontairement le bien, de préférence au mal. Le devoir, et non l'intérêt, est le principe de la loi morale; l'enfant doit apprendre à vouloir faire son devoir.

Extraits de : **Reid;**
Joubert, Mme de Rémusat, Mme Necker de Saussure, Mme Guizot, Guizot, de Gérando, Th. Jouffroy, Willm, J. Stuart Mill.

I. — La nécessité de l'éducation de la conscience.

Les facultés de l'homme se développent dans un ordre régulier déterminé par le Créateur. Ce développement peut être précipité ou retardé, favorisé ou perverti par l'éducation, l'instruction, l'exemple, la pratique.

Au nombre de ces facultés, il faut ranger la conscience ou la faculté de distinguer le bien du mal, car tous les hommes arrivés à l'âge de raison, quel que soit leur pays et quelle qu'ait été leur éducation, la possèdent. Quand la raison est venue, ce germe se développe; la plante est faible d'abord, et la main peut aisément la détourner de sa direction naturelle; aussi les progrès de la conscience dépendent-ils beaucoup de la culture qu'on lui donne, et de la discipline à laquelle on la soumet.

De ce que l'homme a naturellement la faculté de distinguer le bien du mal, il ne s'ensuit pas que l'instruction lui soit inutile, ni que sa conscience puisse se passer de culture.

Que penserions-nous d'un homme qui, de ce qu'il a reçu de

la nature la faculté de mouvoir ses membres, en conclurait qu'il n'a pas besoin de leçons pour danser, nager, monter à cheval, ou faire des armes? Et pourtant tous ces exercices s'accomplissent par le moyen de cette faculté naturelle; il n'en est pas moins vrai toutefois que nous danserions fort mal, si nous n'avions pas appris à danser, et qu'une longue pratique ne nous ait pas rendu cet art familier.

Que penserions-nous d'un homme qui, sous le prétexte que la nature nous a donné la faculté de distinguer le vrai du faux, prétendrait qu'il n'a pas besoin d'apprendre les mathématiques, la philosophie naturelle, et les autres sciences? Et cependant c'est par cette faculté seule que toutes les découvertes qui ont successivement enrichi les sciences ont été faites, et par elle seule encore que nous distinguons les vérités qu'elles contiennent; mais l'entendement, abandonné à lui-même, privé du secours de l'enseignement, de la pratique, de l'habitude, se trouverait fort en peine de découvrir son chemin en pareille matière, comme on peut le voir chez les personnes qui ne les ont pas étudiées.

Il en est de même de la faculté de distinguer le bien du mal : comme toutes nos facultés naturelles, elle a besoin d'être développée par l'éducation, l'exercice et l'habitude... Celui qui néglige les moyens de connaître mieux son devoir, peut s'égarer sans cesser d'être docile aux lumières de sa raison. Il n'est pas coupable d'agir selon les impulsions de son jugement; mais il l'est d'avoir négligé les moyens de l'éclairer. Il y a des vérités spéculatives et morales, que ne découvrirait jamais un homme abandonné à ses propres lumières, qui cependant le frappent d'une vive conviction lorsqu'on les lui expose avec clarté. Ce n'est pas sur la foi du maître qu'il les adopte, mais sur leur propre évidence; souvent même il s'étonne d'avoir été assez aveugle pour ne point les apercevoir.

La conscience est une faculté particulière à l'homme. Nous n'en apercevons aucun vestige dans les animaux. Elle est une des prérogatives qui nous placent au-dessus d'eux.

L'intention évidente de la nature en mettant en nous la faculté de conscience, a été de nous donner un guide qui dirigeât notre conduite aussitôt que nous aurions atteint l'âge de raison.

(TH. REID, *Essais sur les facultés actives de l'homme*, Essai III, 3e partie, ch. VIII.)

Un enfant chez lequel on n'aurait pas cultivé le germe de conscience qui existe en lui n'aurait pas de vie morale.

S'abstenir, comme le veut Rousseau, d'imposer aucun devoir à l'enfant avant qu'il ait la connaissance des diverses relations sociales sur lesquelles se fondent les devoirs, serait dissoudre les plus intimes et les plus sacrées de ces relations. A l'âge où le jeune homme sait définir exactement l'origine des rapports de famille et leur influence sur l'organisation de la société, il peut presque se passer de ses parents, et il n'est plus uni à eux par un lien aussi nécessaire. Ce serait d'ailleurs s'écarter de la marche naturelle que Rousseau croit suivre de si près. La nature met en jeu les affections longtemps avant le raisonnement; elle ne procède point par ordre méthodique, avec elle on ne saisit de commencement nulle part, on ne la surprend point à créer, et toujours il semble qu'elle développe. Tout est en germe, rien n'est encore éclos chez l'enfant; l'essentiel est de lui apprendre à tirer parti de lui-même. Supposer en lui des principes, des sentiments, parfois même des connaissances qu'il n'a pas acquises, est souvent la meilleure manière de communiquer les uns et les autres dans l'éducation.

(Mme Necker de Saussure, *L'éducation progressive*, liv. III, ch. II.)

II. — La culture de la conscience.

Je voudrais qu'on offrît aux hommes, dans la fermeté de la volonté, un moyen de vertu, mais non pas un moyen de succès, et qu'on leur dît : « Avec une volonté forte et bien réglée, tu établiras l'ordre en toi, chez toi, autour de toi »; mais non pas : « Si tu as assez de volonté, tu seras le maître du monde. » Il serait temps qu'ils comprissent que, pour le bonheur et le véritable succès, l'important n'est pas de vouloir fort, mais de vouloir juste.

(Joubert, *Correspondance*, lettre à M. Molé.)

Il y a des gens qui n'ont de la morale qu'en pièce; c'est une étoffe dont ils ne se font jamais d'habit.

Il faut que les hommes soient les esclaves du devoir ou les esclaves de la force.

Sans le devoir, la vie est molle et désossée, elle ne peut plus se tenir.

(JOUBERT, *Pensées*, t. II, p. 122, 128.)

Nous l'avons accoutumé (notre fils) de bonne heure à bien voir que la liberté d'agir, de penser et de dire, que nous lui donnions, tenait à la confiance qu'il nous inspirait. On élève l'âme des jeunes gens en leur montrant de l'estime, et cette petite phrase répétée dès la jeunesse sans affectation, et à propos, *quand on pense comme vous, quand on sent comme vous*, les accoutume, les force presque à bien penser et à bien sentir.

(Mme DE RÉMUSAT, *Correspondance*, t. II, p. 124.)

Bien élever un enfant dans le sens moral, c'est lui faire contracter le goût et l'habitude des volontés vertueuses. Mais est-ce lui en donner la raison? L'éducation doit-elle lui dicter d'avance le formulaire de tous les devoirs ou mettre son âme en état de les discerner, de les connaître et de les vouloir dans l'occasion?

Le sentiment du bien et du mal est en nous, c'est l'instrument donné pour en obtenir la connaissance; mais il faut savoir le saisir et l'employer. Trop souvent dans l'éducation nous cherchons à le suppléer. Nous commençons par défendre ou permettre d'agir à nos enfants comme le défendent ou le permettent nos usages : travail inutile qui ne fructifie point; c'est nous procurer seulement un plaisir pareil à ceux qu'eux-mêmes éprouvent lorsqu'ils font mouvoir une marionnette. Un avertissement fondé sur la coutume ne saurait être présenté que sous la forme despotique de la signification d'un fait. « Cela est, car le monde l'a réglé »; telle est l'expression simple que l'on déguise comme on peut : je suis loin de la trouver mauvaise; je n'en sais pas même de plus propre à déterminer sinon l'approbation, du moins la soumission, et c'est en général tout ce qu'on souhaite; mais les conventions ne comportent qu'une morale secondaire et tout extérieure, dont je voudrais qu'on s'occupât plus tard, et après avoir préalablement tourné un jeune esprit vers une autre espèce de devoirs qui se prouvent autrement et qui touchent de plus près.

Dans l'éducation, il s'agit moins de faire faire le bien que d'apprendre à le vouloir et à le faire. En commandant toujours, nous vaquons seulement au présent.

Sans doute une mère a titre pour commander, et l'obéissance aux parents est un devoir qu'il ne faut pas laisser sans exercice; mais il n'est pas le seul, il faut songer au temps où l'enfant sera séparé de ses parents, indépendant du moins, supérieur peut-être : que fera-t-il de croyances et de maximes qu'il ne se sera point appropriées, et dont la vérité ne lui sera garantie que par le témoignage de ceux qu'il respecte toujours, mais enfin qu'il juge?

Pour sa sûreté comme pour sa dignité, il vaut donc mieux, dès les premières années, lui inspirer le devoir que le lui dicter...

Il s'agit de donner à l'enfant une moralité active, pour le guider dans les difficultés et les nouveautés de la vie, pour l'occuper tout entier et satisfaire à toutes ses facultés.

Pour cela il faut combattre directement ses erreurs, ses faiblesses et ses passions, et le point d'appui ne manque pas; c'est la conscience... C'est à la raison de l'homme qu'on s'adresse lorsqu'on veut obtenir de lui quelque chose. On peut également s'adresser avec confiance à celle de l'enfant, si l'on proportionne ce qu'on exige de lui à ce qu'il peut donner... Je ne sais pas de loi qui donne à une créature humaine, même quand cette créature est une mère, le droit de fixer l'époque, la journée, l'instant où elle permettra à une autre créature humaine, fût-ce sa fille, de commencer à recourir aux lumières de la conscience. Il faut l'épier, et lui répondre dès qu'elle parle.

La première opinion fausse que les circonstances, et parfois notre faute, font naître chez les enfants, c'est qu'une mère est une personne faite pour être obéie de tout le monde, affranchie de toute obligation d'agir autrement que par sa volonté, grondant ou pouvant gronder dès qu'on lui résiste, enfin qui n'est dans ce monde que pour y faire ce qui lui plaît et même pour se permettre tout ce qu'elle défend à son enfant.

Par exemple, il n'est guère de petite fille qui n'ait été grondée pour avoir dérobé et mangé la chose que sa mère mange en sa présence; qui, réprimandée si elle a cassé quelque meuble, déchiré quelque harde, ne voie sa mère casser une tasse impunément, renverser son encrier sur sa robe, s'impatienter contre un domestique trop lent, avoir peine à quitter son lit, etc. Qu'en conclut-elle? qu'il est agréable d'être grande, c'est-à-dire affranchie de toute obligation, qu'elle sera bien heureuse quand à son tour elle sera grande aussi; et ce premier souhait est le fondement d'une opinion très fausse sur la liberté.

Il faudrait, au contraire, s'il était possible, faire concevoir à un enfant que l'indépendance des actions est d'autant plus restreinte que nous avançons en âge et que nous prenons plus d'importance dans la vie; que la liberté dont il jouit, pure concession de sa mère, sera quelque jour limitée encore par sa propre conscience, et que les devoirs se multiplient pour une raison qui grandit. Je ne pense point que la petite fille doive être, sur-le-champ, mise aux prises avec de telles vérités, qui feront un jour la règle de sa vie, mais il est important de la faire entrer dans la route qui y conduit. Ainsi il est nécessaire d'abord qu'elle apprenne, c'est-à-dire qu'elle voie, qu'il y a des devoirs; et elle le verra sans répugnance, si on lui en impose très peu et que sa mère paraisse en avoir beaucoup.

Avant que par ces innombrables contrariétés que nous opposons à la volonté des enfants, nous les conduisions à réfléchir sur la nôtre, ils sont tout disposés à croire que tout ce que nous faisons est bien fait; mais en même temps ils pensent (et notre attitude toute d'autorité tant sur eux que sur nos domestiques, au milieu desquels ils vivent, justifie cette pensée) que ce que nous faisons, nous le faisons uniquement parce que nous voulons le faire. Il leur faut un assez long temps avant qu'ils s'aperçoivent que nous aussi sommes soumis à quelque loi ou nécessité. Pourquoi ne point hâter chez eux cette découverte, pourquoi toutes les habitudes d'une mère ou au moins les apparences de ces habitudes ne se montreraient-elles pas aux yeux de sa fille comme liées à une règle dont elle lui paraîtrait jalouse de ne point s'écarter? Que cette mère, avant de tout prescrire, s'attache à faire voir que, toute grande personne qu'elle est, et précisément parce qu'elle est grande personne, sa vie est toute semée d'obligations. Avec les enfants, il faut éviter les définitions parce qu'elles sont difficiles à donner et qu'ils les écoutent peu, mais il y a bien des choses abstraites sur lesquelles ils n'interrogent pas; il arrive qu'ils les comprennent suffisamment, surtout quand on a eu soin de leur donner corps pour ainsi dire, en les mettant en action devant eux [1].

(Mme de Rémusat, *Essai sur l'éducation des femmes*, Extraits.)

Obéir à la loi du devoir, c'est se commander à soi-même. Les limites sont des appuis ; ce qui contient, fortifie. L'obéissance a sa fierté, comme le courage.

La volonté est une sorte de royauté intérieure et morale, mais glorieuse quand elle est consacrée par la vertu. Oui, l'homme est son propre roi, mais à la condition de savoir et vouloir se commander ; en effet, sa puissance est dans la force de son caractère.

(De Gérando, *Cours normal*, Entretiens IX, XII.)

L'obligation normale s'impose à la conscience d'une manière absolue, et le but que doit se proposer l'éducation à cet égard, c'est d'habituer les hommes à faire leur devoir uniquement pour obéir à la voix de la conscience.

(J. Willm, *Essai sur l'éducation du peuple.*)

Accoutumés à voir l'empire que l'intérêt exerce sur les hommes et maîtres d'exercer ce même empire sur nos enfants, puisque nous disposons de leurs punitions et de leurs récompenses, nous usons inconsidérément de cette facilité. Des bonbons dans le premier âge ; plus tard, des plaisirs, de l'argent, les jouissances de l'amour-propre ; voilà les ressorts à l'aide desquels nous faisons marcher ces jeunes créatures dans une route qui, disons-nous, leur déplairait sans cela. Les bonbons me paraissent avoir peu d'inconvénient : l'enfant, à cet âge, n'attache à la gourmandise aucune idée d'immoralité ; le goût lui en passera sans peine si nous ne lui en faisons pas une habitude, et l'importance qu'on a mise quelquefois à défendre l'usage de ces petits moyens, souvent les seuls dont on puisse se servir avec des êtres qui n'ont guère encore qu'une expérience de sensation, est, selon moi, fort exagérée. C'est à l'époque où le raisonnement commence à prendre de la suite et de l'étendue, où l'enfant devient capable de distinguer les idées de

1. Ces réflexions sont également applicables aux rapports entre maîtres et élèves.

devoir et de plaisir, qu'il ne faut user du ressort de l'intérêt qu'avec une extrême précaution. Je ne saurais trop insister ici sur une distinction trop souvent négligée : faire d'une récompense promise à l'enfant, s'il remplit bien sa tâche, la source de son zèle, le mobile de sa volonté, et le récompenser quand il a bien fait, sont deux choses totalement différentes. Je vois beaucoup d'avantages et nul inconvénient à ce que le plaisir, qui est le bonheur de l'enfance, se place pour elle à la suite du devoir satisfait : c'est le meilleur moyen de faire aimer la vertu à l'enfant, jusqu'à ce qu'il puisse l'aimer pour elle-même, indépendamment de ses résultats : accoutumé ainsi à trouver sa vie agréable lorsqu'il a bien agi, l'importance qu'il met à bien agir s'accroît pour lui de tout le bonheur qui accompagne sa jeune vertu, sans qu'il l'ait calculé ni arrangé d'avance. Il aime à être sage parce qu'il aime à être heureux; mais si l'idée du bonheur ne se sépare jamais de celle du devoir, celle du devoir marche toujours la première, et elles se fortifient ainsi mutuellement. Promettez au contraire à un enfant tel ou tel plaisir, telle ou telle récompense, s'il s'acquitte bien de sa tâche, toute idée de devoir disparaît; un calcul intéressé en prend la place, occupe seul son esprit; la tâche pourra être bien faite, mais il n'aura point appris à bien faire; ses efforts de volonté ne seront que momentanés, et le lendemain, si vous ne lui proposez pas un nouveau plaisir, vous courez risque de le voir travailler fort mal. Que l'enfant s'amuse parce qu'il a bien fait, rien de plus juste; mais qu'il ne fasse bien que pour s'amuser, rien de plus dangereux. Accoutumez les enfants à voir, non l'amusement de quelques heures, mais le bonheur de tous les moments dépendre de leur bonne conduite : ils se plairont à se bien conduire, et le devoir leur paraîtra si impérieux, si nécessaire, que son accomplissement sera l'objet des efforts libres et soutenus de leur volonté. Si vous ne savez au contraire animer cette volonté que par la promesse d'un plaisir, le plaisir deviendra la loi suprême de l'enfant; ce sera le seul but de ses travaux : faire son devoir ne sera pour lui qu'un moyen d'arriver à ce but, une idée secondaire qui n'acquerra à ses yeux ni la hauteur ni la gravité qu'elle doit avoir.

(GUIZOT, *Méditations et Études morales*, p. 288-290.)

L'intérêt ne saurait être la base d'aucun système complet d'éducation, car il ne répond qu'à une portion de la nature humaine. La loi morale est la seule base sur laquelle puisse reposer une éducation complète... Dans l'éducation, ainsi que dans la vie, c'est toujours au devoir qu'il faut, en définitive, avoir recours comme à la seule et véritable garantie des liens mêmes que l'intérêt a formés; et ceux qui refusent ou négligent de s'y adresser d'abord réussissent seulement à se priver des avantages de l'unité vainement cherchée ailleurs que dans le principe qui domine tous les autres.

(Mme Guizot, *Lettres sur l'éducation*, Lettres XVII, XVIII.)

Vous allez entrer dans le monde; des mille routes qu'il ouvre à l'activité humaine, chacun de vous en prendra une. La carrière des uns sera brillante, celle des autres obscure et cachée : la condition et la fortune de vos parents en décideront en grande partie. Que ceux qui auront la plus modeste part n'en murmurent point. D'un côté la Providence est juste, et ce qui ne dépend point de nous ne saurait être un véritable bien : de l'autre, la patrie vit du concours et du travail de tous ses enfants, et dans la mécanique de la société il n'y a pas de ressort inutile. Entre le ministre qui gouverne l'État et l'artisan qui contribue à sa prospérité par le travail de ses mains, il n'y a qu'une différence, c'est que la fonction de l'un est plus importante que celle de l'autre; mais, à les bien remplir, le mérite moral est le même. Que chacun de vous, jeunes élèves, se contente donc de la part qui lui sera échue. Quelle que soit sa carrière, elle lui donnera une mission, des devoirs, une certaine somme de bien à produire. Ce sera là sa tâche; qu'il la remplisse avec courage et énergie, honnêtement, fidèlement, et il aura fait dans sa position tout ce qu'il est donné à l'homme de faire. Qu'il la remplisse aussi sans envie contre ses émules. Vous ne serez pas seuls dans votre chemin; vous y marcherez avec d'autres appelés par la Providence à poursuivre le même but. Dans ce concours de la vie, ils pourront vous surpasser par le talent, ou devoir à la fortune un succès qui vous échappera. Ne leur en veuillez pas, et, si vous avez fait de votre mieux, ne vous en veuillez pas à vous-mêmes. Le succès n'est pas ce qui importe; ce qui importe, c'est l'effort : car c'est là ce qui dépend de l'homme, ce qui le rend content de lui-même. L'accomplissement du devoir, voilà, jeunes élèves, et le véritable but de la vie et le véritable bien. Vous le reconnaissez à ce signe qu'il dépend uniquement de votre volonté de l'atteindre et à cet autre qu'il est uniquement à la portée de tous, du pauvre comme du riche, de l'ignorant comme du savant, du pâtre comme du roi, et qu'il permet à Dieu de nous jeter tous tant que nous sommes dans la même balance, et de nous peser avec les mêmes poids.

(THÉODORE JOUFFROY, *Discours prononcé à la distribution des prix du collège Charlemagne*, 1840.)

Pour être heureux, il n'est qu'un seul moyen, qui consiste à prendre pour but de la vie, non pas le bonheur, mais quelque fin étrangère au bonheur. Que votre intelligence, votre analyse, votre examen de conscience s'absorbent dans cette recherche, et vous respirerez le bonheur avec l'air, sans le remarquer, sans y penser, sans demander à l'imagination de le figurer par anticipation, et aussi sans le mettre en fuite par une fatale manie de le mettre en question.

(JOHN STUART MILL, *Mes Mémoires*, p. 136.)

CHAPITRE V

LA DISCIPLINE

I. *Les principes de la discipline.* — Elle est basée sur la nature humaine ; le plaisir et la peine en sont les agents. Comment elle doit être entendue.
II. *Les récompenses.* — L'émulation. Les récompenses. Les prix.
III. *Les punitions.* — But de la punition. A quelles conditions elle est légitime et utile. Tempéraments à observer dans son application. Gradation des peines.
IV. *Le maître.* — Qualités intellectuelles et morales. La mission d'un bon maître.

EXTRAITS DE : **Platon, Aristote, Quintilien, Plutarque ;**
Gerson ;
Montaigne ;
Agnès, Arnauld, Pascal, Jacqueline Pascal, Varet, Bossuet, Fénelon, Mme de Maintenon, La Bruyère ;
Rollin, Diderot, Vauvenargues, Kant ;
Joubert, de Gérando, Cochin, Guizot, Mme Necker de Saussure, Horace Mann, Channing, Dupanloup, Bain.

I. — Les principes de la discipline.

Posons comme un principe certain qu'une éducation efféminée rend à coup sûr les enfants chagrins, colères, et toujours prêts à s'emporter pour les moindres sujets : qu'au contraire, une éducation contrainte, qui les tient dans un dur esclavage, n'est bonne qu'à leur inspirer des sentiments de bassesse, de lâcheté, de misanthropie, et à en faire des hommes d'un commerce très difficile.

(PLATON, *Lois*, liv. VII, p. 10.)

De tous les sentiments que nous pouvons éprouver, c'est peut-être le plaisir qui semble le mieux approprié à notre espèce. Aussi est-ce par le plaisir et la peine que l'on conduit l'éducation de la jeunesse, comme à l'aide d'un puissant gouvernail.

(Aristote, *Morale à Nicomaque*, liv. X, ch. I, § 1.)

On doit porter les enfants à l'amour du bien par la douceur et la persuasion, jamais par des punitions dures et humiliantes, qui conviendraient tout au plus à des esclaves et non à des enfants de condition libre. Les mauvais traitements et les affronts les découragent et les rebutent. Les éloges et les reproches réussissent bien mieux que la rigueur et la sévérité. Les uns les portent au bien, les autres les détournent du mal. Il faut donc en user tour à tour : s'ils se laissent aller à une confiance présomptueuse, rabaisser leur orgueil par des reproches salutaires, et relever ensuite leur courage par des louanges bien ménagées... Mais qu'on évite aussi de les enorgueillir par des louanges excessives et qui les remplissent d'amour-propre et de vanité.

(Plutarque, *De l'éducation des enfants.*)

Dépouillez la majesté de l'âge et du rang, faites-vous petit avec les petits, pour en être aimé. Si vous n'êtes pas aimé, à quoi serviront vos instructions? Ils vous écouteront à contre-cœur, ne croiront pas vos discours, n'obéiront pas à vos commandements. Là où il n'y a pas d'affection, il n'y a pas de confiance.

(Gerson, *Qu'il faut conduire les petits enfants au Christ*, 2e partie, col. 392.)

Il faut avoir réglé l'âme (des enfants) à leur devoir par raison, non par nécessité et par le besoin, ny par rudesse et par force.

J'accuse toute violence en l'éducation d'une âme tendre qu'on dresse pour l'honneur et la liberté. Il y a je ne sçay quoy de servile en la rigueur et en la contraincte : et tiens que ce qui ne se peut faire par la raison, et par prudence, et addresse, ne se fait jamais par la force.

(Montaigne, *Essais*, liv. II, ch. VIII.)

Il serait à souhaiter que des enfants n'eussent jamais ouï parler ni de coups ni de verges; que le seul désir de vous plaire, ou la seule crainte de vous fâcher, réglassent tous leurs mouvements; et que, suivant le conseil d'un grand évêque, vous les portassiez à vous respecter plutôt par votre douceur et votre bonté, que par une conduite rude et sévère... J'estime que l'adresse la plus grande des pères et des mères consiste à rendre leurs enfants si jaloux des marques de bonté qu'ils leur donnent, qu'ils soient très affligés au moindre refroidissement qui paraît sur leur visage; qu'ils ne craignent rien tant que d'être privés de leur présence.

(VARET, *De l'éducation chrétienne des enfants*, p. 140-144.)

Il ne faut point être pointilleuse, chercher à découvrir leurs fautes, épier les occasions de les confondre; au contraire, il ne faut pas tout entendre, ou pour mieux dire, ne pas montrer tout ce qu'on voit et tout ce qu'on entend; il faut faire semblant d'ignorer ce qu'on peut, comme un mot échappé, un rire hors de saison, une faute courte et passagère.

Il faut quelquefois leur laisser faire leur volonté pour connaître leurs inclinations, leur apprendre la différence de ce qui est mal, de ce qui est bien, de ce qui est indifférent, et leur accorder tout ce qui est de cette dernière espèce.

Je crois que toutes les personnes qui se donneront la peine de lire ceci entendront aussi bien que moi ce que je veux dire par les choses indifférentes; mais comme je ne songe qu'à être utile, j'entrerai dans un détail qui peut-être pourra paraître ennuyeux... On peut, par exemple, leur accorder une compagne au lieu d'une autre, une promenade d'un côté au lieu d'un autre, un jeu et mille bagatelles, qui leur font voir que l'on ne veut être maîtresse que quand il le faut et qu'elles le seraient en tout si elles étaient raisonnables. J'excepte des exemples que j'ai donnés ceux où il pourrait se trouver des conséquences. Une compagne peut être dangereuse, une promenade peut avoir quelque inconvénient, un jeu peut n'être pas de saison; mais je voudrais qu'en les refusant on leur dît la raison, autant que la prudence le peut permettre, et tâcher même de leur accorder souvent ce qu'elles demandent pour leur refuser ce qui serait mal avec une fermeté qui ne se rende jamais : il n'est pas croyable combien ces manières-là rendent le gouvernement facile et absolu.

Il est bon de les accoutumer à ne voir jamais rien accorder à leur importunité. Il faut être implacable sur les vices, et les punir ou par la honte ou par des châtiments qu'il faut faire très rigoureux et le plus rarement que l'on peut.

Il faut étudier leur inclination, observer leur humeur, et suivre leurs petits démêlés pour les former sur tout; car l'expérience ne fait que trop voir combien l'on fait de fautes sans les connaître, et combien de personnes sont tombées dans le crime sans être nées plus méchantes que d'autres qui ont vécu innocemment.

On doit leur apprendre toutes les délicatesses de l'honneur, de la probité, du secret, de la générosité et de l'humanité, et leur peindre la vertu aussi belle et aussi aimable qu'elle l'est... Il n'est pas nécessaire de faire de longues instructions sur ces matières-là, et il vaut mieux les placer selon les occasions qui se présentent.

Il ne faut jamais les gronder par humeur, ni leur donner lieu de croire qu'il y a des temps plus favorables les uns que les autres pour obtenir ce qu'elles désirent.

Il faut caresser les bons naturels, être sévère avec les mauvais, mais jamais rude avec aucuns.

(Mme de Maintenon, *Lettres et entretiens*, t. I, p. 19-21.)

J'appelle autorité un certain air et un certain ascendant, qui imprime le respect, et se fait obéir. Ce n'est ni l'âge, ni la grandeur de la taille, ni le son de la voix, ni les menaces, qui donnent cette autorité; mais un caractère d'esprit égal, ferme et modéré, qui se possède toujours, qui n'a pour guide que la raison, et qui n'agit jamais par caprice ni par emportement.

C'est cette qualité et ce talent qui tient tout dans l'ordre, qui établit une exacte discipline, qui fait observer les règlements, qui épargne les réprimandes, et qui prévient presque toutes les punitions. Or, c'est dès le premier abord, dès le commencement, que les parents et les maîtres doivent prendre cet ascendant.

(Rollin, *Traité des études*, liv. VI, 1re partie, art. III.)

N'usez jamais de l'autorité mise entre vos mains que comme d'un dépôt sacré. Evitez la dureté, les rigueurs inutiles, mais il ne faut jamais rompre le frein de la discipline... Les élèves ont-ils failli? montrons-leur les moyens de réparer; ont-ils bien fait? aidons-les à mieux faire encore : éveillons leur ardeur, entretenons leur courage! Que le zèle d'acquérir, que le désir de bien faire, allument en eux une généreuse émulation! jamais elle ne dégénérera en jalousie. Qu'ils marchent dans les voies de l'instruction, dans les voies du bien! Progrès! progrès! tel doit être le mot d'ordre, le cri de rappel de votre famille adoptive.

(De Gérando, *Cours normal*, Entretiens IX, XI.)

L'esprit de l'éducation moderne n'est pas d'assurer le progrès par la contrainte, ni l'amélioration par le châtiment. Donner des habitudes, instruire par l'exemple, inspirer l'émulation, faire régner la douceur et la cordialité sont des moyens infiniment préférables.

(Cochin, *Manuel des salles d'asile*, Introduction.)

La discipline ne suffit pas pour donner la moralité, ni la science; mais elle seule met les âmes dans la disposition nécessaire pour les recevoir. La discipline inspire le goût et l'habitude de l'ordre, dont elle offre le spectacle; elle prépare les maîtres à maintenir, à leur tour, la subordination et la régularité parmi leurs élèves, et c'est en raison de la vigueur ou du relâchement de la discipline, que la jeunesse puise dans les écoles ou ce mépris de toute règle qui la rend plus tard rétive au frein des lois, ou cette déférence pour l'autorité légitime, qui, dans un État libre, relève la dignité du citoyen.

(Guizot, *Circulaire aux directeurs d'écoles normales*, 11 octobre 1834.)

Peu à peu, l'on a reconnu diverses erreurs dont étaient entachées les méthodes disciplinaires du passé, tant dans les institutions de l'État que dans la famille. On a découvert les inconvénients graves d'une action fondée sur la crainte seule, et surtout sur la crainte de punitions brutales, douloureuses et dégradantes. On a découvert que les occasions de mal faire peuvent être évitées par mille précautions salutaires, qui font disparaître l'envie même de désobéir... On attache plus d'importance qu'on ne le faisait autrefois à la culture des rapports bienveillants entre les hommes, culture qui tend à restreindre dans des limites plus étroites l'esprit de malveillance entre les individus.

La discipline, dans l'éducation, suppose nécessairement le rapport d'un maître à une classe, un homme ou une femme exerçant sur une collection d'élèves l'autorité indispensable au travail que l'on a en vue.

L'autorité, le gouvernement, le pouvoir sur les autres n'est pas essentiellement un but, ce n'est qu'un moyen... L'autorité se manifeste d'abord dans la famille, qui la transmet, avec certaines modifications, à l'école... Toutes deux ont affaire à des esprits encore jeunes, sur lesquels certains mobiles n'ont point de prise. Ni l'une ni l'autre ne peuvent employer des mobiles qui ne conviennent qu'aux hommes faits; elles ne peuvent faire valoir auprès des enfants les conséquences que leur conduite aura dans un avenir éloigné et inconnu. Les enfants ne se rendent pas compte d'un effet lointain; ils ne comprennent même pas bien les choses qui exerceront un jour une très grande influence sur leur conduite; c'est en vain qu'on leur parlerait de richesses, d'honneurs et de satisfaction de conscience. Un demi-congé est plus à leurs yeux que la perspective de se trouver un jour à la tête d'un établissement important. Il n'est pas non plus toujours possible de faire comprendre aux enfants les raisons pour lesquelles telle ou telle règle leur est imposée; cependant avec ceux d'un certain âge on y réussit. Or, la compréhension des motifs qui ont fait adopter une règle est un secours précieux pour en assurer l'exécution, de quelque ordre de gouvernement qu'il s'agisse.

L'exercice de l'autorité, dans quelque sphère que ce soit, dans la famille, dans l'école, dans les rapports de maître à serviteur, de souverain à sujet, dans l'État ou dans des sociétés secondaires, est soumis à bien des règles communes. Ainsi :

1° Il faut, autant que possible, éviter de multiplier les défenses.

2° Les devoirs et les fautes doivent être nettement définis, de manière à être bien compris. Ceci pourra n'être pas toujours possible, mais on devra chercher cependant à y arriver.

3° Les fautes doivent être classées d'après leur plus ou moins de gravité. Ici encore, les distinctions établies doivent être claires et le langage bien net.

4° L'application des peines est réglée d'après certains principes.

5° Il faut profiter des dispositions volontaires, selon le degré de confiance qu'elles méritent.

6° Une bonne organisation prévient toute occasion de désordre.

7° L'observation de certaines formes et d'une certaine étiquette contribue à assurer à l'autorité le respect et l'influence auxquels elle a droit... Même les degrés les moins élevés de l'autorité doivent être entourés d'une légère teinte de formalisme.

8° Bien entendu, l'autorité, avec tout ce qui s'y rattache, n'existe que pour l'avantage des gouvernés et non pour celui du gouvernant.

9° Toute action qui ne viendrait que de l'esprit de vengeance, doit être réprimée avec le plus grand soin.

10° Toute personne revêtue d'autorité doit, autant que les circonstances le permettent, se montrer bienveillante, chercher le bien de ses subordonnés, et agir sur eux par la persuasion et les bons conseils, de manière à n'être pas obligée d'avoir recours à la force. Pour que cette politique donne son maximum d'effet, il faut que celui qui l'emploie en connaisse exactement les limites, et ne les dépasse jamais.

11° Les motifs des punitions et des règles de discipline doivent, autant que possible, être expliqués à ceux qu'elles concernent; ils ne doivent être fondés que sur le bien général. Il faut pour cela que l'éducation nationale comprenne la connaissance de la constitution de la société, qui n'est qu'une réciprocité régulière de tous ses membres, pour le bien de tous et de chacun.

(M. Bain, *La science de l'éducation*, liv. I, ch. v.)

II. — Les récompenses.

J'entends que l'écolier soit excité par la louange, qu'il aime la gloire, qu'il déplore une défaite.

(Quintilien, *Éducation de l'orateur*, liv. I, ch. III.)

L'admiration gâte tout dès l'enfance. Oh! que cela est bien dit!...

Les enfants de Port-Royal, auxquels on ne donne point cet aiguillon d'envie et de gloire, tombent dans la nonchalance.

(PASCAL, *Pensées*, édit. Havet, t. II, p. 164.)

Quelque rapport qu'il paraisse de la jalousie à l'émulation, il y a entre elles le même éloignement que celui qui se trouve entre le vice et la vertu.

La jalousie et l'émulation s'exercent sur le même objet, qui est le bien ou le mérite des autres, avec cette différence, que celle-ci est un sentiment volontaire, courageux, sincère, qui rend l'âme féconde, qui la fait profiter des grands exemples, et la porte souvent au-dessus de ce qu'elle admire ; et que celle-là au contraire est un mouvement violent, et comme un aveu contraint du mérite qui est hors d'elle, qu'elle va même jusques à nier la vertu dans les sujets où elle existe, ou qui, forcée de la reconnaître, lui refuse les éloges ou lui envie les récompenses; une passion stérile, qui laisse l'homme dans l'état où elle le trouve, qui le remplit de lui-même, de l'idée de sa réputation, qui le rend froid et sec sur les actions ou sur les ouvrages d'autrui, qui fait qu'il s'étonne de voir dans le monde d'autres talents que les siens, ou d'autres hommes avec les mêmes talents dont il se pique. Vice honteux, et qui, par son excès, rentre toujours dans la vanité et dans la présomption, et ne persuade pas tant à celui qui en est blessé qu'il a plus d'esprit et de mérite que les autres, qu'il lui fait croire qu'il a seul de l'esprit et du mérite.

(LA BRUYÈRE, *Les caractères*, ch. XI.)

Le grand avantage des écoles, c'est l'émulation. Un enfant y profite de ce qu'on lui dit à lui-même et de ce qu'on dit aux autres. Il verra tous les jours son maître approuver une chose, corriger l'autre, blâmer la paresse de celui-ci, louer la diligence de celui-là : il mettra tout à profit. L'amour de la gloire lui servira d'aiguillon pour le travail. Il aura honte de céder à ses égaux, il brûlera même de surpasser les plus avancés. Quels efforts ne fait point un bon écolier pour primer dans sa classe, et pour remporter les prix! Voilà ce qui donne de l'ardeur à de jeunes esprits; et une noble émulation bien ménagée, dont on aura soin de bannir la malignité, l'envie, la fierté, est un des meilleurs moyens pour les conduire aux plus grandes vertus et aux plus difficiles entreprises.

(ROLLIN, *Traité des Études*, liv. VI, avant-propos, art. II.)

La gloire n'est ni vertu ni mérite; elle n'est que leur récompense; mais elle nous excite donc au travail et à la vertu, et nous rend souvent estimables afin de nous faire estimer.

(VAUVENARGUES, *Introduction à la connaissance de l'esprit humain*, liv. II, 27.)

Dans les familles, l'effet des peines et des récompenses est le même que dans la société. Un maître sévère, le fouet à la main, rendra sans doute son esclave ou son mercenaire attentif à ses devoirs; mais il n'en sera pas meilleur. Cependant le même homme, revêtu d'un caractère plus doux, avec de faibles récompenses et des corrections légères, formera des enfants vertueux. A l'aide tantôt de ses menaces, tantôt de ses caresses, il leur inculquera des principes qu'ils suivront bientôt sans égard pour la récompense qui les encourageait, ou pour la verge qui les effrayait : et c'est là ce que nous appelons une éducation honnête et libérale.

(DIDEROT, *Essai sur le mérite et la vertu*, liv. I, p. 86.)

L'éloge, la louange, la flatterie, trois choses qui paraissent se ressembler beaucoup, et que cependant des différences réelles, profondes même et essentielles en ce qui concerne la flatterie, distinguent et séparent.

Aussi, on l'a dit et il est vrai : la flatterie corrompt, les louanges peuvent égarer, les éloges encouragent.

La flatterie est mauvaise, les louanges sont dangereuses, les éloges sont utiles.

L'éloge, c'est le mérite constaté.

La louange, c'est le mérite publié.

L'éloge tombe plus directement sur l'action, la louange sur la personne, et c'est là ce qui en fait la particulière délicatesse et que le danger commence.

Quant à la flatterie, elle s'attache à la personne, mais directement, exclusivement; et voilà pourquoi elle est toujours mauvaise.

Un vrai moyen d'éducation, le juste aiguillon de l'honneur, c'est l'éloge.

Si le sentiment de l'honneur, l'amour des choses bonnes et grandes, l'émulation pour le bien et la vertu, l'estime des honnêtes gens, sont ce qui fait battre le plus légitimement et le plus noblement un cœur d'homme, l'éloge pour le bien et la vertu pratiqués, pour l'honneur mérité, l'éloge doit suivre nécessairement.

L'éloge n'est pas seulement légitime et permis, il est une justice, il est dû; et il devient, quand il est accordé, un nouvel aiguillon pour l'honneur et la vertu dont il est la récompense.

L'éloge est donc récompense; il est aussi encouragement; il affermit la conscience, il fortifie la volonté... Bien décerner l'éloge, c'est susciter le courage, la confiance, l'ardeur... C'est un point d'appui qu'il est impossible de négliger dans l'éducation.

(Dupanloup, *De la haute éducation intellectuelle*, t. II, liv. VI, ch. iv.)

On ne saurait douter que l'émulation proprement dite, qui consiste dans la rivalité, ne soit un puissant moyen d'animer la volonté et d'aiguiser les facultés de l'élève; mais on peut, ce me semble, affirmer également que l'*émulation d'un à plusieurs* est la seule dont on n'ait rien à craindre; tandis que l'*émulation d'un à un* est toujours accompagnée de beaucoup de dangers et de mauvais résultats. On peut observer cette différence dans les grands événements de l'histoire, comme dans les petits intérêts d'une famille ou d'un collège. Le noble amour-propre qui excite les hommes, membres de la même société, poursuivant la même carrière, défendant la même cause, à tâcher de s'égaler ou de se surpasser les uns les autres, est souvent ce qui produit dans les armées des prodiges de valeur, dans les affaires publiques des prodiges de dévouement, dans les concours de tout genre des exemples merveilleux de talent, de zèle, de constance : nous lui devons l'amour de la gloire, ce sentiment généreux par lequel un seul homme cherche à s'élever aux yeux de tous, et qui a fait déployer plus de vertus qu'il n'a pallié de vices. Il semble alors qu'on ne voie dans ses rivaux que des concurrents, c'est-à-dire des hommes qui marchent dans la même route, mais en suivant la même direction, et par lesquels il n'est pas permis de se laisser dépasser, mais qu'on voit autour de soi sans dépit et sans haine. Dès qu'au contraire la rivalité d'un à un s'est établie, le concurrent devient un adversaire qui se place devant vos pas pour vous empêcher d'avancer, et qu'il faut combattre si vous voulez continuer votre course : alors naissent l'envie, la jalousie, l'animosité, et tous les grands crimes ou toutes les actions basses qui vont à leur suite... Les enfants et l'amour des petites distinctions de collège ressemblent plus qu'on ne pense aux grands hommes et à l'amour de la gloire; c'est pour cela que l'emploi de l'émulation, si utile dans l'éducation publique, a toujours dans l'éducation particulière les plus grands inconvénients.

On voit rarement, dans les collèges ou dans les pensions, s'établir entre deux enfants une rivalité particulière et soutenue. Par l'organisation même des écoles publiques, ce danger est prévu et prévenu... La rivalité se perd dans le nombre des concurrents; elle n'a pas le temps de se former, de se consolider, et cependant l'émulation gagne à ce nombre qui laisse plus de latitude à l'espérance. Il y a toujours, dans les triomphes même des meilleurs élèves, une fluctuation, des alternatives qui ne permettent guère à l'un d'entre eux de devenir spécialement le rival mécontent ou orgueilleux d'un autre; c'est tantôt Alphonse, tantôt Édouard, tantôt Henri, tantôt Auguste qui gagne la première place ou le premier prix : ils brûlent tous de dépasser des concurrents, aucun ne songe à terrasser un adversaire; le vaincu d'ailleurs remporte une victoire qui le console de sa défaite : Édouard est forcé de céder à Alphonse le premier rang, mais il a obtenu le second sur Henri, celui-ci le troisième sur Auguste et ainsi de suite : chacun sent qu'il a encore besoin d'avancer, et personne n'est humilié, car personne n'est tout à fait à terre, si ce n'est le dernier, qui n'est pas celui dont il importe le plus de s'inquiéter.

(Guizot, *Méditations et études morales*, p. 301-304.)

L'émulation, les prix, les places, — ces différents mots représentent un seul et même fait, un seul et même mobile, qui est le désir de surpasser les autres et de se distinguer. De tous les stimulants du travail intellectuel, c'est le plus puissant que nous connaissions, et quand il exerce toute son influence, il tient lieu de tous les autres. Mais il présente plusieurs inconvénients : c'est un principe antisocial; il peut devenir excessif; il n'agit pas sur tous, et enfin il fait un mérite de la supériorité des dons naturels.

(M. BAIN, *La science de l'éducation*, liv. I, ch. V.)

III. — Les punitions.

La première loi de l'ordre est de ne pas commettre de fautes, la seconde d'expier la faute qui est commise : l'impunité est pour le coupable le plus grand des maux. Celui qui est puni est délivré du mal de l'âme. Par conséquent, l'homme le plus heureux est celui qui n'a admis dans son âme aucun mal; et après celui-là, celui qu'on en a délivré en le punissant.

(PLATON, *Gorgias*.)

Je trouve qu'on s'amuse ordinairement à chastier aux enfants des erreurs innocentes, très-mal à propos, et qu'on les tourmente pour des actions téméraires qui n'ont ny impression ny suite. La menterie seule, et un peu au-dessous l'opiniastreté, me semblent estre celles desquelles on devrait à tout instant combattre la naissance et le progrès : elles croissent, quant et eux.

(MONTAIGNE, *Essais*, liv. I, ch. IX.)

Qu'elles (les maitresses) souffrent leurs petites humeurs, qui sont quelquefois bien fâcheuses. Qu'elles ne les reprennent point et ne les corrigent jamais par un mouvement de colère, mais qu'elles suspendent le châtiment jusqu'à ce que leur émotion soit passée, et que les enfants puissent juger qu'elles ne les aiment pas moins lorsqu'elles les châtient que lorsqu'elles les caressent.

(AGNÈS ARNAULD, *Constitutions de Port-Royal*, p. 97.)

Pour les petites enfants, il faut encore plus que toutes les autres les accoûtumer et nourrir, s'il se peut, comme de petites colombes. Il faut leur dire peu de paroles quand elles ont fait une faute notable et qui mérite châtiment : mais quand on est parfaitement assuré, il les faut châtier sur l'heure... Le châtiment fait sans paroles les empêche de faire des mensonges pour trouver des excuses sur leurs fautes, à quoi les petites enfants sont fort sujets... Je crois aussi que dans tous les autres défauts plus légers, on les doit peu avertir, car insensiblement elles s'accoûtument à toujours entendre parler. C'est pourquoi de trois ou quatre fautes l'une, il ne faut pas faire semblant de les voir; mais après les avoir considérées quelque temps, il faut les surprendre, et leur en faire faire satisfaction tout sur l'heure. Cela les corrige bien plus que beaucoup de paroles.

(Jacqueline Pascal, *Règlement pour les enfants*, p. 479.)

La peine est dans l'ordre, parce qu'elle ramène à l'ordre ceux qui s'en étaient dévoyés.

(Bossuet, *1er sermon pour le 2e dimanche de l'Avent.*)

Souvent il faut tolérer des choses qui auraient besoin d'être corrigées, et attendre le moment où l'esprit de l'enfant sera disposé à profiter de la correction. Ne le reprenez jamais, ni dans son premier mouvement, ni dans le vôtre. Si vous le faites dans le vôtre, il s'aperçoit que vous agissez par humeur et par promptitude, et non par raison et par amitié; vous perdez sans ressource votre autorité. Si vous le reprenez dans son premier mouvement, il n'a pas l'esprit assez libre pour avouer sa faute, pour vaincre sa passion, et pour sentir l'importance de vos avis : c'est même exposer l'enfant à perdre le respect qu'il vous doit. Montrez-lui toujours que vous vous possédez ; rien ne le lui fera mieux voir que votre patience. Observez tous les moments pendant plusieurs jours, s'il le faut, pour bien placer une correction.

(Fénelon, *Éducation des filles*, ch. v.)

Il ne faut rien promettre aux enfants qu'on ne tienne, soit récompense, soit châtiment.

Ne croyez pas qu'un discours animé par la colère les persuade et les touche davantage, outre qu'elle n'opère point la justice; les enfants démêlent bien vite qu'on se laisse aller à son humeur dans ce qu'on leur dit.

Un châtiment ou une réprimande faite de sang-froid, et quelquefois au bout de huit jours, leur fera plus d'impression : elles voient par cette conduite que l'impatience ou le chagrin n'a point de part à ce que l'on fait.

Quand elles font des fautes, pardonnez-leur quelquefois par un esprit de douceur et de patience, mais que les flatteries qu'elles vous feraient n'y aient jamais de part. Ne leur laissez pas croire qu'il y ait des temps et des manières pour vous gagner, et que toute votre conduite soit fondée sur la charité et sur la raison.

Il faut bien se garder de punir toutes les fautes : les punitions deviendraient communes et ne feraient plus d'impression. Il faut laisser passer beaucoup de fautes sans faire semblant de les voir; il faut quelquefois les punir en marquant qu'on les voit, faire semblant de les écrire, prendre un air sérieux sans dire un mot : il y a des filles mortifiées par un ton, par un geste. Il faut, en d'autres temps, les reprendre en public; une autre fois, les corriger en particulier par des avis de piété; il n'y a rien où il ne faille plus de diversité; on ne peut là-dessus faire des règles, le bon sens en doit décider.

Il faut punir le plus rarement qu'il vous sera possible, et, pour cela, il ne faut pas voir toutes les fautes; mais quand on ne peut ignorer que vous les avez vues, il ne faut pas les pardonner si elles sont considérables et ont été déjà pardonnées; il ne faut pas non plus attaquer tout à la fois, mais commencer par le plus pressé. Il est question présentement de mettre les demoiselles sur le pied d'une obéissance très exacte; c'est à quoi il faut vous appliquer très sérieusement, sans pourtant chercher ponctuellement les fautes que vous pouvez ignorer; par exemple, une fille parle pendant le silence, il faut lui dire : Mademoiselle, vous parlez; si elle se tait pour toujours, il faut en demeurer là. Si elle parle encore ou quelque autre, il faut lui dire un mot : Mademoiselle, vous avez désobéi. Rien n'affaiblit tant une réprimande que la quantité des paroles.

Mettez-vous dans l'esprit, une fois par toutes, qu'il y a peu de choses où il n'y ait quelques inconvénients, et qu'il faut prendre le parti où il y en a le moins. Il faut aussi distinguer ceux qui troublent l'ordre et le bien public, qui est ce qu'il faut éviter dans les communautés.

(Mme de Maintenon, *Lettres et entretiens*, t. I, p. 54, 99.)

C'est perdre toute confiance dans l'esprit des enfants et leur devenir inutiles, que de les punir des fautes qu'ils n'ont point faites, ou même sévèrement de celles qui sont légères. Ils savent précisément, et mieux que personne, ce qu'ils méritent, et ils ne méritent guère que ce qu'ils craignent : ils connaissent si c'est à tort ou à raison qu'on les châtie, et ne se gâtent pas moins par des peines mal ordonnées que par l'impunité.

(La Bruyère, *Les caractères*, ch. xi, De l'homme.)

La voie commune et abrégée, pour corriger les enfants, ce sont les châtiments et la verge, ressource presque unique que connaissent ou emploient plusieurs de ceux qui sont chargés de l'éducation de la jeunesse. Mais ce remède devient souvent un mal plus dangereux que ceux que l'on veut guérir.

Rien n'est plus important que de bien discerner les fautes qui méritent d'être punies, et celles qui doivent être pardonnées.

C'est une grande partie du mérite des maîtres, de savoir imaginer différentes espèces et différents degrés de punitions pour corriger leurs disciples.

Quand le châtiment a été jugé nécessaire, il y a temps et manière de l'exercer. Les maladies de l'âme demandent d'être traitées au moins avec autant de dextérité et d'adresse que celles du corps.

Comme la punition doit être rare, il faut tout employer pour la rendre utile. Montrez, par exemple, à un enfant tout ce que vous avez fait pour éviter cette extrémité. Paraissez-lui affligé de vous y voir réduit malgré vous...

(Rollin, *Traité des Études*, liv. VI, 1re partie, art. V.)

Les peines qui sont administrées avec colère portent à faux. Les enfants n'y voient que la conséquence de la passion, et s'en considèrent eux-mêmes comme l'objet. En général, il faut faire en sorte en punissant que les enfants voient qu'on se propose uniquement leur amélioration.

(Kant, *De la pédagogique*, § 37.)

Les réprimandes sont un intermédiaire entre la voie de la persuasion et celle des punitions, et peuvent tenir tour à tour de l'une et de l'autre. Quand le chagrin qu'elles causent est le principal moyen d'effet, c'est en qualité de punition qu'elles agissent, mais non sans offrir quelques désavantages sous ce rapport.

Une punition, pour être à la fois efficace et juste, doit avoir été annoncée d'avance et appliquée ensuite à un cas bien déterminé. Rien au contraire n'est plus irrégulier, plus livré au hasard que les réprimandes. Quand elles seraient prévues, leur degré de force ne l'est pas, tout y dépend de l'humeur présente pour celui qui gronde comme pour celui qui est grondé; et de là résulte que l'enfant, toujours rempli d'espérance, ne les redoute guère de loin. Cependant la peine qu'elles causent est souvent très vive, mais est-elle de la bonne sorte? Rarement, je crois.

Il faut distinguer dans la douleur l'effet moral de l'effet, pour ainsi dire, mécanique. Quand le souvenir d'une sensation désagréable se joint à celui de certain acte, il peut empêcher la répétition de ce même acte. C'est ainsi qu'on évite de toucher le feu quand on s'est brûlé; mais ce n'est pas ainsi qu'on s'améliore. De plus, quand c'est un être semblable à nous qui nous fait souffrir, on s'irrite contre lui, on le voit comme la cause volontaire du mal qu'il inflige, sans toujours penser qu'on s'est par sa propre faute attiré ce mal. Ce résultat de l'irréflexion est surtout bien naturel chez l'enfant.

Aussi, pour éviter cet inconvénient, le père ou l'instituteur a soin de tourner la réprimande du côté de la persuasion. Ils exposent les raisons qui la justifient et démontrent au coupable qu'il est dans son tort. Mais plus ils se livrent à leur éloquence, plus l'espèce de satisfaction qu'ils éprouvent à la déployer paraît évidente à l'enfant, qui, d'après sa nature, juge mieux des sentiments que des pensées. La chaleur de l'improvisation, surtout s'il y a des témoins, va contre le but; car, tandis que les assistants en sont fort touchés, le malheureux objet de l'indignation générale n'y voit que la preuve du plaisir qu'on prend à l'humilier. Peut-être sentira-t-il un jour la force morale de la remontrance, mais pour le moment il laisse passer ce flux de paroles comme un ouragan, s'enveloppant le mieux qu'il peut d'un manteau de ressentiment ou d'indifférence.

La peine infligée n'est donc pas seulement en pure perte; elle aigrit, elle désorganise l'enfant... Exprimer simplement de la désapprobation au moment où la faute est connue, et avertir qu'on réserve toute explication pour un moment de calme, aurait à la fois plus de dignité et plus de chances de succès que les gronderies.

Quand l'enfant a pu s'apercevoir que ses sentiments avaient été ménagés, il éprouve déjà de la reconnaissance, et son cœur reste ouvert à la persuasion. Alors une analyse exacte, soit des séductions qui l'ont entraîné, soit des motifs qu'il avait pour y résister, devient inutile, c'est là une leçon de morale pratique dont l'impression peut se conserver. La réprimande divisée en deux fois peut être bonne; faite en une seule, il est assez rare qu'elle le soit. En général, l'inconvénient de nos gronderies, c'est que leur répétition fréquente porte les enfants à désespérer de notre estime, peut-être même à ne plus s'accorder la leur; dès lors leur légèreté et leur besoin de bonheur tendent à leur faire prendre leur parti de la perte de l'une et de l'autre. Evitons de les affliger lorsqu'il est moralement mauvais qu'ils se consolent.

Ce qui rend efficaces les punitions, ce n'est pas du tout d'être fortes, c'est d'être infaillibles. Laissez-y le moindre hasard, l'enfant en court la chance assez volontiers, et peut trouver piquant d'en braver l'idée.

Ce dont il faut surtout se garder dans ce genre, c'est de la progression, c'est d'imaginer qu'on obtiendra par une aggravation de peine ce qu'on n'a pas obtenu d'abord.

Ceci s'applique en particulier à l'obstination. Quand un enfant se décide à refuser d'abord, il est presque mal de l'y contraindre. Recourir à la violence dans le but de le forcer à céder, c'est le rendre lâche, c'est faire triompher la peur sur le courage, le physique sur le moral, l'animal sur l'homme. On brise ainsi un ressort mal employé, mais dont la perte serait regrettable. C'est là que la punition est fort à sa place : infligez-la rigoureusement s'il le faut, mais sans exiger ensuite que l'enfant exécute l'acte qu'il avait refusé d'exécuter. Le châtiment suffit pour attester vos droits. Ne parlez plus après du point contesté. Vous avez sauvé votre dignité sans blesser celle de l'enfance.

Quand on n'a pas à craindre un refus obstiné, la punition de toutes la plus juste est l'accomplissement du devoir négligé. Celle qui paraît ensuite la plus naturelle, c'est la privation de quelque plaisir. Pour des êtres avides d'amusement, cette peine ne serait parfois que trop désolante; mais, infligée avec ménagement, elle a le grand avantage de donner du loisir pour la réflexion et pour l'amendement qui en est la suite.

Au nombre des croyances qu'on peut appeler innées en un certain sens, il en est une générale parmi les hommes, c'est que toute faute mérite une peine; et de là naît une supposition naturelle aussi, c'est que la peine patiemment subie en vue de la faute doit alléger un peu le poids du remords. On avait contracté une dette payable en souffrance : quand on l'acquitte, au moins en partie, on s'en croit déchargé dans la même proportion. C'est là l'idée de l'expiation, idée que l'homme sans doute est insuffisant à réaliser par lui-même, mais que les enfants espèrent confusément faire valoir auprès de nous. Ils se sentent plus innocents quand ils ont subi sans murmurer les conséquences de leurs fautes; cela même est un principe d'amélioration. Voilà précisément la douleur qui régénère, celle qui paraît juste aux yeux des malheureux, et qui s'adoucit pour lui par cela seul qu'en cherchant à se corriger, il espère s'épargner à l'avenir des chagrins semblables.

(Mme Necker de Saussure, *L'éducation progressive*, liv. VI, ch. iv.)

Le remords est le châtiment du crime; le repentir en est l'expiation. L'un appartient à une conscience tourmentée, l'autre, à une âme changée en mieux.

(Joubert, *Pensées*, t. II, p. 65.)

IV. — Le maître.

Avant tout, il prendra à l'égard de ses élèves les sentiments d'un père, et se persuadera qu'il tient la place de ceux qui lui ont confié leurs enfants. Il n'aura pas de vices et n'en tolérera pas. Ni son austérité ne sera chagrine, ni sa douceur ne tournera en faiblesse, l'une produisant la haine et l'autre le mépris. Son entretien portera le plus souvent sur le bon et l'honnête; car plus l'avertissement est fréquent, plus rare est la punition. Inaccessible à la colère, il ne laissera cependant point passer les fautes dignes de reproche. Simple dans son enseignement, laborieux, exact sans trop exiger, il répondra volontiers aux questions, et même les provoquera. Dans l'éloge, il ne sera ni avare ni prodigue : l'élève qui ne reçoit jamais un compliment se rebute, celui qui en reçoit trop se néglige.

Dans la réprimande, ni amertume ni injure : celui qui gronde avec le ton de la haine fait prendre l'étude en dégoût. Il fera chaque jour des leçons orales : car bien que la lecture fournisse de bons modèles, l'esprit est mieux pénétré par une instruction de vive voix, surtout faite par un maître aimé et respecté : on ne saurait dire à quel point on imite volontiers ce qu'on aime.

(Quintilien, *Éducation de l'orateur*, liv. II, ch. II.)

Il faut se faire aimer des enfants, et le seul moyen pour y parvenir est de ne leur point montrer de défauts, car on ne saurait croire combien ils sont éclairés pour les démêler; cette étude de leur paraître parfait est d'une grande utilité pour soi-même.

Allez au bien tout droit, sans vous compter pour rien.

Semez sans jamais vous décourager, d'autres feront peut-être la moisson, mais qu'importe, pourvu que vous ayez fait votre devoir?

(Mme de Maintenon, *Lettres et instructions*, t. I, p. 21, 84, 127.)

Il n'y a nuls vices extérieurs et nuls défauts du corps qui ne soient aperçus par les enfants : ils les saisissent d'une première vue et ils savent les exprimer par des mots convenables; on ne nomme point plus heureusement. Devenus hommes, ils sont chargés à leur tour de toutes les imperfections dont ils se sont moqués.

L'unique soin des enfants est de trouver l'endroit faible de leurs maîtres, comme de ceux à qui ils sont soumis : dès qu'ils ont pu les entamer, ils gagnent le dessus, et prennent sur eux un ascendant qu'ils ne perdent plus. Ce qui nous fait déchoir une première fois de cette supériorité à leur égard, est toujours ce qui nous empêche de la recouvrer.

(La Bruyère, *Caractères*, ch. xi, De l'homme.)

Je vous préviens qu'il y a deux moyens infaillibles de s'y plaire (aux devoirs de l'enseignement) : le premier est de les remplir parfaitement, car on parvient toujours à faire volontiers ce qu'on fait bien; le second est de vous dire que « tout ce qui devient devoir doit devenir cher ».

(Joubert, *Œuvres*, t. I, lettre à Chênedollé, 6 avril 1810.)

On ne remarque pas assez à quel point les mœurs et les humeurs du maître, manifestées par sa physionomie, ont d'influence sur les enfants, et les forment ou les déforment.

Craindre de passer pour un pédant, dans la profession de l'enseignement, c'est être un fat.

Enseigner, c'est apprendre deux fois.

(JOUBERT, *Œuvres*, t. I, p. 245.)

Pour enseigner peu, il faut savoir beaucoup ce peu-là... C'est me faire d'un instituteur un médiocre éloge que de me dire : il sait beaucoup. Il sait beaucoup! Mais sait-il bien ce qu'il doit savoir? Sait-il bien enseigner ce qu'il sait?

(DUPANLOUP, *De l'éducation*, t. II, De l'autorité et du respect dans l'éducation, liv. III.)

Le maître parcourt la classe, ayant dans sa tête toute sa bibliothèque et ayant préparé d'avance ses questions. Il les formule avant de nommer l'élève qui doit répondre, afin que tous écoutent; il les proportionne au savoir de chacun, encourage celui qui cherche et l'aide à trouver, fait honte à l'un de son ignorance et félicite l'autre de la justesse d'une réflexion, entretient chez tous l'activité de l'esprit et l'intérêt pour l'étude. Avec une telle préparation et une telle supériorité, il exerce surtout une discipline morale : l'ordre est assuré par la confiance et le respect qu'ont pour lui les enfants.

(HORACE MANN.)

Toute la valeur de l'école, sachez-le bien, est dans le maître. Vous pouvez entasser tout l'appareil coûteux de l'instruction; mais sans un homme intelligent, sans un homme de talent, tous vos sacrifices seront sans effet, tandis qu'un bon instituteur, sans aucun appareil, produira les résultats les plus heureux... Quelques maîtres distingués, habiles à comprendre, à pénétrer, à vérifier les esprits de leurs élèves, valent tous les secours... Dans l'éducation, les livres et les instruments ne sont pas l'indispensable; ce qu'il faut, ce sont des maîtres supérieurs.

(CHANNING, *Œuvres sociales*, t. I, De l'élévation des classes laborieuses, p. 148.)

FIN

TABLE DES MATIÈRES

PREMIÈRE PARTIE

L'éducation physique.

CHAPITRE PREMIER. — Le corps et l'âme.

CHAPITRE II. — L'hygiène pédagogique.

DEUXIÈME PARTIE

L'éducation intellectuelle.

CHAPITRE PREMIER. — Les principes de l'éducation intellectuelle.

CHAPITRE II. — L'éducation des sens.

CHAPITRE III. — L'attention.

CHAPITRE IV. — La mémoire et l'association des idées.

CHAPITRE V. — L'imagination.

CHAPITRE III. — La géographie et l'histoire.

CHAPITRE IV. — L'enseignement scientifique.

CHAPITRE V. — La culture supérieure.

QUATRIÈME PARTIE

L'éducation morale.

CHAPITRE PREMIER. — La nature morale de l'homme.

CHAPITRE II. — La culture de la sensibilité.

Coulommiers. — Imp. P. BRODARD et GALLOIS.

www.ingramcontent.com/pod-product-compliance
Ingram Content Group UK Ltd.
Pitfield, Milton Keynes, MK11 3LW, UK
UKHW020600230726
13926UKWH00005B/2123